初中生数感培养的探索与实践

王国强　陆丽萍　著

江苏大学出版社
JIANGSU UNIVERSITY PRESS
镇　江

图书在版编目(CIP)数据

初中生数感培养的探索与实践 / 王国强，陆丽萍著. -- 镇江 ：江苏大学出版社，2022.10
ISBN 978-7-5684-1812-6

Ⅰ. ①初… Ⅱ. ①王… ②陆… Ⅲ. ①中学数学课一教学研究一初中 Ⅳ. ①G633.602

中国版本图书馆 CIP 数据核字(2022)第 193141 号

初中生数感培养的探索与实践
Chuzhongsheng Shugan Peiyang de Tansuo yu Shijian

著　　者/王国强　陆丽萍
责任编辑/张小琴
出版发行/江苏大学出版社
地　　址/江苏省镇江市京口区学府路 301 号(邮编：212013)
电　　话/0511-84446464(传真)
网　　址/http://press.ujs.edu.cn
排　　版/镇江市江东印刷有限责任公司
印　　刷/镇江文苑制版印刷有限责任公司
开　　本/718 mm×1 000 mm　1/16
印　　张/18.5
字　　数/324 千字
版　　次/2022 年 10 月第 1 版
印　　次/2022 年 10 月第 1 次印刷
书　　号/ISBN 978-7-5684-1812-6
定　　价/66.00 元

序

进入中国特色社会主义新时代的数学教育,以发展学生学科素养为价值旨归,汇聚波澜壮阔的大潮,正以其恢宏、磅礴之势在中华大地奔涌、激荡.

回归教育本质,以学生为本,以学生的发展为本,培养学生的创新意识和学科素养,让学生在学习过程中逐步形成正确的价值观念、必备品格和关键能力,以利于学生更好地成长,已成为新时代数学教育的本质诉求和时代风貌.

在此价值引领下,基础教育的一线教师不断学习理论、敢于创新、勤于实践、善于总结,形成一批带有“乡土气息”的数学教育教学创新成果,王国强与陆丽萍老师的《初中生数感培养的探索与实践》就是其中的一个代表.

我认为,数学学科在某种程度上区别于其他学科最原始、最本质的应该是数学运算. 数学运算被列为数学六大核心素养之一. 由数学运算形成的数学素养——数感,则是数学教育必须要深入研究的课题. 王国强老师与时俱进,设计并承担了江苏省教育科学“十三五”规划 2020 年度重点资助课题“初中生数感培养的障碍成因及对策研究”. 现在,该课题已取得重要成果,并即将形成一部专著,可喜可贺!

如何培养学生的数学能力,发展学生的数学素养,让学生在数学学习中形成“数感”? 王国强老师对此进行了多方面的研究. 他不仅研究了“数感”的基本内涵和基本理论,而且从“概念学习”“思维课堂”“体验学习”“让学引思”“深度学习”“数学实验”“三生一创”等方面,对“数感”溯源探析、决策培养路径、分享经验. 这对于一位一线教师来说,实属不易.

事实上,数学运算一直是数学教学研究的重要课题. 20 世纪,《全日制中学数学教学大纲》明确提出在数学教学中要培养学生的“三大能力”,其中一项就是“运算能力”. 随着数字化时代的到来,以及计算机在日常生活、工作及学习中的普及,数学运算在《义务教育数学课程标准》中又注入新的内涵. 《义务教育教学课程标准》明确提出在数学教学中要培养学生的“数感”. 一线教师一直践行并不断发展这一理念.

孟晚舟曾经对他儿子说,“不要选择与机器竞争的职业”. 让学生进行机械的、呆板的、重复的纯数学运算,让学生与机器赛跑,意义并不大. 而在数学教学中根据问题情境,选择算法、理解算理、活用算技,在解决问题的过程中、在计算的过程中、在思维的历练中,通过运算让学生形成良好的“数感”,应该是数学教学的新追求.

我与王国强老师虽是老乡,但是相识较晚. 2020 年在《中学数学教学参考》杂志社举办的“卓越教师高级研修班”上,他是唯一应邀参加“创新课例”展示的. 那节内容为“图形的运动”的课,从“生活认知精当情境”“激趣猜谜巧妙引入”“分类学习思想渗透”“概念性质逻辑抽象”“互动合作充满课堂”“生本学本思维拔节”“实验发现展示交流”到“让学引思现实问题”“灵活应用拓展创新”“数形结合生成方法”“几何问题代数解法”“结构关联整体呈现”,给我留下了深刻的印象.

两年后,王国强老师又向我展示了他与陆丽萍老师的最新成果《初中生数感培养的探索与实践》,并要我为之作序. 我为他不断进取、超越自我的创新精神感动,也为他脚踏实地、锲而不舍的精神感到欣慰. 同时,江苏大学出版社的编辑出于对基础教育教学改革及一线普通教师教育科研的关心和支持,为本书的出版做了很多工作,在此向他们表示感谢.

最后,我真诚地祝愿王国强老师不忘初心、坚守情怀、不辱使命,用他智慧的大脑描绘祖国更加美好的数学教育的明天,用灵动的双手托起祖国明天更加生机勃勃的太阳!

正值本书出版之际,思绪万千,有感而发,略表心声,权为序.

(卜以楼)

2022 年 6 月 20 日于南京

目　录

第一章 数感:数学领空的航站楼

第一节 研究背景

一、时代需求

随着5G智能时代的到来,AR/VR、物联网、云技术、大数据、人工智能等领域的井喷式发展,将会全智能引领我们的新生活. 为充分凸显立德树人的根本任务,践行初心使命,努力实现数学核心概念教学——数感培养的创新实践,让学生通过5G智能新视点,探究路径本质,积累活动经验,本书立足学生认知,促进学生深度思考,探寻适合初中生数感培养的优化对策,从而发展学生的关键能力,提升学生的数学核心素养.

二、课标需求

《义务教育数学课程标准》(2011年版)(以下简称《课程标准》)提出十大核心概念:在数学课程中,应当注重发展学生的数感、符号意识、空间观念、几何直观、数据分析观念、运算能力、推理能力、模型思想、应用意识和创新意识. 这些"核心概念"具有基础性、普及性和发展性,体现了数学的基础知识、基本技能、基本思想、基本活动经验,能有效培养学生的抽象思维、创新意识、推理能力和实践能力. 其中,"数感"处于十大核心概念之首,许多专家、学者对它进行了一定的研究,但实践层面相对单薄. 因此,教师需要进一步重视数感的培养,释放源动力,形成互动场,激发主动性,创新生长点.

三、课改需求

随着“让学引思”生本课堂教学改革的深入，以及数学学科核心概念教学目标的确立和落实，数学课程要面向全体学生，适应学生全面发展的需要，使得人人都能获得良好的数学教育，不同的人在数学上得到不同的发展. 通过多次教材培训、听课、教学研讨和调研，笔者发现，一线数学教师对于“数感”有种“朦胧”的感觉，稍加追问，明显底气不足，心理层面的认可与认知层面的不足带来教学实践中的偏差，影响课程目标的落实. 因此，有必要对“数感”这一核心概念进行更为深入的探讨.

四、现状需求

为了弄清学生的数感现状，课题组在盐城市每个县区各选择了5所初中(含城镇初中和农村初中)，通过问卷、访谈、测验、数据比对等方式进行深度调研，发现被调研学校初中生数感现状并不乐观，具体体现为：① 数感发展不均衡，城乡差异较大；② 学生对数感的兴趣缺失，分化严重；③ 数感培养脱离生活实际；④ 传统教学观念阻碍学生思维的发展；⑤ 教师过分注重知识技能的掌握而忽视能力的培养；⑥ 过度模仿，影响学生数感能力的提高.

结合目前笔者所在市、区初中生数感的培养现状，对照《课程标准》的相关要求，笔者发现在初中生数感培养中还存在一些问题，主要体现在以下三个方面：

(1) 初中生数感培养的体制机制还不够健全、完善.

(2) 初中生数感培养的障碍成因分析不够全面、具体.

(3) 初中生数感培养的障碍诊断及应对策略不够科学、合理.

针对学生现状，提高学生数感能力、突出个性和创新、构建完善的数感培养体系迫在眉睫. 为此，笔者开展“初中生数感培养的障碍成因及对策研究”的课题研究，旨在解决一个长期存在的根本性的问题，即“初中生数感培养障碍”问题，同时使“立德树人”这一教育的根本任务在初中生数感培养中得到有效落实，进而提升学生的数学学科素养.

第二节　研究目标与意义

一、研究目标

1. 总目标

进一步探究数感培养的障碍成因、发展规律和基本特征,总结、提炼数感培养对策,形成培养体系,促进学生能力发展,为教学改革提供支架.

2. 具体目标

(1) 梳理数感培养理论框架,明晰数感的内涵、特征与研究价值.

(2) 梳理数感培养的实践体系和操作路径,提供应对初中生数感培养障碍与制约瓶颈的可能路径和相关对策.

(3) 形成数感培养研究团队和骨干,促进研究者学术水平、研究水平的提升.

二、研究意义

在理论研究上,通过研究践行立德树人的根本任务,梳理总结出当前初中数学课堂教学中学生数感培养的障碍表现以及成因所在,并提出具有针对性的解决策略,形成具有一定指导价值的理论文献,助力学生数感发展,促进教师专业成长.

在实践探索上,通过研究践行"生活、生长、生成"的课改理念,从障碍诊断、应对策略、个案跟踪三个方面寻求突破,引导学生感悟"数与量",帮助学生用数学的观点和方法观察、认识和理解周围的事物,从而发展数感,有效培养学生估算、数觉、运算、抽象、推理、建模、解题、创新等关键能力.

在影响辐射上,创编《初中生数感培养障碍及对策》校本教材,解决初中生数感培养的根本问题,让更多的一线数学教师关注学生数感能力培养.

第三节 研究思路与方法

一、研究思路

围绕一个主题:初中生数感培养;实现两个目标:发展学生数感和探寻数感培养策略. 研究路径:调研问题→规划课题→建立机制→实践探索→提炼经验→推广应用. 基于数感培养学习共同体建设,主要采取"实践取向"的研究方法,统一思想,形成共识;深入学习,理论提升;创设平台,构建模式;培养骨干,以点带面;以人为本,个性发展;立足区域,协作互助;及时总结,典型推动.

1. 流程设计

具体流程设计如图 1-1 所示.

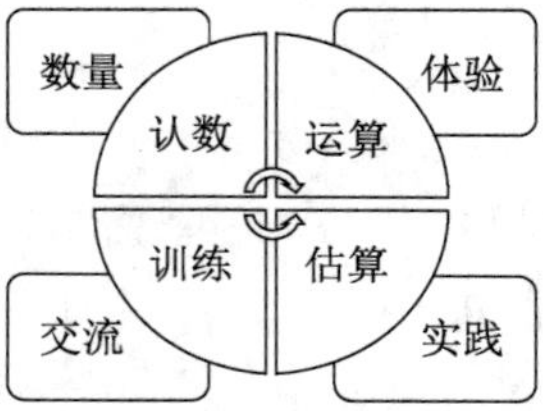

(a) 数感培养教学环节设计思路图

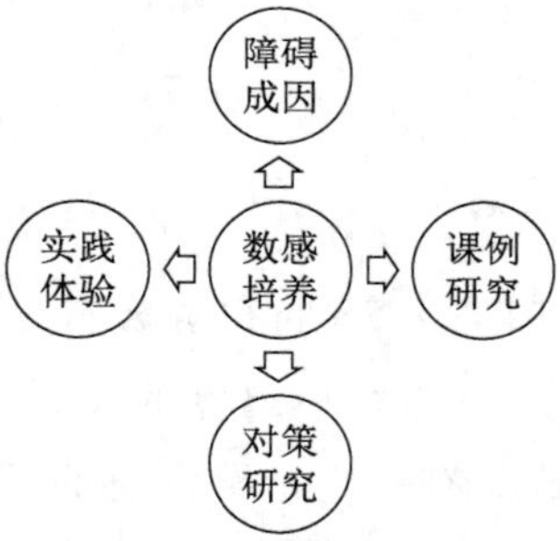

(b) 数感培养研究流程图

图 1-1

2. 实践措施

具体实践措施如下:

(1) 加强组织管理,确保课题有序开展.

(2) 加强理论学习,推进务实校本教研.

(3) 开展探究实践,构建有效课堂教学.

(4) 组织经验总结,促进教师专业发展.

(5) 依托网站平台,交流探讨研究成果.

(6) 规范科研流程,严格过程评价考核.

二、研究方法

本课题研究依托对学生的问卷调查、数据统计、教学干预、数学实验,在江苏省教科院、盐城市教科院、亭湖区教研室相关领导的关心和支持下开展,采用理论思辨和实证研究融合创新的策略,做到定量与定性相结合. 主要采用以下研究方法:

1. 调查研究法

通过谈话、问卷、测验等方法,对学生数感培养现状进行系统调查,并对调查搜集到的资料进行分类筛选,从而为课题研究提供理论依据,并制定具体的操作方案.

2. 行动研究法

通过搭建形式多样的平台,为广大一线教师创造交流展示的机会,不断反思数感培养障碍成因,并形成扫除这些障碍的有效策略,促进课题研究深入开展.

3. 文献研究法

通过查阅数感培养相关教育理论书籍、报纸、杂志以及网络资料等,研究国内外数感培养发展情况,根据本课题预设目标,研究设计,整理归纳并运用于实践.

4. 个案研究法

关注数感培养策略研究历程及变化,收集、记录个案材料,并写出个案报告,挖掘其推广价值.

5. 经验总结法

在课题研究中及时总结每一阶段的经验和教训,修改、补充和完善操作方案,使课题研究不断向前推进,并达到预期效果.

第四节　研究内容与特色

一、研究内容

1. 初中生数感培养现状的问题调查

通过对盐城市亭湖区初中生进行访谈、问卷调查、实地考察,开展数学实验、数学阅读、数学综合实践活动等方式深度调研初中生数感培养现状,分类研究高数感和低数感学生呈现的样态，找出问题根源，提炼共性特征.

2. 初中生数感培养障碍诊断

从生活因素、环境因素、教学因素等方面对学生数感的影响因素进行分析，研究并探索初中生数感障碍的成因，根据七、八、九年级学生的发展特点和认知规律，从多角度、多方位思考如何辨别学生数感障碍，优化教学诊断标准与方法，力求把障碍诊断与教学实践有效融合.

3. 初中生数感培养应对策略

针对初中生数感培养的现状及其成因，通过实验考查教学干预，探索促进初中生数感发展的有效路径，为一线教师的数感教学提供依据. 以苏科版初中数学教材为蓝本，针对代数知识、几何知识、函数知识、数据统计和概率，从城乡差异、运算能力、估算能力和验算能力4个角度探讨学生数感障碍成因及应对策略.

4. 初中生数感培养个案研究

通过对个别数感障碍生和无碍生从七年级至九年级的跟踪研究，深度探析他们在每个年级两个学期的数感发展变化，找出共性与差异点，力求在个案研究中寻求突破，探寻适合初中生数感培养的新思路.

重点研究的问题有：

(1) 如何设计七年级至九年级个案跟踪机制？如何对个案在每个年级每个学期所学知识进行整体建构？

(2) 如何对个案在校期间的数感生成进行统计？如何对个案在假期期间的数感生成进行统计？

二、研究特色

1. 教学素材创新

针对不同层次的学生需求，将数感培养与生活联系，改编成生活剧或情景剧，探寻形式新颖、能培养兴趣、使人产生共鸣的素材，深度融合生活，创新体验.

2. 单元结构教学

从解读课时点、线、面入手，深入开展点全、线联、面融的单元结构化整体教学，顺应课改需求，探寻初中生数感培养的单元结构化教学范式与教学评价体系.

3. 培养模式创新

打破主客观条件束缚，发挥学生的内能优势，借助互联网平台，形成共同培养意愿,构建"一・二・四"模式的初中数学思维可视化课堂,构建"融创—生本参与型"数学创新课堂.

4. 研究成果创新

探寻合适的数感学习共同体模式,提炼成功的案例,开发运行机制,为促进学生全面发展提供经验.

三、研究过程

1. 准备阶段(2016—2019 年)

(1) 调研分析. 对盐城市亭湖区 3 个年级 1000 名学生的调查数据进行统计分析,将学生现有数感能力状况列入表 1-1,其中百分数表示学生具备的数感能力系数.

表 1-1 学生现有数感能力状况

数感	运算	抽象	推理	建模	解题	分析	思考	实践	应用	创新
能力系数	75%	62%	82%	65%	83%	76%	78%	35%	45%	33%

(2) 制定方案. 组建课题组,制订并落实课题研究方案.

(3) 开题论证. 召开课题组成员和参与讨论课题活动的教师会议,邀请有关领导参加,对方案进行评审和修订,同时对课题工作进行区域内部宣传,让更多的人了解并参与这项工作.

(4) 文献研究. 通过文献研究,为课题研究提供理论依据.

本阶段主要采用调查研究法、文献研究法开展研究. 搜索、整理国内外相关理论,在分析比较的基础上,对课题进行科学的界定,对课题的目标做具体的描述,为课题申报、课题研究提供可靠的理论依据.

2. 实施阶段(2020—2021 年)

(1) 组织调查. 以区教师发展共同体为载体,进行"城乡初中学生数感培养现状"调查,并完成调查报告.

(2) 施行方案. 开发"爱数感"在线直播教学微信公众号平台和"微课"资源包,将课题研究过程性资料上传共享,课题研究内容分项建档.

(3) 完善机制. 进一步完善网络平台及网络学习机制,构建数感培养新模式.

(4) 中期论证. 对课题研究情况进行阶段性总结,邀请专家对课题开展情况进行进一步论证.

本阶段主要采用调查研究法、个案研究法和行动研究法开展研究. 在行动研究中,研究者与行动过程中的实践者是共同参与、合为一体的. 他们共同组成课题组,共同调查分析,通过实践活动发现问题、设计和实施实验方案,评价、发现新问题,然后以再计划、再实施、再评价、再发现的方式不断进行研究.

3. 总结推广阶段(2022—2023 年)

(1) 经验交流. 课题组成员对自己撰写的论文进行充实、完善并开展交流,总结经验.

(2) 整理资料. 收集成果性资料,研究过程性资料,撰写课题研究报告和结题报告.

(3) 结题鉴定. 进行研究结论的最终论证,召开课题成果报告会,邀请有关领导和专家参加,申请对研究课题进行现场评审、鉴定和验收.

(4) 宣传推广. 做好课题研究成果的宣传推广工作.

本阶段主要采用经验总结法开展研究. 在创新初中生数感培养智慧教育模式的过程中,进一步加强反思,用现代教育教学理论总结经验,发现规律,提高研究策略的效度和价值.

第二章

数感:基本素养的传感器

第一节 对数感内涵的研究与界定

“数感”作为《课程标准》提出的十大核心概念之首,一直以来受到国内外诸多学者的关注. 数感是数学认知的基础和起源,我们的各种数学能力都是由数感发展而来的,数感的研究是认知心理学中一个比较新的领域,对数感的深入研究不仅有助于揭示人类抽象思维能力的起源和发展,还有助于学生数学思维的培养,更有助于学生“数学地”观察、思考和表达. 多年来,学者们从“理论思辨”和“实践探索”层面对数感进行了深入研究,积累了许多宝贵经验,形成了许多独到见解,但对其内涵的界定至今仍没有统一定论. 国内外学者对数感内涵的研究和界定,可归结为以下几方面:

一、对数感内涵的研究

(一) 国外学者对数感内涵的研究

数感(number sense)一词最早是由美国学者 Tobias Dantzig 于 1954 年在其著作《数:科学的语言》中正式提出的. 他认为,数感即是对数量变化的直觉感受,是对集合中数量变化的辨识能力,当在某集合里面增减同样东西时,人的数感能力可以辨认出其中的变化. 经过近半个世纪的研究,对数感内涵的界定逐渐形成两种倾向:

一种是情感体验. 有的学者认为,数感是个人对数与运算的一般理解,以及能够运用这种理解做出数学判断和解决日常生活中数字和运算问题的一种情感体验. Judith Sowder(1988)将数感定义为:“一个具有良好组织的概念网络结构,它能够使一个数字和它相关的操作性相关联，并且以灵活而有创造性的方式解决数学问题.”他为不同数感水平的学生描绘了一幅剖面图：高数感水平的学生在数学学习和数学问题的解决中满怀信心，并且能在数学学习和数学问题的解决中获得愉快的情感体验；低数感水平的学生则对数学学习和数学问题的解决缺乏信心，同时很少能从数学学习和问题解决等数学活动中获得积极的情感体验. 法国心理学家 Dehaene 最先把数感这个概念引入心理学的研究领域，他认为数感就是快速地理解、估计和操作数量的能力，如人们可以快速地判断出 8 比 6 大、4 在 3 和 5 之间、16＋19＝25 是错误的，这些都是数感的具体体现. 美国数学教育家 Mcintosh 提出，数感可以将数学和感官经验结合起来，使个体有能力和信心判断数学答案的合理性. Reys 等从教育心理学的视角进一步指出，数感是人对数和运算的一般理解，并灵活地运用这种理解做出数学判断和形成有效策略来处理数和运算问题的能力和倾向，是数和运算的情感体验活动. 数感良好的个体可以根据问题背景运用多种数字表征方式来操作数字，他们对数字操作的敏锐度较高，可以轻易辨认出数字关系和运算中的明显错误，而不用通过任何的精确计算. 因此，数感反映了使用数和定量方法等手段来交流、处理和解释问题的能力和倾向. 数感使学生产生了数是有用的、数学是有某种规律的期望. 在数感意识的驱动下，学生都能够主动地参与数学活动体验，对数学学习有一种更加积极的情感体验.

另一种是认知加工. 有的学者从认知加工的视角来研究数感的隐性心理活动过程，认为数感的内隐认知和心理活动是产生数感外化行为的根本原因. 美国认知心理学家 Halberda 指出，数感是由人心理内部的近似数表征系统(approximate number system，ANS)所产生的. ANS 可以对数量进行近似表征和加工，并建立数感的认知加工模型. 他认为，数感是对知识的模型加工，有助于学生形成模型思维. 日本数学家小平邦彦在《惰者集：数感与数学》一书中指出，数感是对自然现象中的数学现象通过一定感觉所形成的感知. 这种感觉虽然很难用言语描述，但它是明显不同于逻辑推理能力的纯粹的感觉. 数感是一个人理解数学需要具备的一种纯粹的感觉，数感的敏锐性类似于听觉的敏锐性，与聪明无关，但有着统计关联. 数学的理解需要凭借数感，数感不好的人同样无法理解数学，数感能够帮助我们省略逻辑推理过程，直接引导我们走向前方. 美国学校数学教育的标准指出：所有学生应该发展数感，并用灵活的方式表示整数，包括关系、组合、分解数. 可见，数感是伴随着学生对数、数的表示方式、数之间的关系和数系统的理解,以及数运算、运算律等的理解和运用而逐步发展的,数感是认知加工的理性思维.

上述对数感的定义分别是从情感体验和认知加工两种不同的研究视角来认识数感的.情感体验侧重研究数感表现出的一系列显性感知,认知加工注重分析数感的隐性活动过程,它们分别从显性感知和隐性认知两个层面对数感进行了研究.

(二)国内学者对数感内涵的研究

数学源于生活,又服务于生活.人们通常认为数学是一门由缜密逻辑构成的逻辑性学科,而在笔者看来,数学是一门需要敏锐感觉的学问.数学在本质上与逻辑不同,它是一门需要感觉的学科,理解数学相当于"观察"数学现象,这里的"观察"不是指"用眼观看",而是指通过一定感觉所形成的感知,也就是"数感".一个人从呱呱落地,到蹒跚学步,再到认数写字,都离不开数感.人类自古以来具有视觉、听觉、嗅觉、味觉、触觉五种基本感觉,即五感.数感应该是人类进化过程中尚未被开发的感觉,需要后天通过各方面的教育进行培养,同时也与人的身体、生理、心理、环境等因素有着密切的关联.学生的"数感"是看不见、摸不着的,是学生融通各方面因素所产生的综合素养和能力.回顾我国学者对"数感"的研究历程,主要有如下成果:

马云鹏、史炳星在《认识数感与发展数感》中提出,应正确理解《课程标准》中有关数感的要求,充分认识培养学生数感的重要性.他们认为"数感"是人们主动地、自觉地或自动化地理解数和运用数的态度与意识,是人对数与运算的一般理解."数感"是人的一种基本的数学素养,它是建立明确的数概念和有效地进行数计算等数学活动的基础,是将数学与现实问题建立联系的桥梁.

郑毓信在《"数感""符号感"与其它——〈课程标准〉大家谈》中提出,《课程标准》中提及数感具有一定的合理性,数感的培养需要亲身经历,它不同于语感、美感、质感、方向感、符号感等,更不能理解为会"数学地"思考.数感是人对客观事物和现象的数量方面的敏感性,随着人年龄的增大,数感具体表现为三方面:能准确地刻画、能准确而迅速地进行计算、能对运算的合理性作出说明.数感不能被看成一种先天的才能,它主要是后天学习的结果,且具有发展性.

汤服成、郭海燕在《"数感"与"数感"的习得——学习〈课程标准〉的一点体会》中提出,从知识观的角度来进行解释,数感应该是一种内隐性、非结构性的程序性知识，包含对具体数量的分辨、判断、估算、计算及数量关系的感知．从感知角度出发，数感又表现为一种在具体情境中能使主体自然、迅速将有关问题与数联系起来，并用数学方式思考的情形，这表明数感具有观念、意识等特点，但更表现为一种相关的能力．综合来看，数感属于知识的范畴，主要是后天习得的结果，是在大量的学习和生活实践后积累起来的一种储存在潜意识中的内隐的、非结构性的关于数及其运算等方面的程序性知识．

王林全在《发展学生计算能力的途径——美国高中数学教学的一些思考》中提出，学生应该具有对于数及其运算的敏捷感知与深入认识，这种素质称为“数感”．良好的数感是计算能力的基础，有助于学生分析问题情境、形成数学的直觉，有助于对运算结果进行估算，有助于建立猜想及验证猜想的合理性．因此，更新能力理念、扩展数学视野、发展直观感知、突出算理算法、重视数形结合、发展理性思维、相互取长补短，帮助学生发展数感是发展学生计算能力的有效途径．

叶蓓蓓在《对数感的再认识与思考》中提出，“数感”是以“数概念”在人脑中扩展而产生的一种对数学问题的敏感．数感是一种对数字（量）的直觉，是一种具有培养性的直觉，是根据人对“数概念”的扩张和延伸而反映为对数学感知不断提升的灵敏度．数感作为一种直觉（感），不仅仅是人对数字的一种客观反映，也是数学素养的一个重要组成部分．数感的培养有助于学生完成对数学知识的自我建构，有助于学生培养理解和解释现实问题的数学敏感．

腾发祥在《数感及其教育价值》中提出，“数感”是人们在数概念的扩展中产生的对数学的一种敏感与一般理解．这种敏感与理解是对数字（量）的直觉，有助于学生对数学问题从感知层面敏捷地链接到数学思维；数感也是关于数概念的网络结构，这个网络结构帮助人们以数为基础逐步建构数学知识系统，自觉选择灵活而有创造性的方式解决数字（量）问题；数感具有非算法、非单一、非确定、非逻辑等特点，其反应时间短，稳定性差，是所需解决的问题与数学思维之间的按钮．

詹国樑在《数感的内涵》中提出，“数感”是由数学、心理学、教育学、思维科学、哲学、脑科学等多种科学支撑的一种崭新的、重要的知识领域．其概念分为狭义与广义两种，狭义的“数感”就是数字感，是人脑对于数字或数字运算的直觉，即对于数字或数字运算的洞察与领悟；广义的“数感”就是数学感，是人脑对数学对象的直觉，即对于数学对象的洞察与领悟．《课程标准》中的“数感”指的是“数字感”．“数字感”是“数学感”的基础,“数学感”是以“数字感”在人脑中的不断扩张和延伸而逐步形成的.

章里程、成伟君在《对“数感”的一次测量研究》中提出,“数感”应包含非逻辑性的自发过程和逻辑性的自觉过程两个方面. 从宏观(个体的年龄及认知水平)角度来说,数感发展先是自发过程,后是自觉过程. 从微观(数感的发生)角度来说,数感的发生包括产生阶段和发展阶段,产生阶段指从现实世界到初步数学潜意识,发展阶段指从初步数学潜意识到数学思考.

熊丙章、刘丽颖在《心算对数感发展的影响研究》中提出,“数感”是人的一种基本数学素养,是人对数与运算的一般理解,是主动地、自觉地理解或运用数的态度与意识. 数感是一个宽泛的领域,包括估算和心算,二者对数感发展起着极其重要的作用. 灵活地进行心算和估算,判断计算结果的合理性,能创造各种解决数字问题的策略.

史宁中、吕世虎在《对数感及其教学的思考》中提出,“数感”是对数的感悟,既有感知的成分又有思维的成分. 数感表现为对量与数的一种直观能力,数感的建立一开始更多地依靠经验的积累,到一定程度后靠经验、理性的叠加,形成观念. 数感发展的关键期是低学段,数感的教学需要实际背景的支持,需要学生亲身经历和实践,数感的培养需要将直观经验与理性思考有机结合.

汤服成、廖克顺、叶蓓蓓在《广西巴马县壮、瑶族学生数感的比较分析》中提出,“数感”是对数字(量)的直觉,数感表现出的最显著特点是对数字及其运算等数字问题的迅速反应,这种反应主要是后天习得的结果. 数感是一种文化产物,是一个民族长期以来文化的积淀,个体的数感形成和发展与其生活的文化环境有极大的相关性.

徐文彬、喻平在《“数感”及其形成与发展》中提出,“数感”是对数字关系和数字模式的意识,以及运用这种意识灵活地解决数字问题的能力. 学生具有“数感”的典型特征就是他们能够对其所面对的数字模式、数字关系和计算过程进行归纳,并能够把新知识和已有知识联系起来. 学生能否形成“数感”有赖于他们对数字知识和数字简便性的把握与熟悉,以及对运算知识和运算简便性的把握与熟练性. 培育和发展学生“数感”的关键是,在熟悉“相互独立的”标准的计算程序过程中辨别数字模式和数字关系,并在这两者之间建立起恰当的联系.

罗玉华在《数学课程改革中的“数感”》中提出,“数感”是对数和量及其关系的感悟，是直观的感受和合理的猜想，是思维与经验的结合物. 数感作为潜隐层次的数学思维，是对数字(量)的直觉、敏感与理解，是对数的感悟，是关于数的概念的网络结构，是对数和数运算的理解. 发展数感有利于学生数学地思考问题，提高数学素养，有利于培养学生的创新精神和实践能力，有利于传承民族文化与思维习惯，有利于增强学生的元认知能力. 因此，数感教学既要重视直观经验，联系实际生活，以活动的方式开展，突出解决实际问题的多样性与灵活性，又要重视理性的思考，联系数学学科，重视数学知识的趣味性，突出解决数学问题的规律性.

夏小刚、曾小平在《七年级学生"数感"的调查与分析——兼谈与国际比较》中提出，"数感"是人对数与运算的一般理解，这种理解可以帮助人们用灵活的方法做出数学判断和为解决复杂的问题提供有用的策略. 我国七年级学生数感的发展特点有：强于准确计算，并能有效理解数的意义和大小，善于借助对小数意义的理解来认识分数. 但未能充分理解分数运算的意义和作用，数的等量表征方式比较单一，不会合理地选择度量的基准，不会灵活地进行合理估算. 培养学生良好的数感，教师应重视对数的含义的理解，重视对估算意义和作用的理解，重视问题解决活动.

李彦峰、曾建国、余宏仁在《初中生数感的培养策略》中提出，"数感"在义务教育数学课程中是一个全新的重要内容，目前初中生的数感培养存在的主要问题有：学生对数概念的理解脱离现实生活，缺少个性化和多样化的理解方式；学生的估算意识薄弱，缺少估算的方法；学生之间缺乏有效的交流，抑制了思维的发散；解决问题的能力有待提高. 培养学生数感的策略有：在数概念的教学中，重视对数概念的切实理解与体验，注重其对运算意义的理解，增强其估算能力并鼓励算法多样化，使学生在数学交流中领悟数感；在问题解决中培养和发展数感.

郭民、史宁中在《小学生数感发展规律与特征的实证研究及其启示》中提出，"数感"是人们对数和数的关系的一种感悟，以及运用数字关系和数字模式推理与解决问题的能力. 数感的构成要素主要包括6个方面：数的意义、数的表示、数的关系、数的运算、数的估算、数的问题解决. 数感的形成是一个潜移默化的过程，需要学生在生活中不断积累与体验，通过实践、思考、探索、交流获得数感、发展数感，从数量关系的角度更准确、清晰地认识、描述和把握现实世界.

黄杰、李清在《数感与元认知关系的调查研究》中提出，"数感"是一种以人对数与运算概念的理解为基础，在感知数与运算的同时对其进行思考，进而能为具体问题选择灵活有效的策略的感觉. 其主要包括以下几个部分：理解数的意义；比较数的相对大小；用多种方法表示数；理解运算对数产生的作用；使用恰当的策略并判断结果的合理性.

陈炳建在《数感教学的实践研究与思考》中提出，“数感”源于经验和灵感，是对数字模式敏感性的反映，是对数字关系个性化的理解，也是运用数字模式与关系灵活解决数字问题的意识和能力. 数感是将数学与现实问题建立联系的桥梁，数感好的人能主动地将现实生活中遇到的问题和恰当的数字呈现形成联系，并且灵活巧妙地找到恰当的解决问题的方法.

霍雨佳、郭成、杨新荣在《国外数感研究评析及启示》中提出，“数感”是一个多维度的概念，在信息加工理论视角下，数感是一种对数量非精确、快速的知觉过程. 数感是由多种认知成分所组成的一个整体结构，数感的培养可以通过概念的重构、结构模型的重建、测评方法的完善、课程设计的优化，引导学生对数学活动经验进行提炼和升华，从而进一步加深对数的理解和感悟.

刘玮在《数感，不仅仅是“感觉”》中提出，“数感”是一种基本的数学素养，是作为个体的人对数字或数字运算之间关联的积极意识以及能动、灵活而快速地运用数字及数学知识解决问题的能力. 数感不仅包含感知的过程，还包含思维的过程，其外在表征为自主、自觉和自动地亲近数、理解数，并运用数的意义和运算方法去认识、解释现实世界，让学生目中有“数”，理解数与数量的意义；让学生心中有“数”，学会数学地思考现实问题；让学生用中有“数”，在灵活的运算中丰富认知经验，是培养学生数感的有效方法与路径.

孙晓燕在《数感的认识及其培养策略》中提出，“数感”是主动地理解数和应用数的意识. 人们运用数感发现并归纳生活中的规律，运用数感解决生活中的数量问题，运用数感使人们对世界的认识不再停留于表面. 数感的养成不能一蹴而就，需要教师在数学教学过程中引领学生多种感官参与学习过程，主动地观察，积极地验证，精准地估计，科学地比较，让学生正确、全面、深刻地感知数、认识数、亲近数，形成良好的数感.

黄志强在《数感的含义、构成和发展规律》中提出，“数感”是伴随着学生对数、数的表示方式、数之间的关系和数系统的理解以及数运算、运算律等的理解和运用而逐步发展的. 数感不仅具有感知的范围，而且含有思维的成分. 数感本质上是一种感悟，是对数与数量、数量关系及运算结果的感悟；数感的价值在于应用——能在现实生活中理解数的意义；数感构成要素可以归结为数与数量的理解和把握、数量关系的理解应用、运算结果的估计以及它们之间的内在联系.

陈齐荣、骆雯琦、陈修兰、王际红在《脑科学视野下数感的概念、生成及教学》中从脑科学研究的视角提出,“数感”由数感觉、数符号、数能力、数思维4个要素组成,各要素作用于不同脑区. 数感与生俱来,后天的数符号是数感发展的直接推力,数感发展经历由低级向高级的发展过程. 数感教学应立足数感觉,建立数符号,发展数能力,锤炼数思维.

王强国在《数感的界定、误区与培养对策》中提出,“数感”是一种意识,自觉是这种意识的显著特征,它既有感知的成分,又有思维的成分. 数感的建立应该扎根于认数的过程、运算的教学与实际的应用之中,深入理解、直面问题、理性剖析有助于我们探寻有效的应对之策,力求实现在认数的过程中形成“数感”,在运算的过程中建立“数感”,在问题的解决中发展“数感”.

综合分析国内外学者的研究成果,笔者认为,“数感”是用数学的眼光对数量的抽象、推理、建模,是对生活逻辑的数学理解,是抽象数、解释数、应用数的意识与能力. 数感的本质是对数量的直观感悟,是“隐形”的知识与技能,是认知加工与情感体验的心理意识形态.

二、对数感内涵的界定

基于课标、学术、脑科学、心理学等视角对数感内涵的阐释,具体体现为以下三方面:

(一) 源自《课程标准》的描述

1. 2001年7月,教育部在《全日制义务教育数学课程标准》(实验稿)中首次提出“数感”. 关于“数感”的诠释是:“数感主要表现在:理解数的意义;能用多种方法来表示数;能在具体的情境中把握数的相对大小关系;能用数来表达和交流信息;能为解决问题而选择适当的算法;能估计运算的结果,并对结果的合理性作出解释.”

说明:这段话未对数感的内涵作出解释,而是采用外延揭示的方式,从学习行为改变的视角,描述数感的表现,即理解数的意义,主要表现为五个“能”.

2. 2011年,教育部在《义务教育数学课程标准》(2011年版)中关于“数感”的表述是:“数感主要是指关于数与数量、数量关系、运算结果估计等方面的感悟. 建立数感有助于学生理解现实生活中数的意义,理解或表述具体情境中的数量关系.”

说明:这段话从数感界定和数感功能两方面进行描述. 在功能描述中,紧扣“现实生活”与“具体情境”,凸显“数学来源于生活,又应用于生活”的学科理念.

3. 2022 年,教育部在《义务教育数学课程标准》(2022 年版)中关于“数感”的表述为:“数感主要是指对于数与数量、数量关系及运算结果的直观感悟.数感是形成抽象能力的经验基础,建立数感有助于理解数的意义和数量关系,初步感受数学表达的简洁与精确,增强好奇心,培养学习数学的兴趣.”

说明:这段话从数感界定和数感价值两方面进行阐释,注重“现实生活”与“真实情境”,突出“数感是形成抽象能力的经验基础”.

以上三个标准都对“数感”采用了描述性定义的方式,有利于一线教师理解与践行.

(二) 倾向“学术”的刻画

1. “感知论”认为:数感与美感、方向感、语感类似,是对数的敏感、感知.

2. “观念论”认为:《课程标准》中数感的内容更多地体现了一种观念,并建议用数观念来代替数感觉.

3. “知识论”认为:数感包含感觉、知觉、观念和能力等成分,是程序性、内隐性、非结构性知识.

4. “能力论”认为:数感是对数字模式和数字关系敏感性、个性化的理解,也是运用数字关系和数字模式进行推理与解决问题的意识和能力.

(三) 认知“脑科学”的分层

1. 从认知心理学的角度:数感是人在对数字及其关系知觉的基础上,对数及其结果整体把握的心理状态,是融合数字知觉、认知加工、结果判断和情感体验的整体心理结构.

2. 从脑科学的角度:数感(包括先天数感、后天数感)涵盖数感觉、数符号、数能力和数思维四个层面的要素.

第二节　数感与数量感

一、“一抓准”背后的思考

如果说估重量、估厚度、估大小等估算培养的是学生的数感,那么 20 世纪

60 年代北京王府井百货大楼营业员张秉贵在销售糖果时练就的“一抓准”的本领体现的是他的数感吗?

反复深思,上述问题根本上是“数感”与“数量感”的区分问题.

从众多学者对数感的研究来看:数感就是数量意识. 究其原因:数是量的共同属性的抽象表征,数与量可以混为一谈,比如,变数与变量是同义词. 但在初中数学中,数与量却是两个既有联系又有区别,并且常常不能不加以区分的概念.

二、“数感”与“(数)量感”的认识

《课程标准》(2011 年版)指出:“数感是指关于数与数量、数量关系、运算结果估计等方面的感悟.”“数感”是《课程标准》(2011 年版)提出的十大核心概念之一,广大数学教师在实践中对其进行了多方面的探索研究. (数)量感是数感的一个分支、一个方面,也是一个核心概念. 梳理众多学者对于(数)量感的研究,可以看出,对(数)量感,目前有三种内涵界定:

1. (数)量感就是数感,数量简称为量,是数与量的结合,对于数量的感悟就是(数)量感.

2. (数)量感是对数量的感受,是指人的身体感官对物体的形状、大小、位置等方面的感觉,也就是对物体的感性认识.

3. (数)量感是指学生不借助任何测量工具对某个量的大小进行估测,或估测某个单位表示的数量与哪一类实际物体的大小类似的一种感觉.

从学者们的实践探索结论中不难看出,大家对前两种数感内涵界定的认可度较高,这两种界定都注重突出(数)量感是一个人利用感官,通过自身认知对数量产生的感性认识. (数)量感是快速理解、估计和产生数量,并对数量进行表征以及理解数量间关系的能力,是对刺激的数量信息进行抽取加工而产生的数量感知,是一个快速的、并行加工的、数量适应的过程.

当然,在现实世界中,没有抽象的数,有的都是数与量的混合体. 因此,数感培养难免牵涉到量,但也不能过于依赖量,要注意区分. 在教学干预中,对于数感的培养可以从以下几方面进行:数、读、看、推、算、估、用;对于(数)量感的培养可以从以下几方面进行:自身体验量、感知单位量、感悟叠加量、估测精准量. 从以上培养方法可以看出,两者既有区别又有联系,为此我们必须在理解数感和(数)量感的内涵、特征、价值的前提下创新优化培养策略,借助课堂教学干预和课外综合实践,切

实让学生的数感、(数)量感内化于心、外化于“形”.

第三节　数感与数概念

一、陷入“误区”的案例

笔者曾经观摩过苏科版“有理数与无理数”“实数”的教学新授课,其中的关键环节,仍历历在目,经深入思考,令人质疑或存在误区的地方还不少.

“有理数与无理数”这节课是学生进入初中,在学习了正数与负数之后,对数系进一步扩充整合的概念教学新授课. 教师通过情境引入回忆上节课学过的正数与负数,直接告诉学生所有数可以归属为两类数:一类是有理数,另一类是无理数. 然后,教师直接给出有理数和无理数的分类. 试问:这样的数概念教学对于学生数感的培养有帮助吗? 学生能深入理解有理数和无理数的本质吗? 学习有理数和无理数的必要性何在? 这样的数概念教学符合认知规律吗?

在“实数”这节课上教师一开始就直接告诉学生实数包括有理数和无理数,并用多媒体展示出实数的两种分类建构框架:一类包括有理数和无理数;另一类包括正数、零和负数. 实数的性质与运算等都与有理数类似,实数与数轴一一对应. 试问:这样直接灌输数概念对于学生掌握实数的本质有帮助吗? 学生知道学习实数的必要性吗? 学生对实数的范围真的理解了吗? 学生的数感能力能得到进一步提升了吗?

上述两节课,在教学数概念前,教师并没有准备良好的情境,唤醒学生的已有经验,激发学生的学习兴趣,而是一味地灌输给学生知识建构,学生根本不理解数的本质,数感能力并没有得到很好的发展,对于数系扩充还处于朦胧的状态. 综上,学生的数感培养一定要得法,教师的教与学生的学应该充分预设. 教学者只有在备课上下足功夫,才能真正提升学生的数感素养.

二、“数感”与“数概念”的认识

从国内外学者对“数感”概念的界定来看,目前还没有统一定论,但梳理数感的研究历程大致可以从以下三个维度来理解:源自《课程标准》的描述、倾向“学术”的刻画与认知“脑科学”的分层. 数感具有感知、思维、脑科学三方面的特征. 数概念则是根据数的认知理论对数的内化建构，是根据学生的自身认知及思维特点，利用形象思维和抽象思维对数进行感性认知和理性认识的一种思维建构，能充分调动学生各种感官，全方位感知数.

“数概念”是人脑对现实生活中客观事物数量属性的认识，“数概念”培养注重的是学习兴趣和学习能力，以及学习的过程. 数概念的形成是对相异个体不同数量的数抽象、数描述、数表征，比如学生学过的自然数、分数、小数、整数、有理数、无理数、实数、复数等一系列的数概念，需要对数进行本质理解与科学表达. 如学生要表达无理数“$\sqrt{2}$”这个概念，就必须思考“$\sqrt{2}$”的内涵本质与实际意义. 正如毕达哥拉斯所指出的：“数支配着宇宙.”对于无理数“$\sqrt{2}$”的理解，可以是求 2 的算术平方根，也可以是求面积为 2 的正方形的边长等，所有这些都说明数概念的形成具有感悟性、抽象性、精确性. 数感与数概念是既有区别又有联系的两个概念，它们的区别主要体现在形成和发展特点两个方面. 首先，数感和数概念的主体形成不同. 数感强调的是对数的一种感悟，是一种对数的整体感知和感觉，所以它既含有心理的、抽象的、经验的感知成分，又含有数感思维的成分. 数概念是对生活现实中物体数量的抽象提炼，是人的大脑和心理共同作用的认知结果. 其次，数感和数概念的发展特点不同. 根据国内外学者及各类研究院所、高等学院等对学生发展规律的研究不难发现，七年级是学生数感突破与发展的关键阶段，对孩子数学思维的影响极大. 同时，数感与数概念又具有一定的关联，数概念是抽象概念的精准表达，具有不同于数学概念的表征，描述数概念需要通过精确的表达来实现. 基于数概念的特殊性，对于数概念的发展是属于领域问题还是个性问题，学者们一直都没有定论. 以格尔曼为首的一些心理学家认为，学生的数概念发展是基于学生的数字敏感性的，学生对数字的敏感性是表征物体数量的抽象意识行为，同时还能让学生将注意力聚焦于物体的数量，进而依托客观事物的特点进行科学合理的表征，促进学生数感与数概念理解的协同发展.

第四节 数感与数能力

一、“计数”与“运算”

生活中处处都有“计数”与“运算”，只有让学生感受到数学就在身边，才能激发他们内在的学习动机,以保持积极的学习态度,把所学知识与生活经验联系起来,使知识得以内化,方法得以掌握,思想得以升华,挖掘“计数”与“运算”的生活原型,创新“数感”培养的最佳契机.

从一开始接触数字,学生就已经在寻找数字之间的联系,这些联系能培养他们思维的灵活性,而这种灵活性正是形成数感的特征. 通过计数中的数字模式,学生形成了对某些数字之间联系的认识.这里的“计数”并不仅仅指学生最早体验到的“单元”计数,还包括以1,10,100,1000,10000…为间隔的计数,以及运算中的二进制和十进制等计数方法.这些计数可以从任一数字开始,可以往前数也可以往后数.当这些数字模式和算术运算相联系的时候,便能促使学生找到有效的计算策略. “运算”可以帮助学生在计算之间、在计算和问题中出现的特殊数字之间建立联系. 数学知识涉及学生所要理解的数字系统的结构和规则,当出现新的计算问题时,不管它是以文字的形式还是以符号的形式出现,有效的解题策略首先是仔细观察数字,辨识这些数字和已知数字事实或数字联系之间的关系.随着学生对这些关系理解的加深,他们的数感也会得到进一步发展.

二、“数感”与“数能力”的认识

数感,通俗地讲就是对数的一种感觉,使人能主动、自觉地理解数和运用数的态度与意识,使人能正确、习惯地用数去交流,会数学化地思考. 它同乐感、语感一样,是人的一种基本素养. 数感主要表现在:理解数的意义,能用多种方法来表示数;能在具体情境中把握数的相对大小关系;能用数来表达和交流信息;能为解决问题而选择适当的算法;能估计运算的结果,并对结果进行合理性的解释. 因此,数感的培养不仅是数与代数领域中的任务,还应贯穿数学学习的各个领域. 在各领域融通的前提下,通过直接体验,建立较小数的数感;感知想象,建立较大数的数感;亲历过程,在建模中形成数感;加强估算,在估算中形成数感. 培养学生数感,让数“生根”,是初中数学中非常重要的教学任务,也是日常教学中容易忽视的环节,需要教师在教学中高度重视,着眼于学生的长远发展,结合具体的教学内容,灵活地选择素材.

数能力是一个人感知数、认知数、抽象数、运算数的一种综合能力. 数能力是一种关键的、横向的能力,强调以分析的、合作的和创造性的方法使用数. 数能力为学生提供了有限的感知和判断物体数量的能力. 加德纳明确指出:智能不仅是指一个人如何思考,也包括思考时所处情境的组成和作用. 因此,特定文化的组成和价值观将影响特定智能的激发、培养或抑制. 一个人的数能力是先天的倾向和个体发展所处社会环境共同作用的结果. 数能力虽然被认为是数学智能的先天起源,但数感能在何种程度上成为个体的主要才能,仍然取决于遗传输入的类型、强度以及个人成长与学习所处的环境. 数能力的提高需要正式和非正式的教学引导,比如,把数字与有意义的物体配对,使用语言逐步将数字与物体和符号匹配,合作数数活动,提供数轴经验,策划有意义的估算体验,测量并进行测量估计,使用数字图表,引入有关数字或数字表征的材料,阅读有关数字的书籍,创制数字魔方,对同一数量运用多种不同表征,探究大数字和它们的表征,收集数据并制表,比较其他文化中的数字表征,建立电子数据表,解决问题并考虑结果的合理性,发现数字的日常用途和功能性用途,探讨罕见数字,示范对于数字和数字模式的喜爱,等等. 数能力是顺利完成数学活动所必须具备的且直接影响其活动效率和效果的一种个性心理特征,是在数学活动过程中形成和发展起来并在这类活动中表现出来的比较稳定的心理特征. 林崇德教授主持的"中小学生能力发展与培养"实验研究,从思维品质入手,对数学能力结构做了如下描述:"数学是以抽象为基础,由运算能力、空间想象能力、逻辑思维能力和思维的深刻性、灵活性、独创性、批判性、敏捷性所组成的开放的动态系统结构."数能力是一个人对数字和运算的一般理解力,以及灵活应用这种理解力的倾向和能力. 利用数能力可以做出明智的数学判断,并开发出应用数字和运算法则的有效策略. 数能力主要包括学生对于数字的顺序感、多样化的数字呈现形式、数字相对和绝对数量的判断,思考数字的基准参考体系,理解运算结果;意识到所应用的规则、运算之间的关系,理解问题情境和合适的解题策略之间的关系;意识到存在多样化的数字呈现方式,应用有效的数字表征形式或方法的倾向,检验数据和结果的倾向等. 数感与数能力之间也有很强的关联,数感对数能力具有一定的预测作用,数感水平越高,数学能力就越强. 正因为数感是形成和发展数的运算能力、数据分析能力和数推理能力等各种数能力的基础和前提,《课程标准》把"数感"这个概念放在核心概念之首,以凸显数感在中小学数学教育中的地位和作用.

第三章 数感:概念学习的导航仪

第一节 “概念教学”理论溯源探析

李邦河院士说过:“数学根本上是玩概念的,不是玩技巧,技巧不足道也.”数学归根到底是概念教学,数学概念是人类智慧的结晶. 数学“核心概念”是关系到初中数学整体教学发展的“核心素养”,它是一个动态发展的整合了知识、技能、情感、态度与价值观的集合体概念.我们在追求整合课程学科化的同时,更应该重视通过“核心概念”的教学让学生学会思维,结合典型案例从多元的视角揭示数学核心概念的本质,丰富学生对核心概念的认识,加深学生对核心概念的理解,通过不同的思维的方法运用核心概念,从而促进核心概念认知网络的系统构建.

一、初中数学核心概念

菲利普·菲尼克斯在《意义的领域》中论述了围绕“代表性概念”进行设计的重要性:代表性概念对于提高学习效率显然是非常重要的. 如果一门学科有明确的特征概念来代表,那么对这些概念的全面理解也就相当于对整个学科知识的理解.人民教育出版社的章建跃先生认为:对于学生的数学认知结构而言,“核心概念”处于主干地位,具有重要的、不可或缺的基础地位. “核心概念”具有基础性、系统性、联系性、全局性和一致性五个特性. 根据其特点界定初中数学“核心概念”如下:从纵向角度考虑,“核心概念”在整个概念体系中处于“起点”和“生长点”位置,在数学概念的系统发展中具有里程碑的意义,是一个有着丰富内涵和外延的概念;从横向角度考虑,“核心概念”是一个具有广泛联系性、迁移性的概念. 例如,函数这一“核心概念”与方程、不等式、平面直角坐标系的概念都有一定的逻辑关系,而这种逻辑关系往往就是数学思维和方法．恩格斯强调："数学就是关于客观世界数量关系和空间形式的科学．"所以，在数学教学中要抓住关于空间形式与数量关系的关键点，即数学"核心概念"，这是学好数学的前提．一般而言，把握数学概念的核心属性，强调在问题情境中引发学生的学习动机，设置一系列与概念有关的问题串，在探究中揭示核心概念，去除影响核心概念的其他因素，把初中数学"核心概念"与相关知识联系起来，掌握最核心的内容．在此基础上构建出的思维方法优质且高效．

欧几里得较早提出"严密思维"的概念，后来很多人以此为参照，把演绎推理从前后联系转变为因果关系，提出"逻辑思维"的概念．当前，"核心素养"被大力提倡，成为教育领域的一个新热点，被认为是"数学上普遍的高标准"．形成数学素养离不开"核心概念"的教学，其基本内涵是帮助学生学会"数学地看待世界，发现问题，表述问题，分析问题，解决问题"．如果说可以把"数学地看待世界"看成"数学概念"的显性表现，那么"数学概念"的核心，即应当帮助学生通过数学学会思维，并逐步学会更清晰、更全面、更深刻、更合理地思维．这也是国内外数学家的切身体会：数学学习对于思维发展的主要作用之一就是十分有利于人们学会"长时间的思考"．知识显然是思维的"载体"，只有用思维的方法分析带动具体知识内容的教学，才能帮助学生真正学好"数学核心概念"，才能将数学课"教活""教懂""教深"．

"通过数学学会思维"相对于"数学核心概念教学"应该是更为合适的一个主张，数学思维显然并非思维的唯一可能形式，各种思维形式都有一定的合理性和局限性．我们应该一方面立足"数学思维"，并以此作为发展学生思维的必要规范，逐步形成一些新的思维方式；另一方面立足日常思维，从一般的角度去认识各种数学思想与方法，促进学生思维的发展．思维的发展不仅与思维能力密切相关，也直接影响思维的品质，特别是思维的清晰性与严密性、思维的深刻性与全面性、思维的综合性与灵活性，以及思维的创造性．这也正是"核心概念"教学的最高要求．

二、核心概念研究现状

美国教育学家杜宾斯基等在数学教育研究实践中提出了 APOS 理论．该理论是一种建构主义学习理论，集中于对特定学习内容——"数学核心概念"学习过程的研究，对"数学核心概念"所特有的思维方式——"过程和对象的双重性"做了切实分析,对数学学习过程中学生的思维活动做了深入研究,揭示了数学学习活动的特殊性,提出学生学习数学核心概念要经过活动、过程、对象、图式四个阶段. 美国诺瓦克博士提出了“概念图”的教学技术. 概念图在表达逻辑关系和推理方面发挥着很重要的作用,是一种多线程流程图,表达由起点到终点的事物发展过程和推理过程,结果可能是一种或多种. 在西方国家,概念图是中小学教学中很常用的一种方法,得到了大力推广.

在中国,近二十年来数学教育工作者常用的概念教学方式还是“概念形成”和“概念同化”,过程简明,直接运用,强化练习. 学生无法理解概念的核心内涵和本质,对数学概念的来源与背景不清楚,对概念的形成过程没有体验,因而无法适应新的概念,也没有完成同化或顺应、平衡,认知上存在严重缺失. 具体表现在以下方面:① 课堂缺少核心概念的形成过程,直接将数学概念的定义教给学生;② 缺少核心概念体系的建立,学生无法理解概念;③ 忽视核心概念教学时的“核心”,没有分清教学的主次.

从以上国内外研究情况来看,对于数感的教学,我国处于相对滞后的状态,我们必须认清现实,与时俱进. 荷兰数学教育家弗赖登塔尔研究认为:“数学中最重要的成分是思维方法.”《课程标准》也明确指出:“数学为其他科学提供了语言、思维和方法,是一切重大技术的基础,通过数学教育,可以使学生获得基本的数学思维方法……”这些都表明了数学思维方法在教学中的重要性. 学生掌握了数学思维方法,对理解和掌握相关的数学概念、知识大有帮助. 因此,我们尝试通过数学教会学生思维方法,构建一个反映数学内在发展逻辑、符合学生数学认知规律的初中数学核心概念、思维方法结构体系,并使核心概念、思维方法在数学课堂中得到落实. 这是提高数学课堂教学质量和效益的突破口,也是数学课堂教学改革的抓手. 在“四基”教学中,应该使学生真正领会和把握数学概念的核心,领悟核心概念所反映的数学思想方法的真谛,学会“数学地思维”,从而形成功能强大的数学认知结构,切实发展数学思维,提高数学素养.

三、概念学习现状分析

当前,新一轮课改已经步入快车道并向纵深方向推进,但是笔者在教材培训、教学研讨中多次发现,一线数学教育工作者对于初中数学“核心概念”的教学普遍存在以下两种现象:

1. “重结论、轻过程”——聚焦“知识灌输”的教学. 有些教师把核心概念看成定论,重结论、轻过程,重灌输、轻引导,低估了学生的认知能力、知识经验及数学思维. 其典型做法是在概念教学中设计“一个定义,三项注意”,经常要求学生在没有深入理解数学概念本质和内涵的基础上进行大量的解题操练. 正如张奠宙先生所描述的:“西方在数学教学中强调理解、理解、再理解,而我国则是练习、练习、再练习.”由于缺乏过程性的体验,学生对概念无法达到本质的理解,造成自身思维能力薄弱,缺乏创新意识,所学知识难以广泛灵活迁移,对学生的发展造成非常不利的影响. 人民教育出版社章建跃先生的相关研究表明,我国数学教学质量滑坡的现象并没有随课改而得到改观,而是越来越严重了.

2. “情境过渡、去数学化”——聚焦“活动”的教学. 由于初中生的认知结构处于发展中,他们在学习新知识时作为“固着点”的已有知识往往很少或不具备,思维方式也以形象思维和经验型理论思维为主,因此有些教师在课堂上努力让学生经历学习过程,但有时存在“情境过渡”和“去数学化”的倾向. 教师缺乏对活动意义的深刻思考,缺乏对存在于学生头脑中的核心概念的关注,导致学生对有些概念的理解停留在情境阶段,对概念的理解不够深入,在应用的时候,常常不知所措,或者只能孤立地记忆概念,却不能运用联系的观点在必要的地方联想起应该应用的核心概念,即学生对核心概念是“假性理解”,未能理解概念的本质.

这两种现象令人担忧,部分教师在课堂上没有抓住数学概念的核心进行教学,教学中没有前后一致、贯穿始终的数学思想主线,教学缺乏必要的根基或教学活动不得要领,在一些无关大局的细枝末节上耗费学生的宝贵时间,学生经常在没有对数学概念和思维方法深入理解的情况下就盲目进行大量的解题练习,导致数学课堂效益、质量“双低下”. 学生花费大量时间学数学,完成了无数次解题训练,但他们的数学基础仍非常薄弱. 为了帮助学生真正理解和掌握数学概念的核心和结构,减轻学生负担,提升数学素养,杜绝教师未抓住数学核心概念与思维方法就进行教学的现象,我们从数学教学教会学生思维入手,实施以下环节:概念的引入——基于“真实情境”,激发学习动机;概念的初建——基于“概念感知”,探究归纳概念属性;概念的明确——基于“数学化”,初步形成概念;概念的巩固——基于“概念应用”,进一步深化概念;概念的“精致”——基于“概念联系”,最终获得概念. 最后以“核心概念”的教学设计为抓手形成典型课例进行研究. 由于数学核心概念具有一般概念所不具备的基础性和生长性,所以,在教学时要树立“整体观”和“系统观”，从工具性理解到关系性理解，重点考虑来源、关系、作用. 值得注意的是，核心概念的形成需要一个长期、动态的建构过程. 为此，教师应引导学生注重学习的过程，鼓励学生将蕴含在数学概念中的思维方法挖掘出来，并渐渐体会与感悟，培养学生学以致用的能力，为学生打开凝结在数学知识上的思维方法的闸门.

第二节　“概念教学”创生数感培养

一、概念教学与数感培养

概念教学是学生数感培养的基本活动，也是数感培养的根本保证. 当前，基于核心素养的初中数学概念教学以培养全面发展的学生为核心，聚焦学会学习、数感培养、实践创新，依托“互联网＋”智慧教育枢纽平台，融合线上与线下学习，设计概念教学的导学单、探究单、研学单，多维度、多层面、多方位开展行动，努力构建课前试学、课中探学、课后研学、课余创学的一体化、连续化的学力、学本、生本课堂教学模式，在概念教学的各个环节落实先学后教、以学定教、以学促教，让教师的“教”有效地服务于学生的“学”，让学生的数感培养与形成发展真正落地. 概念教学的思路如下：

1. 通过数学课堂教学，让学生学会思维，高效学习数学“核心概念”，回归数感本质.

2. 通过研究各种类型的课例，探索初中数学核心概念教学的新方法，促进数感培养.

3. 通过数学使学生学会思维，并能够从思维的角度出发，理解初中数学核心概念的内涵、本质、外延，探索构建初中数学核心概念、数学思维方法结构体系的依据，建立关于初中数学核心概念、数学思维方法教学设计的课例模式，围绕核心概念进行教学并在实践中创新，发展学生数感.

4. 真正把生成理念变为课堂现实，构建初中数学核心概念、数学思维方法结构体系，对初中数学核心概念教学问题进行分类，探索发现、分析和解决数学核心概念教学问题的新方法以及调控手段，开发初中数学核心概念和数学思维方法的教学课例，促进数感发展.

核心概念研究流程及教学环节设计思路如图 3-1 所示.

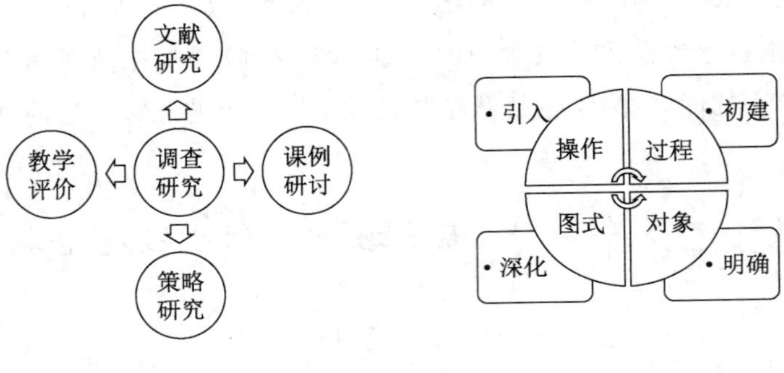

(a) 核心概念研究流程图　　(b) 核心概念教学环节设计思路图

图 3-1

二、概念教学与数感培养的融合

概念教学与数感培养是相互依存的关系,以数感思维方法为线索来实施核心概念的教学,应当可以对学生的数学核心概念建构起到积极的促进作用. 这里以“平行四边形及其性质”的教学片段为例来说明.

1. 基于从一般到特殊的思想方法建构平行四边形的基本知识. 平行四边形从哪里来? 简单的方法是直接画出一个平行四边形,用数学语言去描述其边的特征,但这样的方法已经被实践证明过于草率,而基于从一般到特殊的思路,让学生从一般四边形中去发现这种特殊的四边形,可使平行四边形概念的建构具有探究意义. 实际教学中,教师先让学生随手画出一个四边形,再让学生挑出一个“好看点”的四边形,然后问其“能否画出非长方形或正方形的有规则的四边形”,这样的问题递进看似平常,但实际上却在学生的思维中留下了从一般到特殊的方法的印迹.

2. 基于比较的思维方法,判断平行四边形与一般四边形的异同. 教师的语言不要过于数学化,指出“相同点”或“不同点”足以让学生知道自己要做什么. 如果此时语言过于数学化,那么学生理解起来就会有困难,不利于比较思维的充分渗透.

3. 基于数学体验的思维方法,让学生在体验中学习平行四边形的性质. 这是探究平行四边形边与角的关系,并用数学语言进行描述的过程. 这个过程基本上可以分为两步:一是对边的研究,二是对角的研究. 学生一般会猜想对角相等,但在证明时需要作出对角线并用全等三角形去证明.

4. 在学生反思的基础上,梳理概念与思维方法的关系. 在平行四边形及其性质这个核心概念得出的过程中,尝试引导学生反过来思考,去想这个结论是怎么得出来的,学生通过反思在的思维中生成了一个核心概念的模式.

事实证明,以上四个步骤一方面体现了数感思维方法的运用,另一方面也成功地构建了关于平行四边形及其概念的认识. 不难看出,概念教学与数感思维的融合可以很好地促进学生的认知理解与能力生成,在日常教学中教师可以尝试从以下几方面进行融合教学,力求使概念教学与数感培养在融合共生中促进学生的全面发展.

1. 直观化. 数学核心概念的掌握要经过一个由生动直观到抽象思维,再从抽象思维到实际应用的过程,甚至要重复几次才能实现,借助概念的直观背景,对抽象概念进行直观化表征,可提高概念教学的有效性.

2. 对比化. 通过正例和反例深化对核心概念的理解,再借助样例加强对概念的认识. 利用对比明晰概念,有比较才有鉴别,对同类概念进行对比,可概括共同属性.

3. 变式化. 通过变式,从不同角度研究概念并给出正例,可以全面认识概念,教学时应掌握好时机,在概念理解的深化阶段运用会收到理想的效果.

4. 精致化. 一定意义上,概念的精致可以理解为概念浓缩,即抓住概念的精要所在. 概念的精炼表达和“组块”占据记忆空间少且易于提取.

5. 多元化. 数学概念往往有多种表征方式,如利用现实情境中的实物、模型、图像或图画进行的形象表征,利用口语和书写符号进行的符号表征,等等. 不同的表征将导致不同的思维方式.

6. 算法化. 学习概念的目的是应用,反之,应用能促进概念的深刻理解. 为了更好地运用概念,需要将概念算法化,即要将陈述性的概念定义转化为程序性的算法化知识.

7. 生活化. 数学来源于生活,又服务于生活. 通过教学使学生学会思维,再借助“学”与“思”的灵动课堂,学生一定会对数学核心概念进行深度思考,从生活中找出它们的本质和内涵,并将其回归应用于生活.

三、概念教学创生数感培养的策略

学为中心:在“撑篙漫溯”中理解“人在课中”.

概念表征:在“不教之教”中体验“客观知识”.

认知关联:在“以美立课”中领悟“道生无痕”.

数学体验:在“具身亲历”中内化“情景数感”.

数学实验:在“动态操作”中创生“思维活力”.

数学阅读:在“内驱提升”中溯源“认知本质”.

深度教学:在“思维拔节”中挖掘“多元生成”.

智慧教学:在“机器智能”中实现“媒介融合”.

共融共生:在“跨界融合”中生长“数感思维”.

第三节 “概念教学”典型教学案例

案例一 有理数与无理数

一、教学内容解析

“有理数与无理数”是苏科版数学七年级上册第 2 章 2.2 节的教学内容. 本节课是一节概念教学课,主要的教学内容是有理数与无理数的概念、区别及应用.

作为初中阶段数系扩充的初始课,引导学生在小学学习的基础上,依托第一节对负数的认识,使数的范围扩充到有理数,通过整数与分数的本质关联,从概念溯源的视角重新审视数的特征,进而抽象出有理数的概念,理解有理数的特征,思辨有理数的结构,从不同的视角强化学生对有理数概念本质的理解. 在有理数学习的基础上,通过拼图活动,让学生探索、感悟到无理数的客观存在性,体会无理数产生的现实背景和引入的必要性,让学生在追问中感受数学无限逼近的思想方法,体会“数”的无穷奥秘,培养学生的“数感”,为后续学习数轴打好基础.

二、教学重、难点

1. 重点:有理数与无理数的概念理解,能区别有理数与无理数.

2. 难点:感受数学中的逼近思想及无理数的真实存在性.

三、教学目标设置

《课程标准》中关于本节教学内容的目标要求是:理解有理数与无理数的意义,了解无理数的概念,感受无理数的存在. 能对它们进行分类,能从有限和无限的本质思辨有理数和无理数,理解它们的特征和价值.

结合对《课程标准》的理解及教学实际,确立本节内容的教学目标如下:

1. 通过对有理数与无理数的意义、本质、特征的认知、体验、体悟,了解有理数与无理数的内涵与价值,会思辨一个数是有理数还是无理数.

2. 经历"生活—体验—抽象—推理—经验"的学思融通,对有理数与无理数进行数学化、整体化、符号化,让学生在对比与类比中思学、会学、学会.

3. 引导学生从多维度、多层面、多方位提出问题、分析问题、解决问题,在生活、生成、生长中提升数学抽象、无限逼近、数学推理等学科素养.

四、学生学情分析

七年级学生在小学阶段对"数"已经有了一定的理解,尤其是对于数的大小、分类、特征有了初步的掌握,学生能从生活情境中抽象提炼数据模型,积淀一些"数"的学习经验. 在初中阶段,基于数系扩充的需求,由于"有理数与无理数"的概念理解比较抽象,学生不易掌握,为此有必要引领学生对有理数与无理数进行数学化、符号化、结构化思辨,依托生活实际,通过理性辨析,体悟本质规律,激励学生积极参与教学活动,提高学生的学习热情,充分交流、讨论、探索,培养他们的操作能力、合作能力、探究能力,为在活动体验中进一步学习有理数与无理数做准备.

五、教学策略分析

本节内容的设计侧重于对数系的扩充、分类(图 3-2)和辨识.

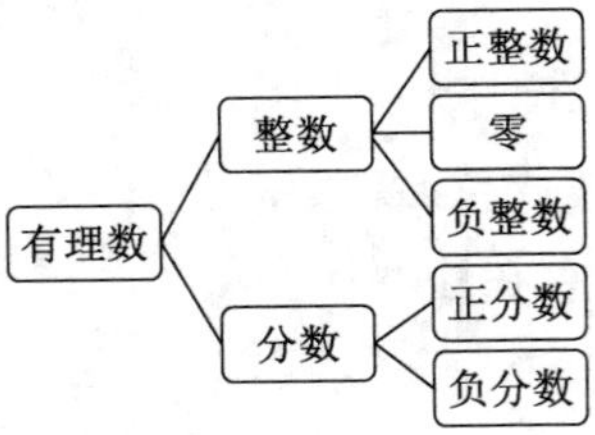

(a) 按整数和分数的关系分类

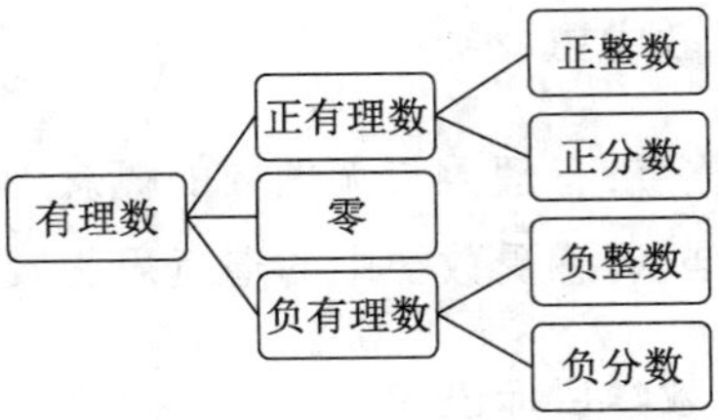

(b) 按正数、负数和零的关系分类

图 3-2

作为数概念建构课，采用互动式、探究式的课堂教学模式有助于学生主动建构核心概念. 本节内容的教学设计强调在教师的启发引导下，以学生独立自主和合作交流为前提，以操作、探究为导向设计教学情境，以数系扩充为基本线索，以有理数和无理数的概念理解与辨识为主要内容，为学生提供充分自由表达、质疑、探索、讨论问题的场域，在概念的认知、形成、发展过程中不断拓展思维，回归生活，回归学材，回归实验，从“生活线—活动线—数学线”串联课堂，梯次拔节，生长数学.

基于以上认识，就本节教学策略作如图 3-3 所示的设计.

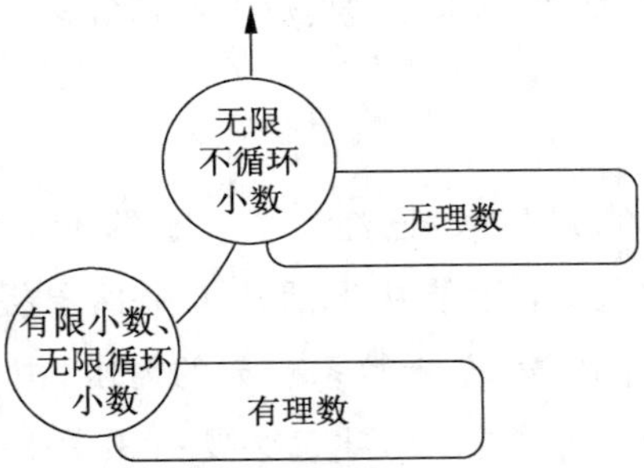

图 3-3

六、教学过程设计

(一) 情境背景

1. 欣赏有理数的发展史.

2. 请把下面的分数化成小数：$\frac{3}{4}$，$\frac{1}{11}$.

$\frac{3}{4}=0.75$，$\frac{1}{11}=0.0909090909\cdots$

师生归纳:分数可以化成小数,反过来,有限小数或无限循环小数,都可以化成分数.

3. 圆周率的历史源远流长:在小学阶段我们已经知道,圆周率π约等于3.14,你能说出它后面的数字吗?

(**师**:介绍圆周率的数字组成及历史背景)

[**设计意图**]　通过有理数、圆周率的数学文化的渗透,让学生明白有限小数和无限小数的联系与区别;同时通过将分数化为小数,让学生唤醒活动经验,激发学习兴趣,为进一步学习有理数与无理数打好基础.

(二) 活动探究

1. 有限与无限

师:请问我们已经学习了哪些数?请举例说明.

生:(预设)自然数、零、整数、分数、正整数、负整数、正分数、负分数……

师:你们知道这些数之间有什么关系吗?

生1:自然数、零、正整数、负整数、整数是一类,分数、正分数、负分数是一类.

生2:这些数应该都是有理数.

师:那有限小数和无限循环小数之间又有什么关系呢?

生:有限小数和无限循环小数也都是有理数.

师:有限小数和无限循环小数都能化成分数吗?

(学生讨论后回答)

师:请问圆周率π是有理数吗?

(学生讨论后回答)

师(追问):既然π是一个无限不循环小数,那么它能不能化成分数呢?(板书课题)

[**设计意图**]　数学探究活动是学生学好数学的基本途径.通过组织学生探究活动,发现规律,并与学过的有限小数、无限不循环小数作对比,为学习无理数概念做准备.

2. 无限不循环

(1) 活动(剪一剪):请大家拿出课前准备好的两个边长为1的小正方形,将小正方形沿着对角线剪开,设法重新拼成一个大正方形.

(教师请一位同学到黑板前面展示并解说)

（学生边演示边解说）

师（追问）：请看下图（图 3-4），请问你能不能求出拼成的大正方形的边长呢？它是有理数吗？

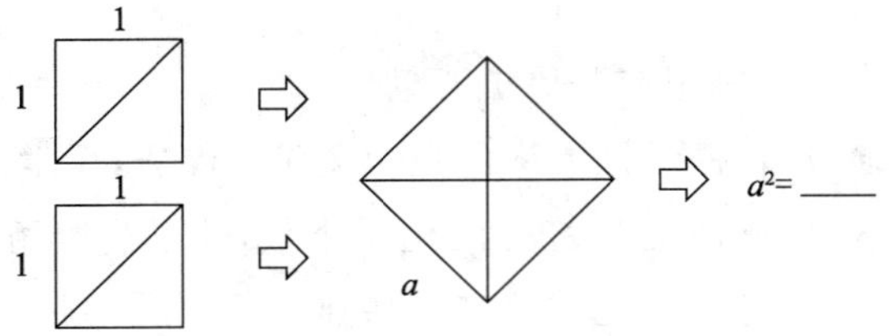

图 3-4

（2）**师**：不妨设拼成的大正方形的边长为 a，可以得到怎样的关系式呢？

生：$a^2=2$.

探究：① a 是整数吗？

② a 是分数吗？

③ 那么 a 是什么数呢？

由于 a 是 1 和 2 之间的数，$1<a<2$，因此 a 不可能是整数.

利用逼近的方法：

$1.5^2=2.25$，　$1.41^2=1.9881$，

$1.4^2=1.96$，　$1.42^2=2.0164$.

$1.4<a<1.5$，$1.41<a<1.42$，$1.414<a<1.415$，…

不难看出：a 是一个无限小数，它介于两个有限小数之间，但永远找不到一个有限小数等于 a，并且这些小数都不是循环小数.

利用逼近方法探索下去，可知 a 的值是 1.414213562373095048801688724….

师：请看下面的表格（表 3-1），思考 a 和 π 有什么共同点？

表 3-1

边长 a	面积 $S=a^2$
$1<a<2$	$1<S<4$
$1.4<a<1.5$	$1.96<S<2.25$
$1.41<a<1.42$	$1.9881<S<2.0164$

续表

边长 a	面积 $S=a^2$
$1.414<a<1.415$	$1.999396<S<2.002225$
$1.4142<a<1.4143$	$1.99996164<S<2.00024449$

生 1:不循环.

生 2:无限小数.

师:请看教材 17 页"读一读".

师:不难看出:所有有限小数或无限循环小数都可以化成分数,但无限不循环小数无法化成分数,所以它们不属于"分数"这一类.

[**设计意图**]　通过对数的有限与无限的比较探索,引导学生学会用分类、逼近的思想对问题展开探索,从中体验解决问题的方法,理解无理数的本质是无限不循环小数,同时利用化归的思想提炼活动经验.

3. 概念生成

师:通过上面的探索化归,我们知道:有限小数或无限循环小数叫作有理数.无限不循环小数叫作无理数.(板书)

有理数也可以表示为形如$\frac{m}{n}$的数(m,n 是整数,$n\neq 0$),因此分数都属于有理数,有理数也都可以用分数表示. 至于无理数为何不可以用分数表示,以后再讨论.

师:下面请填表(表 3-2)练习.

判断表中各数分别是什么数,在相应的空格内打"√".

表 3-2

	正整数	整数	分数	正数	负数	有理数
$3\frac{1}{4}$						
0.63						
+9						
−0.9						
−8						

例：下列各数中，哪些是有理数？哪些是无理数？

$$-9,-\frac{2}{7},0.2020020002\cdots,0.3030030003,0,200\%,-\frac{22}{7},-\frac{3}{4}\pi$$

[设计意图] 巩固所学知识，通过练习进一步加深对有理数和无理数的概念本质理解.

(三) 灵活应用

1. 教材习题

（教材第 17 页，习题第 2 题）

① 练习注意：规范解答，不能遗漏.

② 练习提醒：利用 π 及其加、减、乘、除运算，或者选取无限不循环小数.

2. 随堂练习

见随堂练习讲义.

(四) 总结拓展

师：通过今天这节课的学习，你们对有理数和无理数又有了哪些新的认识？

生 1：我知道了什么叫有理数，什么叫无理数.

生 2：我学到了用分类思想和逼近思想解决问题.

……

[设计意图] 通过总结所学知识，对本节课知识进行梳理整合，提炼思想方法，深化理解应用，加深学生们对知识的理解，同时为进一步学习有理数和无理数的实际应用作铺垫.

七、目标检测设计

1. 判断题.

(1) 分数是有理数. （ ）

(2) 无限小数都是无理数. （ ）

(3) 无理数都是无限小数. （ ）

(4) 有理数与无理数的差都是有理数. （ ）

(5) 两个无理数的和是无理数. （ ）

2. 把下列各数分别填在相应的集合里：

$$-2.4,3,-\frac{11}{3},\frac{22}{7},0.333\cdots,0,-(-2.28),3.14,-2,1.010010001\cdots,-\frac{\pi}{2021}$$

正有理数集合:{____________};整数集合:{____________};

负分数集合:{____________};无理数集合:{____________}.

3. 下列各数中,非正数有(　　).

$$2021,-7,-\frac{2}{3},5.6,0,-\frac{81}{4},15,\frac{1}{9}$$

A. 1个　　　　B. 2个　　　　C. 3个　　　　D. 4个

4. 把下列各数填入相应集合的括号内.

$$+8.5,-\frac{31}{2},0.3,0,-3.4,12,-9,-1.2,20\%,-2$$

正数集合:{____________};整数集合:{____________};

非正整数集合:{____________};负分数集合:{____________}.

5. 黑板上有10个有理数,小明说“其中有6个正数”,小红说“其中有6个整数”,小华说“其中正分数的个数与负分数的个数相等”,小林说“负数的个数不超过3个”. 请你根据四位同学的叙述判断这10个有理数中共有________个负整数.

八、课例设计反思

1. 背景引入

本节课由学生小学阶段学过的分数、小数引入,通过它们之间的互相转化,巧妙地唤醒学生对知识的已有认知,进而借助一个非常特殊的数——圆周率π展开教学活动,通过比赛的形式让学生说出π的近似值3.14后面的位数,教师因势利导,依托圆周率的数学历史和数学文化进行渗透,让学生知道π是一个无限不循环小数,引起学生浓厚的探究兴趣,诱发学生的好奇心和源动力.

2. 背景生成

在背景引入的基础上,依托问题驱动学生的认知本能. 首先,展开对小学学过的数(自然数、整数、分数、正整数、负整数、正分数、负分数、小数、有限小数、无限循环小数、偶数、奇数、质数、素数、合数、正数、负数、π)的梳理分类,通过讨论探究生成整数包括正整数、零、负整数,分数包括正分数、负分数,进而让学生发现并提出π并没有被分类进去,追问学生π到底属于什么数,从而展开新的讨论探究,得到初步结论:π是无限不循环小数. 其次,依托数学活动感悟无限不循环小数的真实存在,借助正方形剪拼、展示、交流得出边长和面积之间的关系,利用无限逼近的思想方法,让学生感悟无限不循环小数是无法化成分数的,因此它们是一类特殊的数，加深学生对无理数的理解．最后，类比以前抽象"数"概念的方法，对有理数和无理数的本质属性进行化归和分类，明确它们的实际意义和价值．

3．背景创新

本节课从学生熟悉的圆周率 π 的认知及学过的分数引入，把无理数的概念前置到有理数部分，目的是完善数系，为后续涉及实数系知识的教学提供依据．本节课先让学生感受无理数产生的现实背景和引入的必要性，再让学生经历无理数发现的过程，感知生活中确实存在不同于有理数的数，从而激发探索欲望，然后归纳出有理数和无理数的定义，并清晰地判断一个数是有理数还是无理数．创新背景、创新认知、创新生成，直观形象地引入概念，符合七年级学生的年龄特征和认知规律，从学生熟悉的生活背景入手加深学生对有理数和无理数的学习理解，同时有效运用旧知识引出新概念，由于循环小数难以直观表述，且它们与旧知识都有内在联系，因此，教师要创新背景，运用旧知识引出新概念，让学生爱学、乐学、善学．

案例二　实　数

一、教学内容解析

"实数"是苏科版数学八年级上册第 4 章 4.3 节的教学内容．该节课是一节概念教学课，主要的教学内容是实数的概念、相反数、绝对值，以及实数的运算．

"实数"是初中阶段数系扩充的概念课．学生在七年级上册学习了有理数和无理数，已经了解了有理数和无理数的一些概念和运算(包括运算律和运算性质)．这些概念可以被推广到实数范围内．随着数系范围的不断扩大，数的范围也从有理数进一步扩展到实数．由 π 激起学生的思维火花，揭示现实空间无限不循环小数的存在，并从本质上理解无理数与有理数的区别．理解有理数的运算性质定律在实数范围内同样适用，为以后运用实数运算和解决问题打下基础．

二、教学重、难点

1．重点：实数的概念理解，在实数范围内会运用有理数运算．

2．难点：辨识有理数和无理数，能用有理数估计一个无理数的大致范围．

三、教学目标设置

《课程标准》中关于本节教学内容的目标要求是：了解无理数和实数的概念，知道实数与数轴上的点的一一对应关系,会求实数的相反数与绝对值,能用有理数估计一个无理数的大致范围,会用计算器进行有关的实数运算.

结合对《课程标准》的理解及教学实际,确立本节内容的教学目标如下:

1. 通过对无理数的客观存在性的体验理解,了解并掌握无理数和实数的概念以及实数的分类,会思辨一个数是有理数还是无理数.

2. 经历"生活—体验—抽象—推理—应用"的融通学习,理解实数与数轴的关系,能利用计算器比较实数的大小、进行实数的四则运算.

3. 引导学生从多视角、多层面、多方位提出问题、分析问题、解决问题,在运用实数运算解决实际问题的过程中,增强应用意识,体会数学的应用价值.

四、学生学情分析

八年级学生在小学阶段和七年级已经对"数"有了一定的认识,主要是自然数、整数、分数、有理数、无理数等,学生对于这些数的概念、特征、应用已经积累了初步经验. 基于此,引领学生进一步理解无理数的客观存在性,了解无理数和实数的区别与联系,判断一个数是有理数还是无理数显得尤为必要;同时,让学生经历借助计算器进行估算的探索过程,感受逼近的数学思想,进而用有理数去估计一个无理数的大致范围,并在实数范围内类比有理数的运算,由此增强学生的应用意识,提高解决问题的能力,体会数学的应用价值.

五、教学策略分析

本节内容的设计侧重于对实数的分类(图 3-5)和运算.

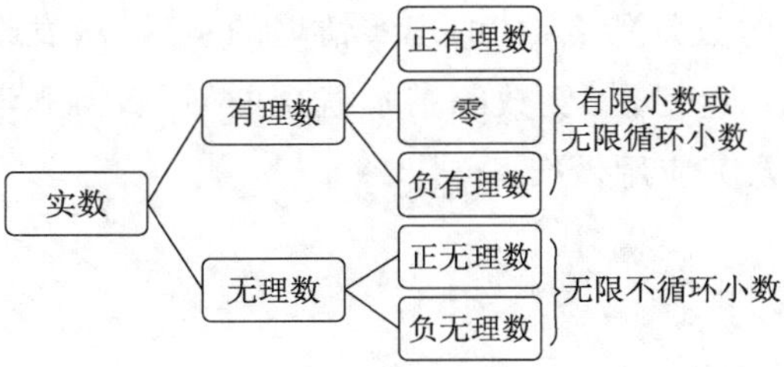

(a) 按有理数和无理数的关系分类

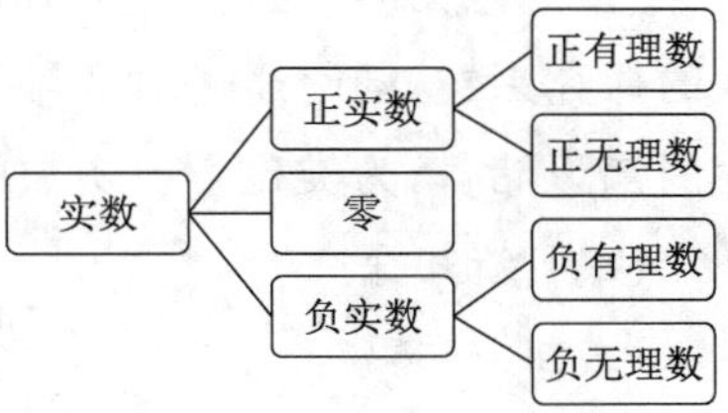

(b) 按正数、负数和零的关系分类

图 3-5

作为实数概念建构课,本节课采用启发式、探究式的课堂教学模式,有助于学生主动建构核心概念. 教师通过启迪、唤醒、引领的方式,让学生经历有意义的学习过程. 理解数的范围从有理数扩充到实数,完善初中阶段数域的意义,进而构建实数与数轴的完美结合与统一. 理解有理数的相关概念和运算性质在实数范围内也是适用的,是数系扩充一致性的具体体现. 深入理解实数的相反数和绝对值的几何意义,有助于学生深刻感受数形结合的数学思想,体会实数运算的合理性.

基于以上认识,就本节教学策略作如图 3-6 所示的设计.

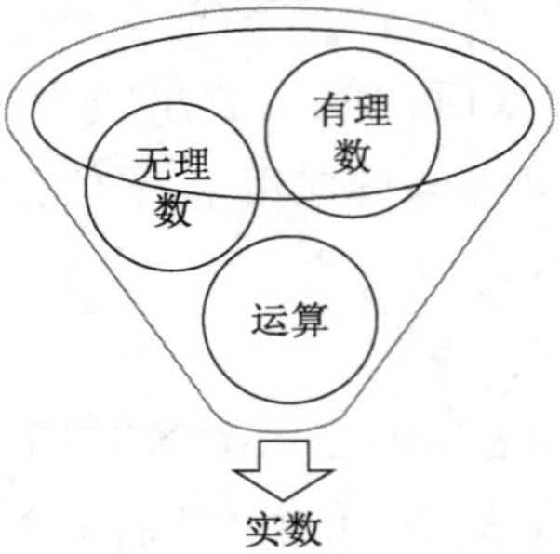

图 3-6

六、教学过程设计

(一) 情境背景

情境 1:请问什么数的平方等于 2?

情境 2:请用计算器计算$\sqrt{2}$,猜想它是什么数?

情境 3:请大家回忆一下以前学过的数轴、绝对值、相反数、倒数的概念和特征,以及比较两个数的大小的方法.

[设计意图] 通过对"平方等于 2 的数是什么数"的现实情境的引入,激发学生的探究兴趣,同时通过对数轴、相反数、绝对值、倒数等基本概念的回顾,唤醒学生的知识储备,为类比学习实数的概念及其应用做准备.

(二) 新知探究

1. 自主学习

自学教材 101~102 页,并回答下列问题:

(1) 如图 3-7 所示,请问你能说出 a_1,a_2,a_3,a_4,a_5 的值吗?

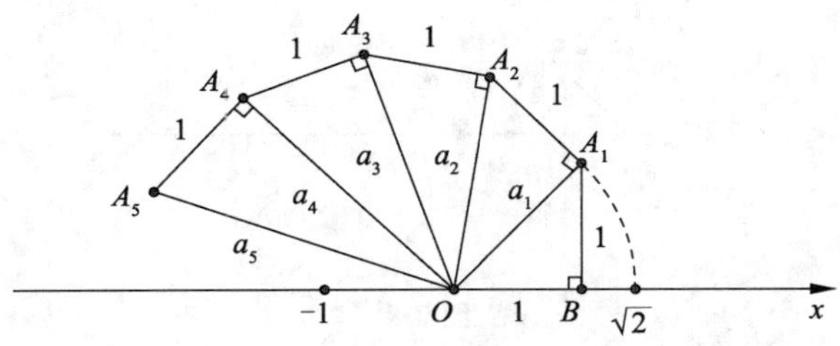

图 3-7

(2) 请问你能画出长度分别为$\sqrt{13}$ cm,$\sqrt{17}$ cm,$\sqrt{41}$ cm,…的线段吗?

(3) 请问你能画出直径为 2 cm 的圆吗?

学生分组合作,在操作体验中发现问题的答案.

2. 概念化归

(1) 理解无理数.

$\sqrt{5}$,0.101001000…,$-\sqrt{11}$,$\sqrt[3]{9}$,$\frac{\pi}{3}$等都是无理数,它们都不能写成分数的形式.

(2) 请问$\sqrt{2}$是什么数?

学生利用计算器,借助逼近思想进行探究,得出结论:$\sqrt{2}$是无理数.

师生总结:无限不循环小数叫作无理数.(板书)

(3) 理解实数.

师生总结归纳:有理数和无理数统称为实数.实数的分类如图 3-8 所示.

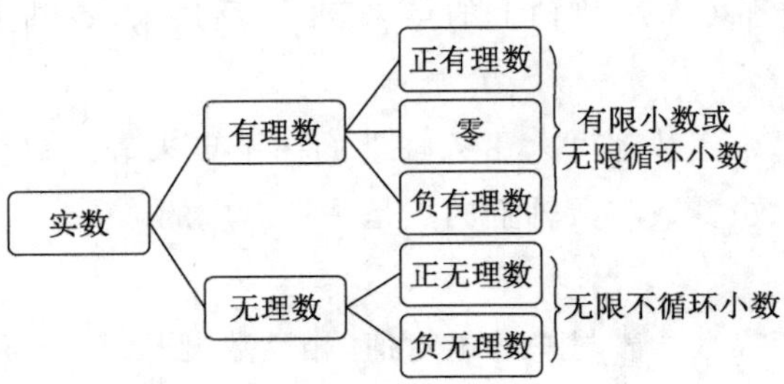

图 3-8

(4) 实数与数轴.

问题 1:如图 3-9 所示,无理数$\sqrt{2}$可用数轴上的点表示.

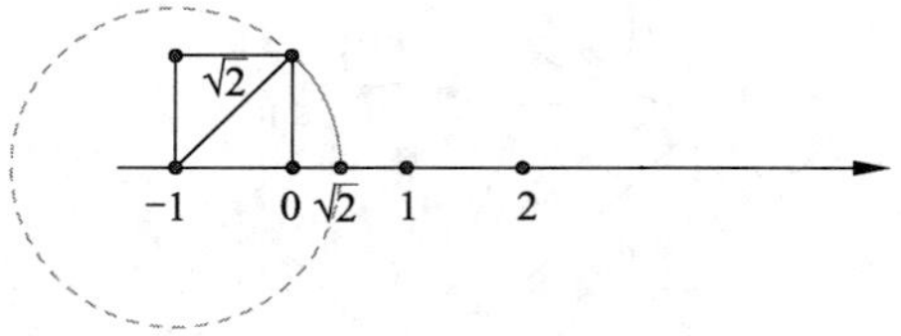

图 3-9

问题 2:无理数$\sqrt{2}$有多大呢?

① 因为 $1^2=1$,$2^2=4$,而 $1<2<4$,所以 $1<\sqrt{2}<2$.

② 因为 $1.4^2=1.96$,$1.5^2=2.25$,而 $1.96<2<2.25$,所以 $1.4<\sqrt{2}<1.5$.

③ 因为 $1.41^2=1.9881$,$1.42^2=2.0614$,而 $1.9881<2<2.0614$,所以 $1.41<\sqrt{2}<1.42$.

④ 因为 $1.414^2=1.9999396$,$1.415^2=2.002225$,而 $1.999396<2<2.002225$,所以 $1.414<\sqrt{2}<1.415$.

……

问题 3:如图 3-10 所示,直径为 1 个单位长度的圆从原点沿数轴向右滚动一周,圆上的一点由原点 0 到达点 0′,点 0′对应的数是多少?

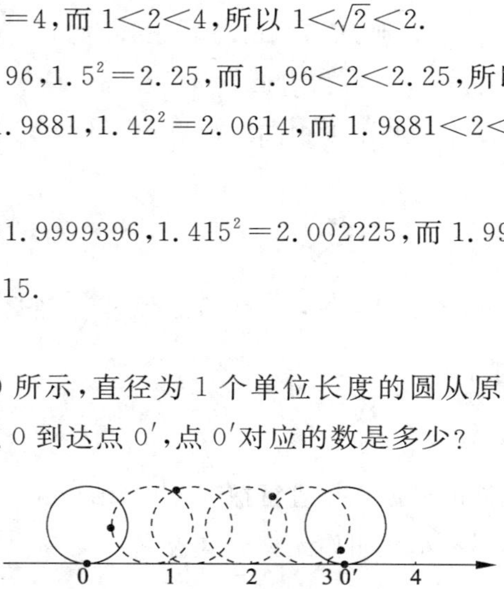

图 3-10

问题 4:有理数都可以用数轴上的点来表示,反过来,数轴上的点是否都表示有理数呢?

师生归纳:每一个实数都可以用数轴上的一个点来表示;反之,数轴上的每一个点都表示一个实数,实数与数轴上的点是一一对应的.

3. 实数运算

师:请类比七年级数学教材中的绝对值、相反数、倒数等方面的知识,举例说明无理数的绝对值、相反数、倒数.

(学生思考,展示举例,师生纠正)

师:请类比有理数大小比较的方法,举例说明实数大小的比较方法.

师生共同归纳:有理数的绝对值、相反数、倒数的意义,有理数大小比较的方法,有理数的运算性质及运算律在实数范围内仍然适用.

[设计意图]　通过对无理数概念的深入理解,进一步将数系扩充到实数,明确实数的分类及意义,并借助有理数关于相反数和绝对值的意义,引导学生发现实数的相反数和绝对值的意义,进而深入理解实数概念及其运算的本质.

(三) 典例剖析

例 1　利用计算器比较$-\sqrt[3]{10}$与$-\sqrt{5.4903}$的大小.

解析　两个负数比较大小,先计算它们的绝对值,再根据"绝对值大的实数反而小,绝对值小的实数反而大"得出结果,最后借助计算器验证所得结果.

(学生演示讲解)

例 2　下列各数中,哪些是有理数?哪些是无理数?

$$-\frac{22}{7},\pi,\frac{1}{6},\sqrt{8},-\sqrt{4},3.14,-\sqrt[3]{27},\frac{\sqrt{5}}{4},-\frac{\pi}{9},0.404004000\cdots$$

解析　(1)分数形式的数不一定是有理数;

(2)含有根号的数不一定是无理数.

例 3　如图 3-11 所示,请在数轴上确定表示$\sqrt{10}$和$-\sqrt{10}$的点.

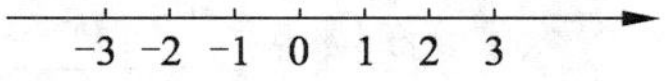

图 3-11

[设计意图]　通过对实数概念的理解与运用,利用计算器进行大小比较的操作,在类比有理数大小比较经验的基础上,初步体会实数的运算性质,同时通过对实数进行分类以及在数轴上表示无理数,让学生进一步理解实数与数轴上的点的一一对应的关系.

(四) 总结拓展

梳理本节课所学内容,总结归纳:

① 无理数的概念及特征.

② 实数的概念及特征.

③ 在数轴上表示无理数.

④ 实数的运算方法.

[设计意图]　通过总结梳理,对实数概念体系有更清晰的认识,并能从本质上把握实数的运算.

七、目标检测设计

1. 判断题.

(1) 实数不是有理数就是无理数. ( )

(2) 带根号的数都是无理数. ( )

(3) 两个无理数之积不一定是无理数. ( )

(4) 两个无理数之和一定是无理数. ( )

(5) 数轴上的任何一点都可以表示实数. ( )

2. 比较 $2,\sqrt{5},\sqrt[3]{7}$ 的大小,正确的是( ).

A. $\sqrt[3]{7}<2<\sqrt{5}$　　B. $2<\sqrt[3]{7}<\sqrt{5}$

C. $2<\sqrt{5}<\sqrt[3]{7}$　　D. $\sqrt{5}<\sqrt[3]{7}<2$

3. 把下列各数填入相应的大括号内:

-7, 0.32, $\frac{1}{3}$, 3.14, 0, $\sqrt{8}$, $\sqrt{\frac{1}{2}}$, $0.1010010001\cdots$(相邻两个 1 之间 0 的个数逐次加 1), $\sqrt[3]{9}$, $-\frac{\pi}{2}$

有理数:{____________};无理数:{____________};

实数:{____________};非正数集合{____________}.

4. 设 $a=\sqrt{5}$,且 b 是 a 的小数部分,则 $a-\frac{a}{b}$ 的值为__________.

八、课例设计反思

1. 背景引入

本节课利用学生在七年级学过的整数、分数、有理数、无理数的基础知识作为素材,设置了分数与小数的互化、有理数的运算及拓展等环节,唤起学生的已有经验. 学生在先前的学习中,虽然能求出有理数的相反数和绝对值,但是对其几何意义的理解尚有欠缺,因此教师在教学中应充分把握数系扩充的时机,结合有理数、无理数、数轴的概念和性质,进一步加深学生对相反数和绝对值几何意义的理解,使其深刻感受数形结合的数学思想.

2. 背景生成

在背景引入的基础上,依托学思驱动学生的操作体验,首先展开对无理数几何意义的探索,利用无限逼近的思想方法,通过勾股定理求边长的代数方法,让学生在数形结合中融合共生对无理数概念本质的理解,明确无限不循环小数就是无理数. 在此基础上进一步将数系进行扩充,同时类比有理数分类,对实数进行分类学习. 为了加深理解,又将实数与数轴的关系结合具体图形进行了探究,化归了实数与数轴一一对应的关系,进而生成了实数的相关运算与运算性质. 整节课在背景的驱动下完整统一,自然生成实数的本质关联与应用创新.

3. 背景创新

本节课利用学生熟悉的有理数的概念及其运算,以及对相反数和绝对值的几何意义的初步了解引入新课,既设置了悬念,又激发了探究欲望. 学生在问题的驱动下自主探究、自主发现、自主化归,生成了对无理数本质的理解、对实数概念的建构、对实数运算的验证,依托背景创新了学法,借助计算器猜想、推理、验证,借助数形结合挖掘理解代数知识的几何意义,借助数学逼近认知体验有限、无限,使学生的学力得到凸显,能力得到彰显.

第四节　“概念教学”课堂实践成果

实践成果一　优化概念教学的常用方法①

概念是数学知识的基础,只有深入地理解概念,才能为接下来的学习奠定基础. 数学概念十分抽象,一些教师缺乏讲解概念的正确方法,导致学生不能透彻理解概念. 因此,教师要优化概念教学的方法,让学生主动地去接受概念,加深对概念的理解,从而提高学习效率.

一、数学概念与生活相融合

数学概念较为抽象,但这些一般的数学概念是基于感性认识和数学关系的本质特征的抽象概括后形成的. 教师在讲解这些概念前,要准确深刻地把握概念内容和学生认知特点,然后将符合学生认知特点的生活元素融入概念,让学生在熟悉的生活情境中理解概念. 这种方法还能让概念教学变得更加有趣,进一步激发学

① 王国强. 优化概念教学的常用方法[J]. 初中数学教与学,2018(20):18－19.

生学习数学的欲望；让学生感受到概念源于生活，应用数学概念时得心应手.

比如，在教学“一次函数”这部分内容时，笔者给学生创设了如下生活情境：一支登山队组织登山活动，在山脚测得气温为 5 ℃，当他们爬得越来越高时，发现山上已经有积雪. 笔者补充道：“如果气温是 5 ℃不会有积雪，那么为什么登山队会发现这种现象呢?”学生回答道：气温随着海拔高度的升高而下降. 笔者对学生的回答进行了肯定并给出气象学数据：当海拔每升高 1 km 时，气温就下降 6 ℃. 登山队从山脚出发，向上登高 x km 时，登山队所在位置的气温为 y ℃. 笔者让学生将 y 用 x 表示出来，然后继续提醒学生思考生活中还有哪些量之间有函数关系. 学生讨论过后，举出了一些生活中具有函数关系的例子. 例如：弹簧长度与所挂物体重量的关系；长方形面积随长、宽变化的关系；水电费与用水量、用电量之间的关系；等等. 结合这些日常生活中的关系很自然地引入因变量、自变量的概念，帮助学生从日常生活中的感性认识来理解一次函数.

二、注重概念形成的过程

传统的概念教学中，教师往往会将概念直接灌输给学生，让他们死记硬背，而忽视了概念的形成过程. 这种“填鸭式”教学会造成学生被动接受概念，不利于学生数学思维的发展. 教师要从学生认知的“最近发展区”出发，让学生经历概念形成的过程.

比如，在讲解“比 0 小的数”这部分内容时，为了让学生理解负数的概念，笔者首先问道：“有没有数比 0 还小呢?”笔者没有直接引出负数的概念，而是设置了探究环节. 然后利用多媒体给学生展示了教材中的彩图，创设情境：电视中天气预报出现的温度“－13～－7 ℃”；水银的凝固点“－38.87 ℃”；温度计中的“－10 ℃”；2016 年某市人口增长率“－0.03%”；等等. 给学生展示这些情境后，笔者提问：“大家在哪些地方看到过这样的数，能谈一下符号‘－’的意思吗?”学生展开交流讨论，并举出了一些例子. 随后，笔者让学生结合自己的例子，观察其特征，并与比 0 大的数进行对比. 学生通过观察和回答，对“新数”有了比较深入的认识. 这样引出负数的概念，水到渠成，并能帮助学生利用正、负数表示意义相反的量.

在这个教学片段中，教师不直接告诉学生“比 0 小的数即为负数”，而是带领学生经历了更为细致的探究过程，让学生通过思考、分析、对比观察等一系列的学习活动，探究负数的意义. 这不仅深化了学生对“负数”这个概念的理解，而且建立了学生学习的信心，提高了学生分析问题的能力.

三、揭示概念之间的联系

数学是研究空间形式与数量关系的科学. 教师实施概念教学时，要有意识地引导学生将新知识与旧知识进行类比. 这不仅可以帮助学生巩固旧知识，还能利用旧知识更平稳地同化、顺应新知识，完善学生的知识系统结构.

比如，在讲解“反比例函数”这部分内容时，由于学生之前已经学过正比例函数的知识，因此先设计一些正比例函数相关问题，让学生“温故”，如正方形的周长与边长的关系. 接下来，让学生思考：当长方形面积一定时，长与宽的关系是不是成正比例. 学生交流讨论，并在纸上进行简单的计算后发现，这个问题中的关系不是正比例关系. 在学生探究的过程中，要对他们进行适当的引导和点拨，使他们认真地观察、分析、比较；还要让学生结合之前学过的函数知识，总结出反比例函数的概念.

教师先带领学生回忆旧知识，再有目的地提出新问题，给学生造成认知冲突，这样的教学设计不仅能激发学生的探究欲望，帮助学生快速地进入反比例函数的学习状态，还能复习函数及正比例函数这两个知识点.

四、概念的学以致用

学习数学概念是为了解决问题，引导学生进行解题训练是加深学生对概念理解的有效渠道. 概念的巩固练习要做到重、难点突出，并对学生有的放矢地引导，帮助学生逐步内化数学概念，提高他们应用数学知识的能力.

比如，在讲解“等腰梯形的性质”这部分内容时，笔者将例题教学与概念教学融合，以此来深化学生对概念的理解. 帮助学生理解等腰梯形的概念后，笔者还设置了习题环节.

例　在等腰梯形 $ABCD$ 中，$AB /\!/ DC$，$AD = BC$，点 E、F 分别在 AD、BC 上，且 $EF /\!/ DC$. 判断梯形 $CDEF$ 是否为等腰梯形.

先让学生思考从“$ABCD$ 是等腰梯形”这个条件能够获得哪些有效信息，学生会联想到与等腰梯形性质相关的内容. 再让学生思考为什么四边形 $CDEF$ 为梯形，梳理思路并对问题进行判断，说明四边形 $CDEF$ 为等腰梯形. 解题结束后让学生总结在解题过程中用到的与等腰梯形的性质相关的知识点，并让学生分享经验心得.

将例题融入概念教学,并设置层次性的问题,有针对性地对学生进行引导,让学生在解题过程中应用数学概念,深化对概念的理解与记忆.

总之,数学概念是数学的基础,也是学生学好数学必须掌握的一环. 教师需要意识到概念教学的重要性,改变原有的概念教学的模式,不断反思教学中存在的问题,积极探索有效的概念教学方法. 只有这样,才能赋予数学概念教学新的活力和内涵,学生在学习概念的过程中,才能减少阻碍,使学生巩固数学基础,不断提升数学素养.

实践成果二　初中数学核心概念教学的课例反思①

《课程标准》提出:“在数学课程中,应当注重发展学生的数感、符号意识、空间观念、几何直观、数据分析观念、运算能力、推理能力、模型思想、应用意识和创新意识.”这些“核心概念”具有基础性、普及性和发展性,体现了数学的基础知识、基本技能、基本思想、基本活动经验,能有效培养学生的抽象意识、创新意识、推理能力和实践能力,促进学生在情感、态度与价值观等方面的发展,为学生未来生活、工作和学习奠定重要的基础. 因此,我们必须重视核心概念教学,才能培养学生分析概念、理解概念、辨识概念、运用概念的能力.

笔者通过多次教材培训、听课、教学研讨和调研发现,一线数学教师对于初中数学“核心概念”的教学普遍存在以下两种现象:①“重视结论、轻视本质”——聚焦“灌输”的教学;②“渲染情境、淡化生活”——聚焦“活动”的教学. 这两种现象令人担忧,导致数学课堂效益、质量“双低下”. 现以一节区公开课为例谈一谈对初中数学“核心概念”教学的思考.

一、课例介绍

这是对全区开放的一节公开课——苏科版数学七年级下册“垂直”. 学生在小学阶段就对垂直有了初步的了解和一定的感性认识. 在初中阶段,这堂课从两条直线相交的特殊情形出发,让学生总结出垂直的概念,了解垂直的画法和垂线的性质. 通过实际事例的展示,学生可以根据所学的数学方法和结论来解决实际生活中的有关问题,从而激发学生学习的兴趣和积极性,帮助学生积累数学活动经验,培养学生的应用意识与创新意识. 同时,掌握这节课的知识也能为后面学习“平面

---

① 王国强. 初中数学核心概念教学的课例反思[J]. 基础教育参考,2019(11):46-48.

直角坐标系”打好基础.

二、课例呈现

师:同学们,请在自己的作业纸上画出两条相交的直线.

(老师巡视学生作业纸后,在黑板上画出两条相互垂直的直线)

师:有同学画出与老师相同位置关系的两条直线吗?

(部分学生举起了手)

师:这种位置其实大家都很熟悉……

生:垂直.

(老师在黑板上板书课题)

师:你们怎么知道这种位置关系就是垂直呢?

(学生在小组内展开讨论,不一会儿,有一名学生举手)

生1:我可以借助三角板,若所画的两条直线正好与三角板直角的两条直角边重合,那么这两条直线的位置关系就是垂直.

师:请你在黑板上演示一下你的做法.

(学生在讲台上拿起直角三角板,演示了过程,同学们以掌声鼓励)

(另一名学生直接站了起来)

生2:我可以通过量角器,只要量出它们的夹角为90°,就可以知道它们的位置关系是垂直了.

师:同样的,请你演示一下.

(学生在讲台上拿起了量角器演示了过程,赢得了同学们的一阵掌声)

(该同学回到座位之后,又有一名学生举手)

生3:老师,我还有一种方法,可以把手中的纸片对折,使得一条直线在另一条直线的两旁部分相互重合,若发现折痕与另一条直线重合,那就说明这两条直线相互垂直.

(同学们这时已经非常兴奋了,教室里掌声与赞许声不断)

师:非常棒！那么谁知道两条直线满足什么条件时,它们的位置关系就是垂直呢?

生(齐答):相交成直角.

(老师板书……)

三、课例反思

1. 在“玩”中学，让思维活跃起来

李邦河院士曾说：“数学根本上是玩概念的，不是玩技巧. 技巧不足道也！”本节课一改往日课堂引入的固定模式，先让学生欣赏生活中的一组有关“垂直”的图片，得出一些形象的定义，再对概念的内容进行拓展与延伸，使学生感知、体会、品味垂直这一“核心概念”所蕴含的数学本质. 这节课教师让学生从动手操作出发，使学生先“玩”起来，“动”起来，再通过简单的问题引入，让学生的思维由“三角板”“量角器”到“折纸片”逐渐地活跃起来，让学生在“玩”中学.

《课程标准》指出：“学生应当有足够的时间和空间经历观察、实验、猜测、计算、推理、验证等活动过程.”事实上，自己摸索的过程比直接向别人学习更重要，教师应为学生的学习创造条件，设计丰富有效的教学活动，只有学生在课堂上真正活动起来，合作、探究、实践、体验才能成为可能. 学生活动之前要有充分的准备，教师对活动的发生要有充分的预设，要突出主题，明确活动目标，让学生在各个教学环节中不断猜想、不断体验、不断思考、不断积累. 这是本节课的第一个设计思路——在“玩”中学.

2. 在“引”中思，让思维跳跃起来

在确保学生课堂参与度的情况下，教师引导并鼓励学生大胆地上台展示如何用“三角板”和“量角器”画出互相垂直的两条线. 令人惊喜的是，学生的思维有了更大胆的跳跃，提出“把手中的纸片对折，使得一条直线在另一条直线的两旁部分相互重合，若发现折痕与另一条直线重合，那就说明这两条直线相互垂直”的设想. 经过尝试，学生的设想得到了证实. 这一过程就是学生动手动脑的过程，也是对“垂直”的概念更深层次的挖掘过程. 主动求知使学生在学习过程中更加自信，学生的思维一次次地发生跳跃，整个课堂又往“高效”的方向迈出了一大步.

教学过程不仅要重结论，更要重过程. 没有经过学生一系列的质疑、判断、比较、选择，以及相应的分析、综合、概括等认知活动，即没有多样化的思维过程和认知方式，就难以获得结论，也难以理解和巩固概念，更难以培养学生的创新思维能力. 因此，基于“让学引思”前提下的数学“核心概念”的教学，要切合学生实际，创设具体学习情境，让学生通过动手、讨论、操作以及完成真实情境中的任务等活动学会自主学习、协作学习和探究学习. 同时，为了更好地把握数学“核心概念”教学的逻辑性、顺序性、抽象性、延伸性,教师要在“让”与“引”上多研究,做到能“让”会“引”,确保“让”“引”并重;学生要在“学”与“思”上下功夫,做到善“学”真“思”,确保“学”“思”结合. 这是本节课的第二个设计思路——在“引”中思.

3. 在“会”中悟,让思维飞跃起来

教师在教给学生知识的同时,还要教给学生好的学习方法,让学生“会学习、会感悟”. 在本节课的教学中,教师根据学生的认知特点,针对垂直概念的特殊性,提出了主题教学法的设计构想,立足学情、引导参与、注重合作、回归实际、发展思维、提升能力,以“从真实情境出发—任务驱动—活动组织—任务解决”为活动路径. 通过“让学引思”再现和重构“垂直”概念的本质,拓展学习宽度,提升思维广度,使垂直概念的内涵与外延得到升华,自然而动态地生成、发展、延伸、飞跃;同时也促进了学生“用数学的眼光观察世界,用数学的思维分析世界,用数学的语言表达世界”的核心目标的达成. 从在“会”中感悟到自己解决问题再到数学建模的全过程,学生学有深度,思维向数学的纵深生长、提高,知识由模式化向智慧化转变,为今后学习“平面直角坐标系”做好储备.

“让学引思”真正实现了课堂的灵动,将数学知识、数学方法、数学思维、数学思想有机地融为一体,诠释了知识的生成规律,促进了学生的全面发展,开拓了学生的思路,培养了学生积极的思维能力,帮助学生养成思考的习惯,提升思维品质,形成思维风格,让全体学生做到真“学”、善“思”、会“悟”. 这是本节课的第三个设计思路——在“会”中悟.

“核心概念”教学的探究之路还很长. 本节课从多角度、多方位进一步明确了“核心概念”教学的内涵和要求. 而研究制定“基于让学引思前提下的核心概念”课堂教学行为规范和方法,是为了使“让什么”“如何让”“引什么”“如何引”成为今后教学之路上的主体思考范畴. 在“引”字上做文章,以此推动自身自觉执行“让学引思”围绕“核心概念”的教学要求. 新时代的教师要增强以生为本、为先、为主和为重的“让学”和“引思”意识,在课堂教学中要做到能“让”会“引”,确立终身追求教学质效的信念,充分发挥自身在课堂教学改革中的主体作用,促进自身专业素质的不断提升.

第四章 数感培养之“思维课堂”

第一节 “思维课堂”理论溯源探析

一、“思维课堂”背景分析

1. 新形势下，党和国家赋予教育新的使命

2018 年 9 月 10 日，习近平总书记在全国教育大会上强调：坚持改革创新，坚持教育公平，推动教育从规模增长向质量提升转变，促进区域、城乡和各级各类教育均衡发展，以教育现代化支撑国家现代化.

2019 年 1 月 18 日，在全国教育工作会议上，时任教育部部长陈宝生明确提出：教育教学改革要深下去，树立科学的教育质量观念，深化教育教学改革创新，全面提高中小学教育教学质量.

2019 年 2 月，中共中央、国务院印发了《中国教育现代化 2035》，进一步强调：优先发展教育，大力推进教育理念、体系、制度、内容、方法、治理现代化，着力提高教育质量，促进教育公平，优化教育结构，为决胜全面建成小康社会、实现新时代中国特色社会主义发展的奋斗目标提供有力支撑.

“提升教育质量，促进教育公平”成为党和国家赋予广大教育工作者的神圣使命和光荣职责. 长期工作在教学一线的初中数学教师，在提升教育质量这项伟大的工程中能做怎样的贡献，构建怎样的初中数学思维课堂才能真正促进学生发展，成为思维课堂研究的目标导向.

2. 新教育形势对初中数学课堂提出更高要求

《课程标准》指出：数学是人类文化的重要组成部分，数学素养是现代社会每一

个公民应该具备的基本素养. 作为促进学生全面发展教育的重要组成部分,数学教育不但要使学生掌握现代生活和学习所需要的数学知识与技能,更要发挥数学在培养人的理性思维和创新能力方面不可替代的作用.

2016 年 9 月,中国学生发展核心素养研究成果正式发布. 在中国学生发展核心素养总体框架指导下,课题组对高中数学提出了数学抽象、逻辑推理、数学建模、直观想象、数学运算、数据分析六大核心素养. 新的教育思想和理念对初中数学教学产生直接而深远的影响.

《课程标准》为我们指明了方向:初中数学教学的本质是数学思维活动的教学,核心是数学思维,途径是课堂教学,主体是学生. 我们需要一种数学课堂,让学生在其中获得数学知识和技能,掌握数学思想方法,发展数学思维能力,养成良好的习惯和品质,实现数学素养的提升.

3. 初中数学课堂教学现状亟须改变

在以“知识为主导”的传统教育价值取向下,片面追求知识加速跑,容易错过学生思维发展的关键期,收获了知识,却牺牲了智慧的内核——思维. 在传统的初中数学课堂中,教师比较注重知识的传授、技能的训练,从而忽视学生的个体差异,忽视情感、态度的培养,忽视意志的锤炼,忽视学生价值观的形成,导致学生的学习积极性受到影响,不少学生对数学的学习感到困惑,这对今后的学习和可持续发展造成很大的阻碍. 即便在各项事业高速发展的江苏,区、县之间的教育状况也存在较大差异,尤其是学生的理性思维方面,边远区县的孩子远远不及中心区县的孩子.

建设中国特色社会主义先行示范区,教育要先行. 因而,改变传统的教学方式,构建一种新型的课堂模式,缩小区、县差距,提升教育质量,对初中数学课堂教学具有尤为重要的意义.

二、“思维课堂”理论建构

“思维课堂”是以发展学生数学思维为核心目标的数学课堂,是培养学生高学习力、高创造力、高表达力的数学课堂,是以核心素养为载体的科学育人的数学课堂. 思维课堂是以培育学生情感智力的方法和策略研究为基本,以思维发展主线和情感渗透主线相互交融为路径,以探索数学课堂教学中的时间管理、空间管理、行为管理、评价管理策略为突破,以创新实践数学思维课堂新模式为根本的学力、学思课堂.

数学思维是以数学问题为载体，通过发现问题、解决问题的形式，达到对现实世界的空间形式和数量关系本质的一般性认识的思维过程，也就是人脑利用数学符号或语言，运用抽象、概括等方法，由数学概念出发，通过数学判断和数学推理的形式揭示对象的结构和内在联系的认识过程.

数学思维课堂是培养学生数学思维、提升学生数学素养的主要阵地. 构建数学思维课堂，就是要改变教学组织形式、策略、手段和方法，构建起符合学生认知规律和心理特征，有利于激发学生的学习兴趣、引发数学思考、培养数学思维的课堂. 思维课堂以学生的发展为中心，依托思维主线和情感主线，创新课堂的时间管理、空间管理、行为管理、评价管理.

初中数学思维课堂构建思路如图 4-1 所示.

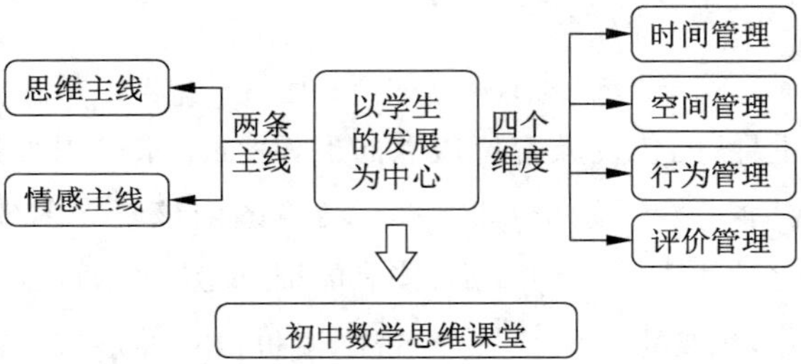

图 4-1

三、“思维课堂”研究现状

数学思维是数学教育的核心，数学能启迪、培养、发展学生的思维. 其他学科的教育虽然也可以培养、发展学生的思维，但在深度、广度及系统性上都无法与数学教育相比.

21 世纪是知识经济时代，我们迫切需要思维能力强的人才. 正是在这些背景下，数学思维逐渐成为数学教育界的热门话题. 近几十年来，国内外数学教育界对数学思维进行了广泛、深入的研究.

(一) 国外研究现状

国外数学思维的研究，在理论和实践两个层面都给予了高度关注.

美国研究者做了一项关于发展性数学方法课程培养小学生高层次思维的实证研究，设计了实验组和对照组，以数学问题解决、创造性思维为主要测试内容开展了前后测试. 测试结果表明，发展性数学方法课程对培养中小学生问题解决能力、创造性思维能力为主的高层次思维能力是有效的.

加拿大研究者设计了一种模型诱发行为(model eliciting activity,MEA),用来完善数学建模活动课程. 通过学生在数学建模活动中的描述、解释、判断和表现,明确揭示他们的思维过程,并讨论了拓展学生数学思维的方案,以及通过改变问题的条件改变解决方案,最终支持学生发展高层次数学思维.

以色列研究者在基于问题的学习(problem based learning,PBL)模型的基础上,发展学生的高层次思维能力. 这种方法通过一个包含两个阶段的基于问题的学习过程,提供具体步骤和实施过程,具有较强的可操作性.

在数学课程标准方面,新加坡义务教育阶段数学教学大纲的基本理念中指出:数学是发展和提高人的逻辑推理能力、空间想象能力以及分析和抽象思维能力的重要工具. 学生在学习和应用数学的过程中发展计算能力、推理能力、思维技巧和问题解决能力. 数学思维和逻辑推理、空间想象、计算、问题解决等能力是并列的. 新加坡高中数学教学大纲将数学分为 H1、H2、H3 三个层次,其中 H1 和 H2 在教育目标中指出,发展数学思维和问题解决能力,并将这些技巧运用在问题解决中;较高层次的 H3 则在教育目标中指出,在数学推理证明、创造性的数学问题解决和数学模型的使用中培养思维的严谨性,对数学思维培养的要求更是落到了问题解决、推理证明、模型使用等实处. 新加坡在 2009 年和 2013 年国际学生评估项目(programme for intenational student assessment,PISA)数学素养测试中均仅次于中国上海,排名第二. 新加坡对数学思维的重视,是取得如此成绩的原因之一.

近年来,土耳其叶迪特佩大学的 Kiliç H 等就小学六年级学生数学思维技能教学中使用的素材进行了实证研究;西班牙阿利坎特大学的 Fernández C 等就中小学教师对学生问题解决中的数学思维关注进行了理论研究.

(二) 国内研究现状

国内对思维的重视可追溯到春秋时期,代表人物是孔子. 子曰:"学而不思则罔,思而不学则殆."这里,孔子指出了学与思之间的关系,前半句更是强调了"思"对于"学"的重要性. 孔子提倡的"学而思",即是强调学习知识之后,需要再进行思维层面的理解和感悟. 当代具有代表性的人物有任樟辉,他在《数学思维论》中提出,从数学思维的角度看,学生是思维的主体,教师是学生思维的主导,而思维的材料就是教材或数学知识. 他还在《数学思维理论》中指出,数学思维是针对数学活动而言的,它是通过对数学问题的提出、分析、解决、应用和推广等一系列工作,以获得对数学对象(空间形式、数量关系、结构模式)的本质和规律性的认知过程.此外,张乃达在《数学思维教育学》中详细阐述了数学思维的内涵、方法、形式、过程,数学思维与数学教学等,为数学思维教学的研究提供了理论基础.戴再平认为,数学开放题的教学有助于培养学生的数学思维,由于开放性的数学探究活动条件开放、方法多样,因此有利于培养学生的数学思维能力.潘巧明、张维忠认为,利用计算机技术创设数学教学情境,能有效发展学生的数学思维;借助计算机技术能帮助学生积累数学知识,优化认知结构,激发创造性思维诱因,加强形象思维、发散思维和直觉思维的培养;能使学生运用各种思维方式进行创造性思维.胡香兰认为,在数学教学中,教师可通过"五想"启迪学生的学习思维和数学教师的教学思维,即愿想、能想、多想、会想、联想,并特别研究了数学思维训练的教学模式:提出问题—研究问题—解决问题—发展问题—总结问题.贾凤梅认为,在数学教学中,除了要使学生掌握基础知识、基本技能外,还要注意培养学生的数学思维能力.

从以上研究综述中可以看出,目前国内关于数学思维的研究越来越集中到"为教育而数学思维"这一研究方向,并且正在不断深入. 可以预见,数学思维研究将引领数学教育. 但是,以上研究都是强调数学思维,突出数学的理性,而义务教育阶段数学课程目标从"四基"(基础知识、基本技能、基本思想、基本活动经验)、"四能"(发现问题的能力、提出问题的能力、分析问题的能力、解决问题的能力)、"三会"(会用数学眼光观察世界、会用数学思维思考世界、会用数学语言表达世界)等方面均提出了明确要求,这就为本课题的研究指明了方向,"数学思维课堂"应该是师生积极参与、交往互动、共同发展的过程,既要有理性的深度,也要有情感的温度,还要有切实可行的操作系统.

四、"思维课堂"价值追求

"思维课堂"教学给学生带来不同的学习体验, 让学习变得精彩,让课堂充满活力. "思维课堂"有利于学科育人的真正落地,引导学生学会跨学科学习,培养学生的创造性思维. 整合选择教学内容,发挥集体智慧,是实施思维课堂的重要保证;聚焦习惯和思维,用问题驱动,创设应用情境,注重过程性学习,是实施思维课堂教学的基本理念;优化课后训练,设计"思维作业",是巩固思维课堂教学成效的基本保证. 当前学校教师的课堂教学类型常常包含三种:单纯以讲授为主,以传授知识为目的的"知识型课堂";以讲解为主,在传授知识的基础上,注重学生对知识的理解能力的培养，这是“理解型课堂”；引导学生应用所学知识，在分析问题、思考问题、解决问题的过程中训练学生的思维品质和思维方式，这是“思维课堂”．培养学生的思维能力是思维课堂共同的价值追求，培养学生的思维能力是解决学生学习困难的需要，培养学生的思维能力是新课改和新高考的要求．

近年来的高考改革都“注重对考生运用所学知识分析问题、解决问题能力的考查”．这里提到的“运用所学知识分析问题、解决问题的能力”，就是学科思维能力．2020 年，教育部考试中心研制的《中国高考评价体系》正式发布．该体系由“一核”“四层”“四翼”三部分组成．其中，“四层”是指高考的考查内容，即核心价值、学科素养、关键能力、必备知识．关键能力主要包括三个指标体系，分别是知识获取能力群、实践操作能力群和思维认知能力群．因此，学科思维能力培养是新课程改革的重要内容，也是高考的重要考查点．

要适应新课改和新高考的要求，就必须切实有效地推进课堂教学改革．课堂教学改革首先要抓住教学的本质，课堂教学无论是自主的还是合作的、有效的还是高效的、活动的还是探究的，都应该讲究“形散而神聚”．培养学生的学科思维就是这牵一发而动全身的“神”，这也正是我们推进“思维课堂”教学实践的初衷：以问题驱动思维，组织合作探究，将思考的过程还给学生，通过学生的表达、交流和相互之间的思维碰撞，培养学生的思维．

第二节 “思维课堂”创见数感培养

一、思维课堂与数感培养

思维课堂的本质是教学生通过学习数学学会思维，从而理解数学、理解生活、理解学习，有效思维课堂能够唤起学生真正的思维活动，让学生成为课堂学习的主人，焕发课堂新的活力．传统教学重视知识的传授，以机械化“题海”战术为学习手段，学生的思维能力发展不足，数感培养落不到实处．新课改提出了培养学生关键能力和必备品格的要求，为改变教学的不足，倡导大单元教学，使零碎的知识结构化，让学生利用核心知识解决现实问题，促进学生深度学习，建构以“思维为中心”的新型课堂，培养学生的数感能力，让学生可持续发展．思维课堂利用情境问题、认知冲突、思维可视和变式运用四个策略，探索促进学生数感培养和知识生成的路径．思维课堂是学生接触自然科学的“敲门砖”，它不仅能够培养学生良好的逻辑思维、抽象思维，而且在学生日后的生活和工作中都能起到至关重要的作用．20世纪50年代后期，随着西方现代科学技术的发展，数学几乎渗透到所有科学部门，不仅对自然科学的应用和发展有重要作用，而且对社会科学的应用和发展的作用日益显著．为适应这种需要，我国从小学到高中，一直将数学作为主干科目，数学也一直被视为培养学生思维能力的重要学科之一．按照新课改的教育目标，通过开展初中数学的有效思维课堂，建立更加平等、和谐的师生关系，使学生更好地发挥课堂中的主体作用，在知识水平、学习方法和正确情感态度价值观的形成等方面得到全面的发展与提高．在初中数学教学中构建有效思维课堂，服务于提高课堂教学质量，让学生学会发现问题的能力，学会解决问题的方法，学会独立思考，培养学生的学习能力，致力于让学生受到终身受益的数学教育．思维课堂从本质上看是学生在内驱力支配下呈现出的主动学习状态，数学课堂是锻炼培养学生思维能力、数感能力，促进学生深度学习的良好载体和渠道．

二、思维课堂建构的价值

（一）学术价值

一直以来，专家、学者、一线教师从不同的层面和视角聚焦初中数学课堂教学，并进行了较为深入的研究，取得了显著的成效．但是纵观他们的研究过程和研究成果，基本是属于情（情感、态度）、理（思维）分割的状况．有些在引导思维发展上有突出成绩，但忽视了情感、态度和价值观的建构；有些聚焦了数学课堂的育人功能研究，但在发展学生思维方面明显不够深入．

陈振宣在《培养数学思维能力的探索》中提出：“实际上，人的智能是通常称为智力因素和情感因素的矛盾统一体．”这里所说的“情感因素”的核心正是情感智力．章建跃在《以课本为本才是好数学教学》中提出了“好的数学教学”的评判标准：能产生最大的长期利益的教学就是好的数学教学，“长期利益”的含义是让学生学会做人做事，“做人”就是有理性精神，“做事”就是会数学地思考．张仁贤、刘忠权在《教育要培养情商》一书中提出，创新主要是创造性的培养，而创造性的关键是情商，其次是思维方式，最后才是基础知识和基本技能．高情商提供动力支持，基础知识、基本技能提供物质基础. 培养适应21世纪社会发展要求的成功型人才，不仅需要培养具有高智商的人才，更需要培养具有高情商的人才.

基于此，通过“一个中心，两条主线，四个维度”构建数学思维课堂，形成“一·二·四”模式. 一个中心，即以学生的发展为中心；两条主线，即思维主线和情感主线；四个维度，即课堂的时间管理、空间管理、行为管理，评价管理. 两条主线情理交融，四个维度科学构建，为初中数学思维课堂建构开启新的方向.

(二) 实践价值

新课程理念下的初中数学课堂教学，要面向全体学生，适应学生个性发展的需要，使人人都能获得良好的数学教育，使不同的人在数学上得到不同的发展.

一谈到数学，人们首先想到的是它严密的推理、严谨的逻辑、抽象的思维. “推理、逻辑、思维”使数学这门学科显得华丽高贵，它冰冷的美丽着实让很多孩子望而却步，过早迷失在学习的起跑线上. 能否让数学课堂充满生机和灵动？能否让数学的理性散发出温暖的光芒？能否让每一个孩子在数学课堂上都找到一个自己的支点？这些问题成为初中数学思维课堂构建的着眼点.

义务教育阶段的数学思维课堂，应该是有温度的、灵动的，应该是为学生的终身可持续发展奠定基础的，也必然是以思维为核心的智慧课堂，它需要我们去探索，去实践，去构建. 通过相关课题的研究，构建初中数学思维课堂教学新模式，具有两大实践价值：

1. 从宏观上看，初中数学思维课堂提出“以学生的发展为中心”，关注全体学生，不放弃任何一位学生，通过分层合作的方式组织课堂教学，让不同层次的学生都看到希望，让每一位学生都获得发展，从而改变学生数学成绩两极分化的现状，全面提高数学教学质量，为促进教育均衡发展做出数学学科的贡献.

2. 从微观上看，初中数学思维课堂不仅仅是学生掌握必备基础知识和基本技能的阵地，还能使学生的抽象思维和推理能力、创新意识和实践能力、情感态度与价值观等得到充分的发展，从而真正促进学生生动活泼、富于个性地学习和成长.

三、思维课堂构建的策略

(一) 突破重点

1. 通过课例研究，探索发展学生数学思维的有效路径.

2. 构建思维发展和情感渗透相互交融的数学思维课堂.

3. 让学生经历“爱学数学—会学数学—学好数学”的过程，改变数学成绩两极分化的现象，全面提高数学教学质量.

(二) 解决问题

1. 从“一个中心，二条主线，四个维度”的视角构建数学思维课堂，培养学生良好的数学学习习惯和数学思维品质，促进学生生动活泼、富于个性地学习和成长.

2. 改变传统的教学方式，由重视知识的传授转变为重视能力的培养，发展学生的思维能力，提升学生的素养，真正为学生终身可持续发展奠定基础.

(三) 创新之处

1. 通过“一个中心，两条主线，四个维度”构建数学思维课堂.

2. 改变传统的课堂评价方式，设计学生自我发展评价手册，使学生学会审视自己的课堂学习行为，实现自我激励，从而促使学生不断进步和成长.

3. 让学生经历“爱学数学—会学数学—学好数学”的过程，全面提高数学教学质量.

第三节 “思维课堂”典型教学案例

案例一 二次函数

一、教材分析

本节课内容来自苏科版数学九年级下册第 5 章 5.1 节. “二次函数”是第 5 章二次函数单元教学起始课，也是“函数与方程”的教学基础. 基于九年级学生已经认识正比例函数、反比例函数、一次函数的前提，在初步理解函数概念基本知识的基础上，通过对二次函数概念内涵和本质的抽象思考，深化和提高函数知识的学习，为今后进一步学习函数与方程、函数与图形、函数与运动等重要知识做准备. 为加强学生的数形结合思想，函数知识在小学教材中已有所涉及. 学习这节课有助于学生对二次函数概念中“数量与变化”的本质理解；有助于学生从生活情境中抽象问题，体会函数思想、建模思想、数形结合思想；有助于学生在数学抽象中渗透“一般—特殊—一般”的思想方法，透过现象看本质，盘活知识，创生思维.

二、学情分析

九年级学生已经学习了一次函数、反比例函数等知识，积淀了一些初等函数学习的经验，能从现实生活中抽象提炼常量、变量、自变量、因变量等函数中的量，数形结合和函数思想得到初步发展. 基于此，引领学生利用类比思想进一步在数学抽象中研究二次函数，依托生活实际，通过理性辨析，理解函数本质，构建函数模型，体悟数学思想，为在操作体验中进一步学习二次函数的图像和性质做准备，也为高中阶段深入学习函数打基础.

三、教学目标

1. 理解并掌握二次函数的概念及意义，会用数学符号描述函数中的数量关系和变化规律.

2. 对于以二次函数为背景的生活现实，经历“观察—猜想—实验—发现—验证”的抽象思考，体会分类讨论、数形结合、类比思想、建模思想等解决问题的策略.

3. 从多角度、多方位、多层次提出问题、分析问题、解决问题，通过数学学会思维，在发现、发明、发展中生长数学，提升关键能力和学科素养.

四、教学重、难点

1. 重点：从生活情境及实例中抽象提炼二次函数的概念.

2. 难点：构建二次函数模型，理解并确定自变量的取值范围.

五、设计思路

本节课借助新媒体辅助教学，整个过程都在自主思考、动手实践、合作交流中进行，引导学生主动发现、提出、分析、解决问题，并通过“让学引思”将课堂主动权彻底还给学生. 从“让学引思”的角度设计教学活动流程（图 4-2），从“生长数学”的视角让学生经历“体察—体验—体认—体会—体悟—体味”的过程（图 4-3）.

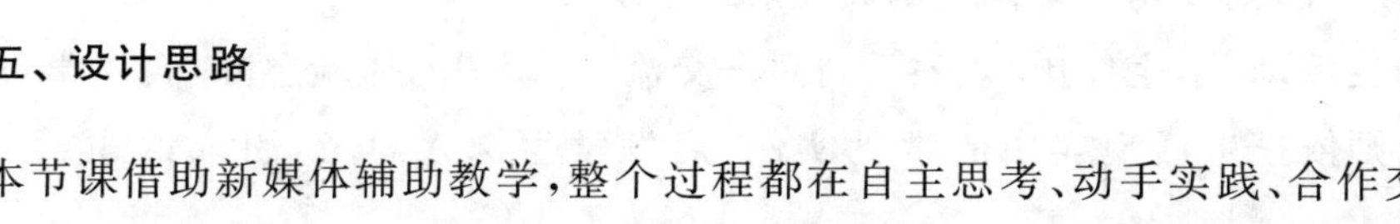

图 4-2

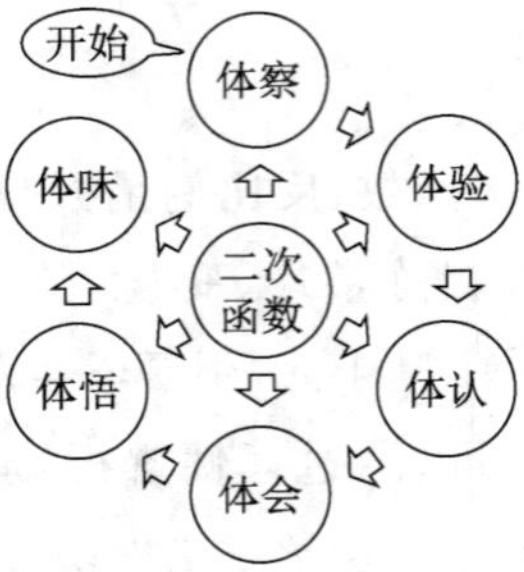

图 4-3

六、教学过程

(一) 引入情境，体察新知

情境 1：多媒体显示第 5 章章首图等图片.

情境 2：水滴激起的波纹不断向外扩展，所形成的圆的面积 S 与半径 r 之间的函数关系是什么？（视频演示水滴波纹）

情境 3：我们曾讨论过“用长 16 m 的篱笆围成长方形的生物园饲养小兔，怎样围可使小兔的活动范围较大”的问题，如果设长方形的长为 x m，则面积 y 与长 x 之间的函数关系式是什么？它是什么函数？

情境 4：一面长与宽之比为 2∶1 的矩形镜子，四周镶有边框. 已知镜面的价格是每平方米 120 元，边框的价格是每米 30 元，加工费为 45 元. 设镜面宽为 x 米，总费用为 y 元，则 y 与 x 之间的函数关系式是什么？

师生活动：学生经历“观察—猜想—交流—思考”的体验感知，自主学习章引言. 教师依托生活现实中的常见实例，启发学生深入思考，引入课题——二次函数.

[设计意图] 回归生活、回归教材，体验生活情境问题，既可在设疑引思中引出课题——二次函数，又可对学习二次函数的必要性合理解释，激发学生兴趣点和源动力，唤醒知识储备，为类比化归二次函数概念做准备.

(二) 活动探究，体验新知

依托情境问题的学习和思考，教师和学生进行如下对话：

师：请观察刚才得出的 6 个关系式，它们都是函数吗？

(1) $s=\pi r^2$；　　(2) $y=8-x$；　　(3) $y=-x^2+8x$；

(4) $y=\sqrt{x^2+16}$；　　(5) $y=\frac{5}{x}$；　　(6) $y=240x^2+180x+45$.

生(全体)：是的.

师：哪些是已经学过的函数？

生：(2)是一次函数，(5)是反比例函数.

师：我们一起来看余下的 4 个函数，它们有什么共同特点？

生 1：自变量 x 的次数都是二次.

生 2：(4)不是二次函数.

生 3：我觉得(4)是根式函数.

师：同学们回答得都很好，再观察等式的右边，你们又有什么发现？

生：就是我们以前学过的代数式.

师(追问 1)：代数式是怎么分类的？

生：代数式分为有理式和无理式，有理式分为整式和分式.

师(追问 2)：现在等式右边的 6 个式子属于什么代数式呢？

生：(1)(2)(3)(6)是整式，(4)是无理式，(5)是分式.

师(追问 3)：(1)(2)(3)(6)这 4 个整式又有什么不一样？

生：(2)是一次整式，(1)(3)(6)是二次整式.

师(追问 4)：二次整式的一般式是怎样的？

生：ax^2+bx+c.

生(补充)：还要加上条件 $a\neq0$.

师(追问 5)：非常好，这就是今天要学习的二次函数，谁能类比一次函数的概念，尝试给二次函数下定义？

……

师生活动：学生独立思考并交流发现，(1)(3)(6)这三个函数都是用自变量的二次式表示的.师生共同总结出二次函数的概念：形如 $y=ax^2+bx+c$(a,b,c 是常数，且 $a\neq0$)的函数，叫作二次函数. 其中 x 是自变量，a,b,c 分别是二次项系数、一次项系数和常数项.

如果有学生提出“形如 $y=ax^2+bx+c$ 的函数叫作二次函数”，可追问：a,b,c 是否有限制？a,b,c 可否为 0？学生独立思考，然后小组交流，最后达成共识：二次函数中 $a\neq0$，b,c 可以为 0. 当 $a=0$，$b\neq0$ 时，函数表示一次函数.

［设计意图］　学生通过自主发现、合作交流、解读探究，在看、想、说、思、悟中

体验学习二次函数的必要性，并针对“二次项系数不为 0”的问题思考，依托启问、质问、追问、思问进行本质理解，再通过类比形式进行思维训练，加深对“二次函数”概念及意义的深度理解.

（三）生成概念，体认新知

接下来板书：

1. 定义：一般地，形如 $y=ax^2+bx+c$（a，b，c 是常数，且 $a\neq0$）的函数叫作二次函数，其中 x 是自变量，y 是 x 的函数.

2. 特殊形式：

（1）当 $b=0$ 时，二次函数为 $y=ax^2+c$.

（2）当 $c=0$ 时，二次函数为 $y=ax^2+bx$.

（3）当 $b=0$，$c=0$ 时，二次函数为 $y=ax^2$.

3. 追问、思考：

（1）为什么规定“二次项系数不为 0”？

（2）如何判断一个函数是不是二次函数？

（3）你们能总结二次函数的基本特征吗？

（学生通过合作交流形式完成后，老师板书）

4. 二次函数的基本特征：

（1）函数表达式是整式.

（2）化简后自变量的最高次数是 2.

（3）二次项系数不为 0.

5. 二次函数自变量的取值范围：

通常，二次函数 $y=ax^2+bx+c$（a，b，c 是常数，且 $a\neq0$）的自变量 x 可以是任意实数.

师（再追问）：如果二次函数的自变量表示实际问题中的某个数量，那么它的自变量取值范围还是不是任意实数？

［设计意图］ 依托二次函数概念本质特征的体验感悟，让学生在问题驱动、学思驱动中体会二次函数中常量和变量之间的数量及变化关系，通过对二次函数自变量取值范围的确定，深思问题背后的数学道理，引导学生在“发现—生发—发展”中生长思维.

（四）让学引思，体会新知

例 1 已知函数 $y=(a-b)x^3+2x^2+2+\frac{2a+b-3}{x}$ 是 y 关于 x 的二次函数，求 a 和 b 的值.

例 2 在学习完二次函数的定义后，老师要求同学们各举一个二次函数的例子.

王刚：$y=2x^2-1$ 是一个二次函数.

李红：$y=(x+2)^2-x^2$ 是一个二次函数.

赵华：$y=ax^2+bx+c$（a,b,c 为常数）是一个二次函数.

刘佳：$y=x^2+\frac{1}{x}-1$ 是一个二次函数.

张敏：$y=ax^2-2bx+5$ 是一个二次函数.

(1) 评一评：上面五位同学所举的例子对吗？若不对，错在哪里？

(2) 想一想：写一个二次函数的表达式时应注意哪些问题？

例 3 某小区要修建一块矩形绿地，设矩形的长为 x m，宽为 y m，面积为 S m^2（$x>y$）.

(1) 如果用 18 m 的建筑材料来修建绿地边缘（即周长），求 S 与 x 的函数关系式，并写出 x 的取值范围.

(2) 根据小区的规划要求，所修建的绿地面积必须是 18 m^2，在满足(1)的条件下，求矩形的长和宽.

例 4 如图 4-4 所示，已知等腰直角三角形 ABC 的直角边长与正方形 $DEFG$ 的边长均为 20 cm，AC 与 DE 在同一条直线上. 开始时点 A 与点 E 重合，让 $\triangle ABC$ 以 2 cm/s 的速度向左运动，最终点 A 与点 D 重合，求重叠部分的面积 y（cm^2）与运动时间 t（s）之间的函数表达式，并写出自变量 t 的取值范围.

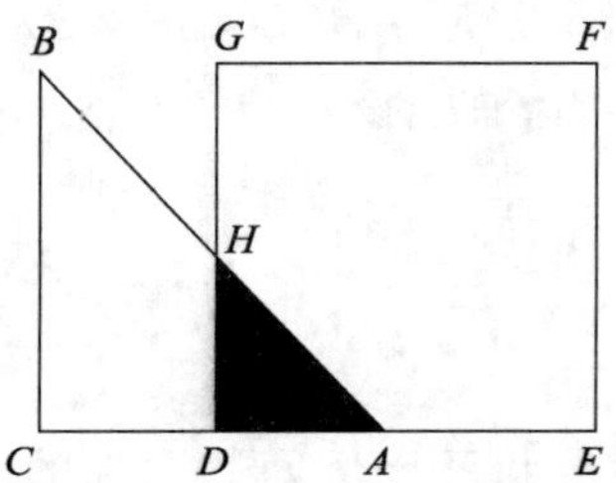

图 4-4

[设计意图] 例 1 从概念辨析的视角，让学生在运用新知识中深入理解二次函数概念的内涵本质. 例 2 从举反例的视角，让学生在纠错中理解二次函数表达形式. 例 3 从面积问题的视角，让学生在实际运用中渗透二次函数的基本概念. 例 4 从动态的视角，让学生在自主思考、小组合作、学思共生中深度理解二次函数的概念本质.

(五) 回归情境，总结反思

1. 你会解决情境问题了吗?

2. 你有哪些重要收获和困惑? 请和全班同学交流.

[设计意图] 回归情境，畅谈收获，提升新知理解的广度和深度，引导学生从多角度回顾二次函数的相关知识，反思其中隐含的数学道理，让学生在思维共振中拓展提升，进而优化知识结构和思维创新.

(六) 作业评价，体味新知

1. 自主评价

教材第 8 页 5.1 习题：第 1 题、第 3 题.

2. 同级评价

(1) 下列函数为二次函数的是(　　).

A. $y=\frac{1}{x^2}+\frac{1}{x}+3$　　　　B. $y=(-3x+1)^2-9x^2$

C. $y=\frac{1}{3}x^2-\sqrt{5}x+2$　　　　D. $y=-2x^2-\sqrt{x}$

(2) 已知函数 $y=(m-2)x^2+mx-3$(m 为常数). 当 m ________时，该函数为二次函数；当 m ________时，该函数为一次函数.

(3) 在边长为 4 cm 的正方形中挖去一个直径为 x cm 的完整的圆，设余下部分的面积为 y cm^2，写出 y 关于 x 的函数表达式，并写出自变量 x 的取值范围.

(4) 如图 4-5 所示，已知正方形 $ABCD$ 的边长为 3，E 是 BC 上一点，F 是 CD 上一点，且 $AE=AF$. 设 $\triangle AFE$ 的面积为 y，EC 的长为 x，求 y 关于 x 的函数表达式，并写出自变量 x 的取值范围.

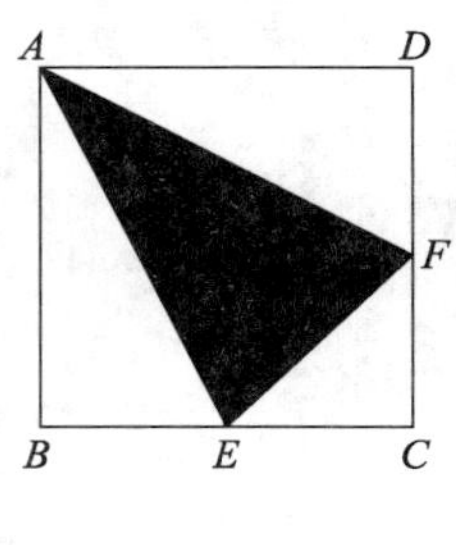

图 4-5

3. 创新评价

请同学们类比画一次函数和反比例函数图像的方法，画出二次函数的图像，并与同学分享交流，把画图过程写成一篇数学小论文，在一周之内交给老师.老师期待着你们的创新作品，加油同学们！

［设计意图］　通过自主评价、巩固新知、反馈提升，进一步提高对二次函数的概念及本质属性的理解.让学生写数学小论文主要是培养学生的创新能力和表达能力.

七、板书设计

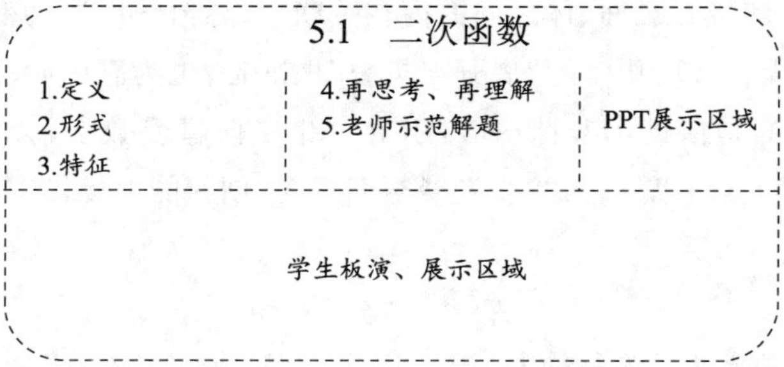

案例二　图形的运动①

一、教材分析

本节课内容来自苏科版数学七年级上册第5章5.2节.图形的运动是“图形与几何”的教学基础，是基于第5章“走进图形世界”单元起始课中对于几何图形构成的全新认识. 在初步了解点、线、面、体关系的基础上，对几何图形运动变化本质的初步体验感悟，为学生下一步学习图形与代数、图形与几何、图形与证明等重要知识做基础准备. 图形的运动在小学教材中已有所涉及，日常生活中也有很多常识与图形运动有关，例如放在桌面上不同位置的同一书本，圆形电风扇的旋转不变性等. 这些知识为进一步深度了解图形的分解与组合有直观性的帮助，更有助于学生抽象出图形的旋转、翻折、平移中“变”与“不变”的数学本质，有助于学生在运动变化的图形世界中发展几何空间思维品质.

二、学情分析

本节课授课对象为城乡接合部的学生，笔者是借班上课，师生之间比较陌生.

① 王国强.图形的运动[J].中学数学教学参考，2020(29)：2—5.

七年级学生在小学阶段已经学习了图形的初步知识、图形的拆分组合、图形的运动变换等基础知识，他们能从生活情景及实物中感知旋转、翻折、平移等现象，积累了一些感性经验和动手操作的经验，空间想象的基本雏形得到初步发展．学生在初中阶段学习了“丰富的图形世界”，初步认识了静态中的点、线、面、体，但对于实物抽象图形(平面和空间)及图形运动本质的理解还比较粗浅．基于此，引领学生在动态中进一步了解点、线、面、体之间的内在关联性，感悟图形运动变化的本质显得尤为重要，为在操作体验中学习“展开与折叠”做准备，也为高中阶段学习立体几何打基础，更重要的是借助本节课内容，引导学生走向喜爱数学、会学数学、好学数学，初步体会数学空间思维，为初步发展空间观念、创新能力提供支点．

三、教学目标

1. 对生活情境进行体验抽象，进一步认识点、线、面、体，体会图形的旋转、翻折、平移运动变换的本质．

2. 经历“观察—实验—抽象—展示—反思”的活动过程，体会用“分类讨论，特殊到一般”等思想方法解决问题的基本策略．

3. 依据问题驱动、操作驱动、学思驱动，在“变”与“不变”的数学体会中认识数学美、欣赏数学美、创造数学美，提升学科素养和思维品质．

四、教学重、难点

1. 重点：在“做”中体悟图形与图形运动变换的关系，尝试用旋转、翻折、平移等方式设计出富有创意的图案．

2. 难点：理解图形运动变换中“变”与“不变”的本质．

五、教学简案

(一) 引入情境，“猜”中乐学

问题1：(猜谜语)千条线万条线，落到水中看不见．

(学生猜后，感受雨点运动)

师(追问)：你能发现雨点运动中有哪些数学知识吗？

(教师引导学生先思考再回答，引出课题)

[设计意图] 依托学生生活经验，通过观察、思考、猜想感知生活情境中的几

何图形，唤醒知识储备，积累感性经验，体会数学来源于生活又服务于生活，激发学生的学习兴趣和动力，在发现问题中激活思维.

(二) 点、线、面、体，“动”中引学

学生感受生活中的点、线、面运动.

问题 2：观察生活中的图形运动，你发现了什么？

(教师引导学生观看演示操作点、线、面的运动，学生结合自身生活经验感悟：点动成线、线动成面、面动成体)

让学生体验抽象点、线、面运动，如图 4-6 所示.

(a) 点动成线　(b) 线动成面　(c) 面动成体

图 4-6

师(追问)：你还能举出生活中“点动成线，线动成面，面动成体”的例子吗？

(学生先组内交流，再展示分享)

[设计意图] 依托点、线、面基本常识，结合图形运动，引导学生在看、想、说、思、悟中抽象现实生活中的几何图形，感悟点动成线、线动成面、面动成体的运动本质，为下一环节教学中探究特殊的图形运动做准备，从具体到抽象，从静态到动态，从感性到理性，在直观中联想，在联想中感悟. 在“启问、质问、追问、反问”驱动中活跃思维.

(三) 旋转运动，“玩”中趣学

学生感受生活中的旋转运动.

问题 3：经过下面的操作能形成怎样的几何体？

(1) 长方形纸板绕它的一条边旋转 1 周.

(2) 直角三角尺绕它的一条直角边旋转 1 周.

(3) 一枚硬币在桌面上竖直快速旋转.

引导学生动手操作(课前准备好操作材料)

(学生通过自我体验、同伴互助、小组合作、展示分享，体会自己的操作发现，理解图形的旋转本质：平面图形 $\xrightarrow{\text{旋转}}$ 几何体)

让学生体验演示操作，如图 4-7 所示.

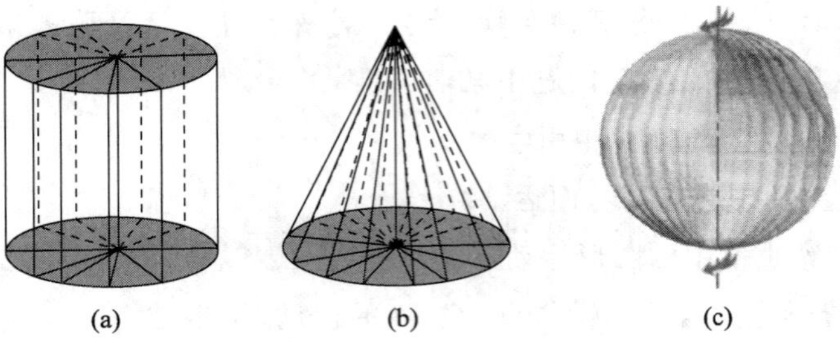

图 4-7

师(追问 1):图形旋转运动是否能形成新的图形?

(学生进一步明确:旋转可以形成新的图形(几何体),由旋转形成的图形(几何体)往往给人以灵动、圆满的感觉)

师(追问 2):图形旋转前后形状、位置、大小发生了怎样的变化?

(学生理解图形旋转,体会"轴、截面及轴截面"的意义,初步思考体会变与不变的本质)

同步练习,巩固新知.

[设计意图] 依托旋转特殊的图形运动,积累认知活动体验,引导学生经历"观察—实验—抽象—展示—反思"的体验学习,借助不同的视角感悟几何直观,增强空间意识和空间想象能力,在提出问题与分析问题中发现图形旋转运动的本质——"变"与"不变".

(四) 翻折运动,"做"中思学

学生感受生活中的翻折运动.

问题 4:如图 4-8 所示,将图形沿点划线翻折后能形成怎样的图形?请试着描出来.

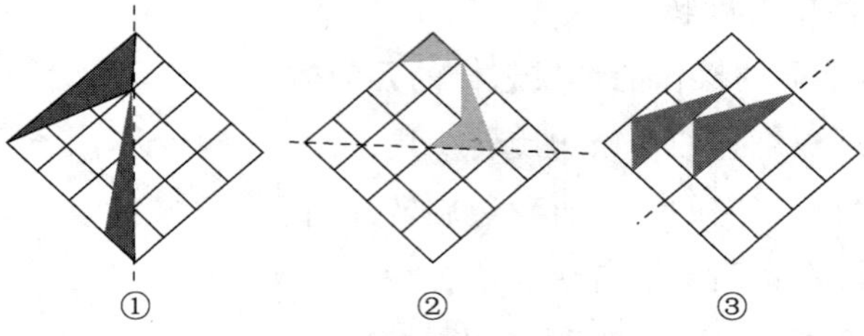

图 4-8

引导学生动手操作(课前准备好操作材料).

(学生通过操作体验、合作交流、展示感悟,体会图形的翻折本质,初步体会"对称及对称轴")

让学生体验演示操作，如图 4-8 所示.

师(追问 1)：图形翻折运动是否能形成新的几何图形？

(学生进一步明确：翻折可以形成新的图形，翻折后图形与原图形比较，位置相反.翻折前后的图形具有对称的特点)

师(追问 2)：图形翻折前后形状、位置、大小发生了怎样的变化？

(学生体悟图形翻折变与不变的本质)

同步练习，巩固新知.

[设计意图]　依托翻折特殊的图形运动，领悟其中蕴含的对称美，通过学生的自主探究与合作展示，充分体现学生的主体性，引导其学会合作. 真“让”会“引”，真“学”善“思”，将课堂真正还给学生. 依据问题驱动、操作驱动、学思驱动体悟图形运动变与不变的本质，引领学生在“发现—生发—发展”中生长数学，跨越思维.

(五) 平移运动，“会”中悟学

学生感受生活中的平移运动.

问题 5：图 4-9 是由图“回”向右平移而成的，将准备好的纸片沿虚线剪开.

(1) 怎样改变图形的位置可以得到图 4-10？你还能得到什么样的图案？

(2) 如果虚线以下的部分向右平移 4 格，会得到怎样的图形？

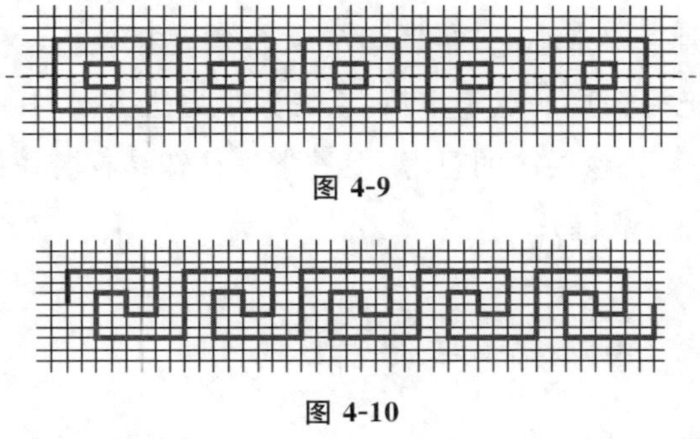

图 4-9

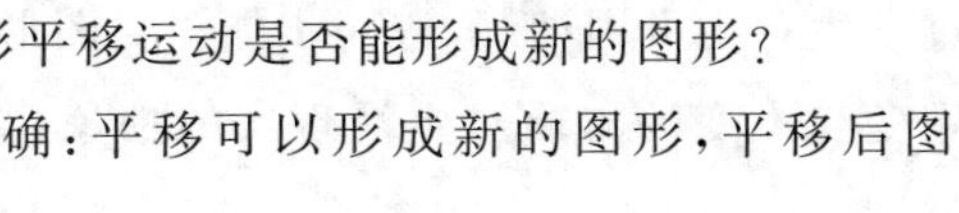

图 4-10

(学生通过移动操作，分组交流，讲解演示，深度理解平移运动的本质)

师(追问 1)：图形平移运动是否能形成新的图形？

(学生进一步明确：平移可以形成新的图形，平移后图形给人有序、连续的感觉)

师(追问 2)：图形平移前后形状、位置、大小发生了怎样的变化？

(学生体认图形平移变与不变的本质)

[设计意图]　依托平移特殊的图形运动，积累活动经验，引导学生经历“发

现—验证—抽象—反思”的研学体验，将“生活中的平移”抽象为“数学中的平移”，借助实例进一步体悟其变与不变的本质，体会从一般到特殊的数学思想，在平移方向和距离等因素的感知中跳跃思维，提高学生的空间观念和空间想象能力，为高中阶段学习向量打下基础.

(六) 让学引思，知识运用

巩固训练：1—4(略).

拓展训练1：将两块相同的直角三角尺的相等边拼在一起，能拼出几种不同的平面图形？你能说出这些图形的名称吗？

拓展训练2：请你构造一些图案，使每一个图案中含有两个三角形、两个圆形和两条线段，并给图案加上适当的解说词.

[设计意图] 通过层层递进的巩固与拓展训练，让学生在比较、分类、拼合等数学活动中，进一步巩固对图形运动本质的理解，从图形的结构、拆分、组合中感悟复杂图形是由简单图形组合而成的，使其明白数学学习的过程充满探究，引导学生在解决问题中认识美、欣赏美、创造美，积累解决数学问题的经验.

(七) 回归课堂，畅谈收获

经过本节课的学习，你有哪些收获和困惑呢？请与同桌或全班同学进行交流.

[设计意图] 通过课堂小结，帮助学生从多角度梳理所学知识，回归生活、回归课堂、回归教材，把握图形的运动本质，反思数学思想方法，探寻动态图形中蕴含的数学真相，引发学生更深层次的思考，促进学生认知结构与思维品质的优化.

(八) 作业评价，反馈提升

1. 自主评价

教材第128页5.2习题：第1题、第3题、第4题.

2. 同级评价

略.

[设计意图] 通过学生自主巩固训练，进一步加深对图形运动的理解和运用，既能考查学生是否会用变与不变的本质对生活现实的抽象，又能检验学生是否会对图形变换方式进行辨别.

3. 创新评价

请同学们自己动手做一个你喜欢的几何体，带进班级与同学分享交流，并把制作过程写成一篇数学创作小论文，在一周之内交给老师. 老师期待着你们的创新作品，加油，同学们！

［设计意图］　通过自主动手，培养学生的空间想象能力，让学生写数学小论文主要是培养学生的表达能力．

六、教学反思

（一）精心备课，用数学思考建构“课堂”

苏霍姆林斯基说过：“教师上好一堂课要做毕生的准备．”教什么比怎么教更重要，作为数学教师要教给学生一滴水，自己至少要有一桶水．备好课是上好课的前提和关键．为使备课有效、实效、高效，笔者认为应拟定好支撑、支架、支点，明晰目标、路径、方法，精选备前、备中、备后素材，预设学材、学生、学法问题．本节课是基于“让学引思”背景下的数学活动体验课，其核心要义是依托学思共生回归生活、回归学材、回归本质，教师“真让会引”，学生“真学善思”，将课堂彻底还给学生．为此，笔者经过数学思考确定图形的运动．活动支撑为卜以楼教授提出的“生长数学”理念，活动支架为理解数学、理解学生、理解教学，活动支点为史宁中教授提出的“三会”的教学主张．本节课以引导学生积累“观察—实验—抽象—展示—反思”的活动体验，从不同视角感悟几何直观，体会图形运动中变与不变的本质，在“启问、质问、追问、反问”中生长思维，形成“四基—四能—三会”，培养学生核心素养落地生根，双向高效（教师课堂教学效率高，学生课堂学习效率高）．在备课素材选取的过程中，注重备前初识、备中再识、备后深识图形运动，力求培养学生的空间观念和空间想象能力．备课预设问题突出学材再建构、学生再反思、学法再变换，在探本质、探旋转、探翻折、探平移中深度学习，在“玩中学、做中思、会中悟”中实现课堂建构自主、高效．

（二）精细磨课，用数学本质优化“课堂”

“台上一分钟，台下十年功．”为使备课充分，授课精准，唯有在“磨”课中收获，在收获中成长．回顾“五磨”授课经历，仍历历在目．一磨是“微课试讲”．“同学们，上节课我们认识了图形的构成，今天继续学习……”，第一句话还没说完，受邀听课的3位老师一致认为：情境引入过于直白，不能激发学生兴趣．经过反思修改，二磨是“小组公开课”，大家认为时间把控不精准，课前准备不充分，图形运动未体现动态演示，学生配合不到位，小组合作流于形式等．反思改进后，三磨是“大组示范课”，大家认为板书结构不合理，讲解顺序应先讲点、线、面、体的基本运动，再讲旋转、翻折、平移等特殊运动，多让学生展示分享，让学生明白为何要学习图形的运动以及学习的必要性、如何学、学什么等. 反思完善后，四磨是“区级观摩课”，专家提出目标达成应围绕变与不变的本质开展活动，过渡衔接力求自然流畅、符合逻辑，加强思想方法的渗透，注重学科素养提升等. 反思优化后，五磨是“市级教研课”，专家提出教态语言要自然化，情境引入要生活化，运动变化形式要多样化，课堂气氛要和谐化，小组合作要灵动化，教学评价要多元化，巩固训练要创新化.

在“中数参”课例展示活动中，名家名师们的点评让笔者对这节课又有了全新的认识，“生活化—情境化—数学化—生活化”是活化动态图形的教学创新，一堂好课只有在理解数学本质的精细打磨中才能不断优化.

（三）精准授课，用数学智慧创新“课堂”

叶圣陶先生曾说：“教学有法，教无定法，贵在得法.”教学永远是一门遗憾的艺术，“五磨授课”经历告诉我们，“上课”没有最好，只有更好，怎样更好，唯有“得法”. 图形的运动作为动态几何在初中阶段的起始课，其功能与作用不言而喻. 要在授课中突破重、难点，笔者认为还需要在回归本源、焕发情趣、理解知识、思维共振等方面进行深度思考. 卜以楼教授提出：“教给学生有生长力的数学，让学生在发现—发明—发展中生长数学.”回归教学原点、反哺生命成长、彰显数学力量的生长数学教学主张切合课改要求，也是图形的运动教学的活力支撑和生长助力. 随着5G、人工智能的快速发展，践行立德树人根本任务，促进学生全面发展已经成为时代主旋律，作为一线数学教师在提升自我的同时，要学会用数学智慧创新课堂、精准教学，助力学生生长数学、学会思维，努力实现学科育人的价值旨归.

第四节　“思维课堂”课堂实践成果

实践成果一　构建初中数学思维可视化课堂的实践探索①

课堂教学是各级各类学校育人的主阵地，是学生形成正确的价值观、提升关键

① 王国强，段志贵. 构建初中数学思维可视化课堂的实践探索[J]. 中小学教师培训，2020(10)：59—62.

能力和必备品格的主渠道，是学生进行学习活动的主平台．认知学习理论认为，学习本质上是一种思维活动，一种师生共同参与的思维活动．学生的学习是他们的思维同化和顺应交替发生的过程．在这一过程中，他们的认知由一种图式跃进到另一种图式，随着内涵的日益丰富，他们头脑中的认知图式不断地完善和发展．所以说，有效的思考引发高效的思维是深度学习的前提条件．在信息技术高速发展的今天，初中数学课堂教学的重点发展方向是：从提炼数学知识体系的“知识层”深入到提升思维能力的“思维层”．同时应该关注技术支撑下的新型课堂的构建，这样才能持续、高效、系统地发展学生的思维．实践证明，构建初中数学思维可视化课堂是有效提高学生的思维能力的重要载体．

一、厘清核心概念，触摸思维可视化课堂的本质内涵

可视化来源于英语 visualization，原意是“可使看见的，清楚地呈现”．它是一种使繁杂信息能够简化和迅速被人理解的手段，是可以放大学生感知的图形化、实物化的表示方法．思维是人类所具有的高级认知活动，其组合概念“思维可视化”则是指把不可见的思维结构、思维方法、思考路径或过程通过图示或图示组合呈现出来的过程．思维可视化课堂以“形成知识结构”和“提升思维能力”为目标主旨，以实物教学具、多媒体手段等媒介为技术支撑，以“师生共同参与”为行动支持，实现教学环境、教学策略、教学内容的全面可视化，在促进初中生数学素养形成的同时提升学生课堂学习效能．在课堂教学活动中，培养学生善于运用学具、实物、图像手段、可视化的界面由浅入深地进行数学学习或逐步外现自己思维的过程，使学生把数学学习活动作为一种乐趣和展示自己的手段，在这一过程中完成建构知识、提升素养和助力生命自由成长的全过程．思维可视化课堂既要促进学生掌握知识，又要提升学生的思维能力，两者相辅相成，互为条件，都是课堂学习的最基本任务．思维可视化课堂应该体现新课程的标准理念，要正确定位教师和学生的角色，教师应该是课堂的组织者、引导者和参与者，而学生应该是思考的主体、课堂的主动参与者和创造者、学习方法的自悟者和体验者．

发展学生的数学思维是数学课堂的本质．为践行立德树人根本任务、促进学生全面发展，应依托思维可视化课堂教学更好地引领学生实现思维突破，创新思维品质，提升学科素养．比如，在学习“勾股定理”时，教师在备课环节除了要考虑学材需求、课标需求、课改需求外，更要考虑现状需求、思维需求，为使学生对勾股定理

在数形结合思想的基础上更加深入地思考，力求实现在生活化情境、活动化问题的驱动下课堂教学的思维突破、思维可视，备课流程遵循“数学阅读—历史背景—可视图例—创新操作—实践感知”. 在学习“制作无盖的长方体纸盒”时，在课前准备环节，学生和教师除了要准备必要的材料和操作工具外，更应该准备长方体纸盒的可视化形状、三维化立体图形、思维透视制作路径，从而实现基于目标指引前提下的思维的可视化准备. 再如，在学习“科学记数法”时，在上课环节为了实现学生思维可视化，对科学记数法的本质内涵有深度理解，在有效情境的思维透视中实现启问驱动“为何要对较大数据进行科学记数”，进而在互动追问的思维探析中实现探问驱动“如何对较大数据进行科学记数”，最后在质疑反思的思维可视中实现回问驱动“如何创新对较大数据进行科学记数”，力求高效达成思维可视化课堂教学的目标主旨，实现学生思维的飞跃发展.

二、搭建支持系统，探寻思维可视化课堂的保障基础

思维可视化课堂有指向学生数学学科素养培育的目标，有需要认真探索与构建的模式及其实施策略，但它同时还应该有一些物化的空间、设备为支撑系统，形成一种物化的、基于可视化技术与媒介的课堂.

(一) 思维可视化课堂建设的硬件支撑

现代信息技术改变了人类的生活方式，“互联网＋”则改变了世界. 虽然乔布斯有著名的“乔布斯之问”：为什么现代科技改变了几乎所有领域，却唯独对学校教育的影响小得令人吃惊. 这种“小得令人吃惊的影响”对于传统教育、传统学校、传统课堂来说，其实已经是翻天覆地的了. 随着各级行政部门对教育现代化、学校现代化建设的投入，教室已经从一块黑板和一支粉笔的传统 1.0 版，迅速升级为电脑、投影仪、实物展台等教学设备构建的 2.0 版. 现在，交互性更强的电子白板、一体机等交互式学习终端的 3.0 版教室，以个性化学习终端、VR 设备等为载体的 4.0 版教室——智能化学习空间正进入我们的视野. 不论是电脑、投影仪、实物展台，还是电子白板、交互式一体机，抑或是个性化学习终端平板电脑、VR 设备等，它们构成了可视化课堂的硬件体系，助推了可视化课堂的建设，为可视化课堂的实施提供了基础保障.

(二) 思维可视化课堂建设的软件支撑

思维可视化的重要手段之一就是通过“图示”或“图示组合”把“思维”呈现出

来，而“图”是多媒体画面构成的基本要素之一，“多媒体画面语言”的组合群(即课件)是“思维可视化”的形象化表达工具．课件的设计与应用必须借助具体的软件技术编辑文本、绘制图示、流程及互动设计、个性化呈现．课件的图示一般包括各类生活情境图、虚拟场景图、数学图形与符号，以及概念图、流程图、树状图、鱼骨图、认知地图、思维导图等．创建或绘制这些图示的常用软件有画图、Adobe Photoshop、Flash、MindManager、IMindMap 等．而对于课件的整体设计与呈现，我们常用的软件有 Powerpoint、Authorware、几何画板等．这些工具软件易操作、易修改、易传播、易保存，软件呈现美观、信息量大、互动性强，教师可以根据个人信息技术水平、课堂教学内容的需求进行个性化选择．

(三) 思维可视化课堂建设的辅助支撑

思维可视化课堂建设的辅助支撑主要是课堂中教师所使用的、辅助学生学习的、物化的教具与学具，一般包括师生手绘的图示、师生动手制作的教学具、实物三种．在复习课之前，让学生提前绘制的思维导图就是师生手绘图示的一种．与电脑绘制的图示相比，思维导图更形象、更贴近主题，更符合课堂的个性化需求．在学习“可能性”时，供学生游戏用的转盘就是师生动手制作的教学具，它可以使学生在动手实践中提升学习的实效性，提高所学知识的应用性．在学习“圆锥的体积”时，所使用的等底等高的圆柱与圆锥形实物器皿，它们可以帮助学生突破学习难点，增强知识的理解力．

三、凸显以生为本，构建思维可视化课堂的教学范式

(一) 构建思维可视化课堂的基本思路

构建思维可视化课堂，要弄清思维可视化课堂的相关要素．我们认为，初中数学思维可视化课堂的核心要素一般包括处于主导地位的教师、处于主体地位的学生、显性的数学学科知识、隐性的数学思维、思维可视化支持系统五个方面．思维可视化课堂在初步构建时，首先要达成核心要素之间的动态平衡(图 4-11)，其次通过实践研究形成较为稳定的课堂教学结构，最后在大量课例的基础上，形成“二·二·五”课堂教学范式．

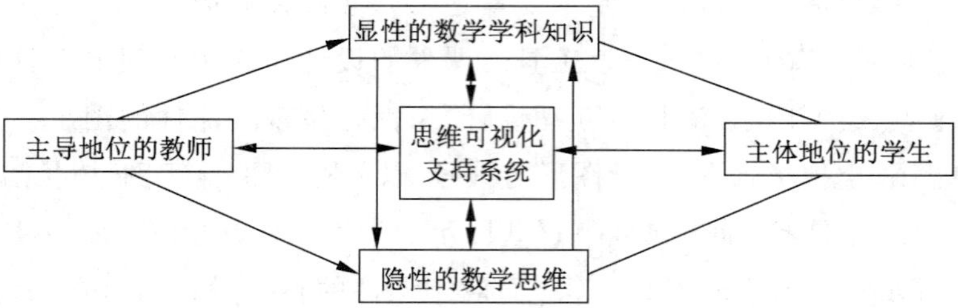

图 4-11

在构建思维可视化课堂的独特视角下，要想逐步实现“二·二·五”课堂教学范式的建立，一般要关注以下五个具体的课例研究步骤：

第一步，深刻理解显性学科知识，明确双主线课堂教学目标体系．通过理解本节课的教学内容，理清知识点的学科脉络，明确知识理解与提升思维能力的双目标体系．

第二步，整体规划课堂教学环境，搭建以生为本的双支撑体系．凸显学生的主体地位，选择适切的可视化媒介技术支撑，搭建师生共同参与的活动支撑体系．

第三步，认真细化课堂教学环节，充分预设媒介的使用注意点．为实现课堂教学效果，拟定课堂教学预案，列举所选媒介的使用注意点，进行媒介的模拟使用．

第四步，动态执行课堂教学预案，形成务实的媒介使用策略库．关注课堂生成，适时调整教学预案，关注所选媒介与真实课堂的吻合度，提高媒介使用的实效性．

第五步，扎实开展课堂教学反思，积淀个性使用媒介的经验网．充分反思课堂教学中各种媒介的使用效果，针对不同课型、不同学生形成媒介使用的经验网络．

(二) 思维可视化视角下的“二·二·五”教学范式

“二”指双目标主线．在“形成学科知识结构”方面，应结合学生的年龄特点和认知规律、课标学材内容需求以及课堂教学情境确立课堂教学的总目标和各环节的具体目标，并动态调整．在“提升思维能力”方面，依据教学内容的结构特点、学生的原始思维，明确课堂教学中提升思维能力的目标要求，在课堂教学中注重学生在生成、研析以及解决问题时思维活动的自主性和能动性，阶段性地训练学生的思维．

“二”指双支撑体系，即以“可视化媒介”为技术支撑，以“师生共同参与”为行动支撑的双支撑体系．课堂教学是师生共同参与的整体性实践活动，在活动中师生共同成长，学生思维得到有效提升. 其中“可视化媒介”为“师生共同参与”行动体系提供技术支撑，作为师生思维互动活动过程的外在条件，作为实现知识理解和提升思维能力有机整合的工具中介，提升“师生共同参与”行动体系的有效性.

“五”指五个教学环节，即情境创设、问题聚焦、合作探究、成果反馈、总结拓展. “情境创设”环节主要以课件、实物场景等可视化媒介为依托，调动学生的学习兴趣，调动学生头脑中已有的思维基础，促进学生对知识的初步感知，提升形象思维能力. “问题聚焦”环节主要以课件图示、具体实物等可视化媒介，将学生头脑中的实际问题外显，通过数学语言精准表达，明确课堂探究的核心问题，提升学生的抽象思维能力. “合作探究”环节主要以平板电脑等个性化学习终端、探究性学具等可视化媒介为依托，开展指向核心问题的探究性活动. 在具体的操作活动中发现问题、分析问题、解决问题，从而提升逻辑思维能力. “成果反馈”环节主要以实物展台、教学具等可视化媒介为依托，呈现学生的学习成果，并在小组、全班范围内进行个体、小组的集中反馈交流，外显学习成果，进行数学化表达，提升概括思维能力. “总结拓展”环节主要以思维导图等可视化媒介为依托，对所学内容进行梳理、提炼，帮助学生有效构建知识体系，同时将数学文化、拓展内容引入此环节，提升反思思维能力.

(三) 思维可视化课堂“二・二・五”教学范式的实践范式

这里以苏科版九年级上册“圆锥的侧面积”一课为例，简要说明“二・二・五”教学范式的实践过程.

首先，在“圆锥的侧面积”这节课的教学中确立“双目标主线”，一是学科知识目标，即经历探索圆锥侧面积计算公式的过程，化归构建圆锥侧面积计算公式模型，并会应用公式解决问题的“学科知识目标”；二是思维能力目标，即通过引导学生自主、合作、探究、验证圆锥侧面积计算公式的思维可视化活动，多角度、多层面训练提升学生的“思维能力目标”.

其次，构建“双支撑体系”，一方面，以智能黑板、智能平板、智能平台等“可视化媒介”为技术支撑的教学工具；另一方面，依托“让学引思”教学理念，以“师生共同参与”为行动支撑的智慧课堂.

本节课安排的五个教学环节，具体指的是以下 5 个环环相扣的教学步骤：

(1) 创设“猜字谜”游戏情境，通过新媒体软件设计一幅以水、漏斗、器皿为主要元素的图示,作为"温"字的谜面,激发学生的学习兴趣.

(2) 师生一起交流讨论,明确本节课的核心问题及探究方法:温故知新. 结合板书,将"温故"与"知新"通过流程图的方法呈现出来,使之方法化、结构化.

(3) 学生借助教师提供(或学生课前自行准备)的各种圆锥图形学具,小组合作,动手探究各学具面积计算之间的关系,初步形成关系网络图.

(4) 汇报小组的研究成果,借助实物展台、交互式一体机呈现学生的思维导图(或称概念图),然后师生共同进行成果间的辨析,帮助学生系统构建圆锥侧面积计算的转化模型.

(5) 教师主导进行拓展延伸. 从两个方面进行,一方面,对原有的思维导图进行进一步探究,得到图形之间更加复杂的联系;另一方面,以"毛笔为什么是圆锥形?"等问题驱动入手,研究圆锥侧面积在生活中的运用.

"二·二·五"教学模式的提出,在关注学科知识学习的基础上,更加关注学生思维能力的提升,尤其关注每个环节中借助可视化媒介培养学生思维能力的策略. 当然,五个环节要根据不同的教学内容和学情进行整体设计,并不是每节课中都要面面俱到,应该牢固树立以生为本、立德树人的教育观,力求高效达成思维可视化课堂教学的育人目标.

多年的课堂教学实践告诉我们,思维可视化课堂不是为了可视化而可视化,其最终目的是揭示数学课堂本质、形成数学知识结构、提升学生思维能力、培养学生的核心素养. 在具体实施过程中,要对具体化的课堂教学内容进行深度挖掘,并将其作为可视化媒介选择的重要依据. 还要把学生的思维原点作为教学起点,从学生的原始思维进行有效引导,让学生参与活动过程,找到知识背后的思维规律,在深度学习的状态下逐步形成新的认知结构,从而提升数学素养.

实践成果二　让思维生长:回归新定义问题的本质①

每年的数学中考题中都有让人眼前一亮的新题脱颖而出,如"新定义"问题总以全新的面貌示人. 命制一道"新定义"问题是一个从无到有、从有到新、从新到优的研磨加工过程. 下面推荐一道题型构建精巧、充满理性精神并能让思维生长的中考题给各位,以期交流共进.

---

① 王国强. 让思维生长:回归新定义问题的本质[J]. 中学数学教学参考,2018(29):38-40.

一、试题呈现

(2018年浙江嘉兴)我们定义:如果一个三角形一条边上的高等于这条边,那么这个三角形叫作“等高底”三角形,这条边叫作这个三角形的“等底”.

1. 概念理解

题(1):如图4-12所示,在$\triangle ABC$中,$AC=6$,$BC=3$,$\angle C=30^\circ$,试判断$\triangle ABC$是否为“等高底”三角形,并说明理由.

2. 问题探究

题(2):如图4-13所示,$\triangle ABC$是“等高底”三角形,BC是“等底”,作$\triangle ABC$关于BC所在直线的对称图形得到$\triangle A'BC$,连结AA'交直线CB的延长线于点D.若点B是$\triangle AA'C$的重心,求$\dfrac{AC}{BC}$的值.

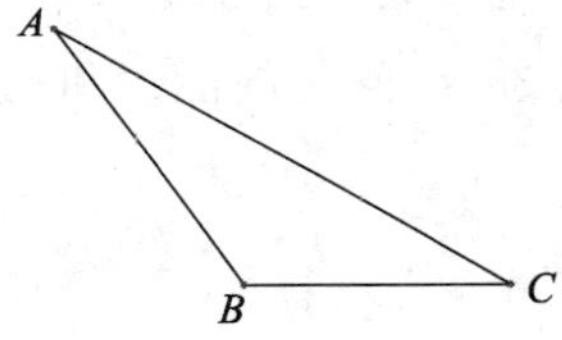

图 4-12

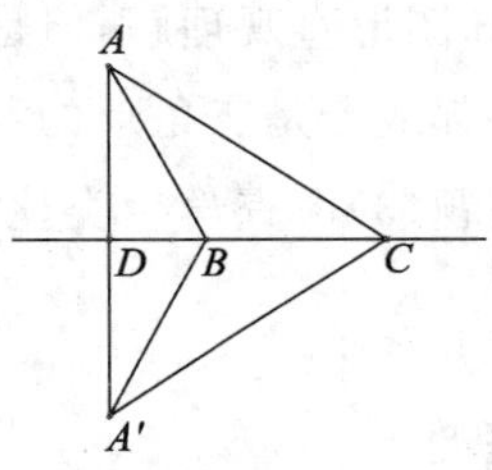

图 4-13

3. 应用拓展

题(3):如图4-14所示,已知$l_1 /\!/ l_2$,l_1与l_2之间的距离为2.“等高底”$\triangle ABC$的“等底”BC在直线l_1上,点A在直线l_2上,有一边的长是BC的$\sqrt{2}$倍.将$\triangle ABC$绕点C按顺时针方向旋转45°得到$\triangle A'B'C$,$A'C$所在直线交l_2于点D.求CD的值.

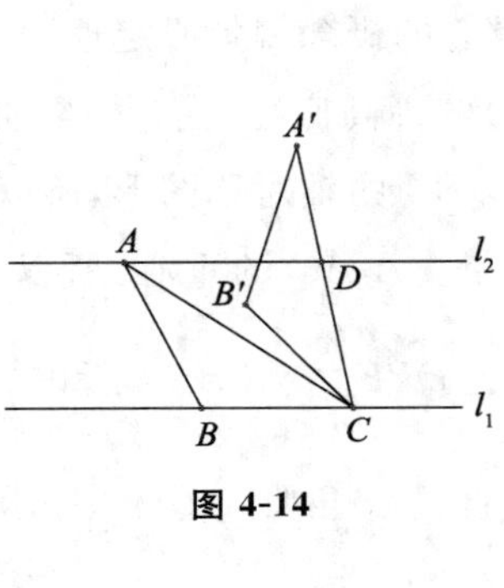

图 4-14

二、试题特征

数学本身就被誉为“创造的科学”，“新定义”也是一种具有特定情境的创新.“新定义”问题能够考查学生的阅读理解能力、类比学习能力和思维创新能力，以及数学素养和潜能. 因此，应引导学生在学习过程中养成自主思考和主动探究的习惯.

上述题目“图形新定义”问题，这类问题一般是从一个特定的条件入手——创设情境，如对角线垂直、等对角、余对角、倍对角等，然后分层设计问题：概念理解—实践运用—拓展提升. 它的基本解题策略如下：首先，从阅读开始，理解新规定；其次，通过模仿练习理解新定义的概念；再其次，进入问题探究环节；最后，沿着“思维主线”灵活运用与“新定义”相关的知识解决拓展延伸问题.

本题设定的条件表面上只有一个，就是“三角形一条边上的高等于这条边”，学生能够根据已知图形直观理解，但是题中隐含着一个重要信息：三角形的高可以在三角形内部、外部或者是三角形的某一条边，这为应用拓展题(3)做了精巧的思维铺垫. 应用拓展题(3)考查学生类比法、分类法解决问题的能力和构建图形的创新素养.

三、解题思路

题中规定“等高底”的含义是“三角形一条边上的高等于这条边”，因此题(1)通过计算三角形某条边上的高与对应的底比较即可.

因为$\angle C=30^\circ$，所以容易想到过点A作BC边上的高AD，如图4-15所示，在直角三角形ADC中，$AC=6$，$\angle C=30^\circ$，所以$AD=3$，又因为$BC=3$，所以$AD=BC$，符合“高”等于“底”的条件，所以$\triangle ABC$是“等高底”三角形.

题(2)同时考查三角形重心的概念和勾股定理.

如图4-16所示，$\triangle ABC$是“等高底”三角形，BC是“等底”，即$AD=BC$. 因为$\triangle ABC$与$\triangle A'BC$是关于直线BC的轴对称图形，所以$A'D=AD$. 延长$A'B$交AC于点E，连结DE，因为点B是$\triangle A'AC$的重心，所以DE是$\triangle A'AC$的中位线，即$DE/\!/A'C$，$DE=\frac{1}{2}A'C$，得到$\triangle DBE\backsim\triangle CBA'$，所以$\frac{DB}{BC}=\frac{DE}{A'C}=\frac{1}{2}$. 设$DB=k$，则$BC=AD=2k$，$DC=3k$. 在直角三角形$ADC$中，求得$AC=\sqrt{(2k)^2+(3k)^2}=$

$\sqrt{13}k$，即$\dfrac{AC}{BC}=\dfrac{\sqrt{13}k}{2k}=\dfrac{\sqrt{13}}{2}$.

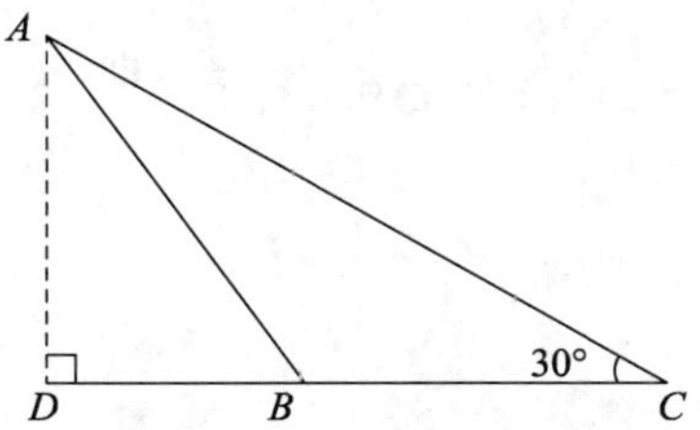

图 4-15

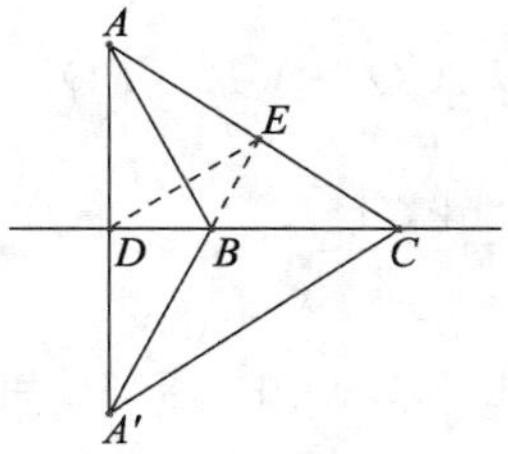

图 4-16

题(3)中有一个“显条件”是△ABC 有一边的长是 BC 的$\sqrt{2}$倍，很多考生把注意力集中在运用“分类法”对问题进行研究时，却误入了命题者设计的图形“陷阱”——无图无真相.

我们先分类解答题(3)：

① 在△ABC 中，若 $AB=\sqrt{2}BC$.

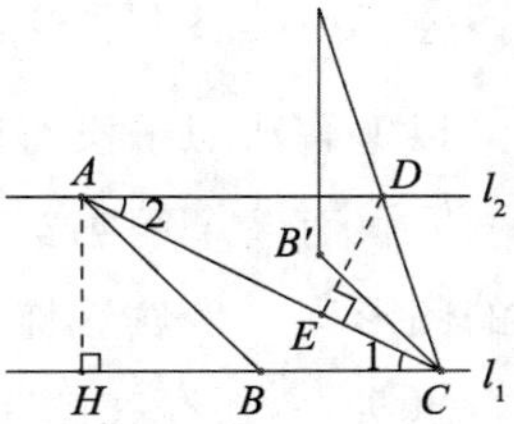

图 4-17

解法一：如图 4-17 所示，作 $AH\perp BC$ 于点 H，作 $DE\perp AC$ 于点 E，因为 $BC=AH$，$AB=\sqrt{2}BC$，所以 $AB=\sqrt{2}AH$，在直角三角形 AHB 中，$\sin\angle ABH=\dfrac{AH}{AB}=\dfrac{\sqrt{2}}{2}$，所以$\angle ABH=45°$，$BH=AH=2$. 在直角三角形 AHC 中，根据勾股定理求出 $AC=\sqrt{2^2+4^2}=2\sqrt{5}$，$\tan\angle 1=\dfrac{AH}{HC}=\dfrac{1}{2}$. 因为 $l_1/\!/l_2$，所以 $\tan\angle 2=\dfrac{DE}{AE}=\dfrac{1}{2}$. 由题意可知$\angle DCE=45°$，设 $DE=EC=x$，则 $AE=2x$，所以 $AC=3x$，又 $AC=2\sqrt{5}$，所以 $x=\dfrac{2\sqrt{5}}{3}$. 在直角三角形 DEC 中，$CD=\sqrt{2}DE=\dfrac{2\sqrt{10}}{3}$.

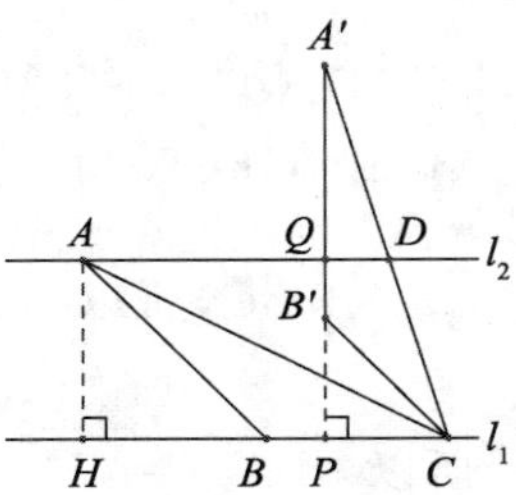

图 4-18

解法二：如图 4-18 所示，作 $AH\perp BC$ 于点 H，延长 $A'B'$交 l_1 于点 P.

因为 $AB=\sqrt{2}BC$，$BC=AH=2$，所以 $AB=\sqrt{2}AH=2\sqrt{2}$，所以$\angle ABH=45°$，$\angle ABC=135°$. 由题意可知$\angle BCB'=45°$，$\angle A'B'C=\angle ABC=135°$，所以$\angle PB'C=$

$45°$，$\angle B'PC=90°$.

在直角三角形 $B'PC$ 中，$B'C=BC=2$，$PC=PB'=\sqrt{2}$. 因为 $A'B'=AB=2\sqrt{2}$，所以 $A'Q=A'P-PQ=3\sqrt{2}-2$. 又 $l_1 /\!/ l_2$，所以 $\frac{A'P}{QP}=\frac{A'C}{CD}$，即 $\frac{3\sqrt{2}}{2}=\frac{2\sqrt{5}}{CD}$，所以 $CD=\frac{2\sqrt{10}}{3}$.

② 在$\triangle ABC$ 中，若 $AC=\sqrt{2}BC$.

如图 4-19 所示，作 $AH\perp BC$ 于点 H，因为 $AC=\sqrt{2}BC$，$AH=BC$，所以 $AC=\sqrt{2}AH$. 在直角三角形 AHC 中，$\sin\angle ACH=\frac{AH}{AC}=\frac{\sqrt{2}}{2}$，所以 $\angle ACB=45°$，$AH=HC$，$BC=HC$，即点 H 与点 B 重合. 又 $\angle ACA'=45°$，所以 $CD=AB=2$.

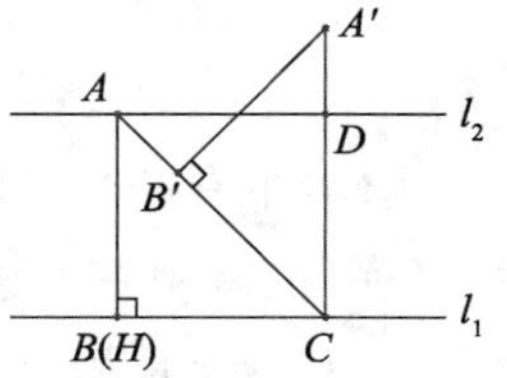

图 4-19

综上所述，$CD=\frac{2\sqrt{10}}{3}$或 2.

以上解法似乎没有什么问题，可是优等生会有这样的疑惑或者预见：压轴题最后一问仅有 2 个解吗？是否还有其他情形？假如没有题中的图 4-14，还能画出怎样的图形呢？带着这样的疑惑重新思考，就有成功突围的可能了.

事实上，还存在图 4-20、图 4-21 两种可能.

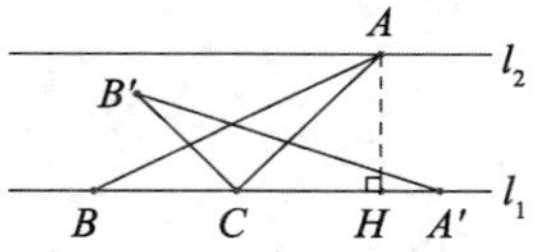

图 4-20

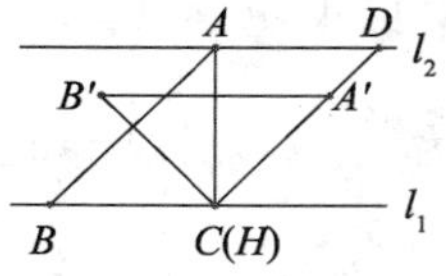

图 4-21

① 在$\triangle ABC$ 中，$AC=\sqrt{2}BC$.

图 4-20 中，$\triangle ABC$ 是“等高底”三角形，BC 是“等底”，所以高 $AH=BC$. 因为 $AC=\sqrt{2}BC$，所以 $AC=\sqrt{2}AH$. 在直角三角形 AHC 中，$\sin\angle ACH=\frac{AH}{AC}=\frac{\sqrt{2}}{2}$，所以$\angle ACH=45°$.

$\triangle ABC$ 绕点 C 按顺时针方向旋转 $45°$得到$\triangle A'B'C$ ，点 A'在直线 l_1 上，所以

$A'C /\!/ l_2$，即直线 $A'C$ 与直线 l_2 无交点.

② 在$\triangle ABC$ 中，$AB=\sqrt{2}BC$.

图 4-21 中，作 $AH \perp BC$ 于点 H，因为 $AB=\sqrt{2}BC$，$AH=BC$，所以 $AB=\sqrt{2}AH$. 在直角三角形 AHB 中，$\sin\angle ABH=\dfrac{AH}{AB}=\dfrac{\sqrt{2}}{2}$，所以$\angle ABC=45°$，$AH=HB$，所以 $BC=BH$，即点 H 与点 C 重合，所以 $AC\perp l_1$. 由旋转图形的性质可知$\angle ACA'=45°$. 在直角三角形 CAD 中，$\cos\angle ACD=\dfrac{AC}{CD}$，即$\dfrac{\sqrt{2}}{2}=\dfrac{2}{CD}$，$CD=2\sqrt{2}$.

综上可得，$CD=\dfrac{2\sqrt{10}}{3}$或 $2\sqrt{2}$ 或 2.

根据中考阅卷情况，题(3)得分率较低，能够画出图 4-20、图 4-21 的考生约占全市总考生数的千分之三. 为什么会出现这种现象呢？这可能与教师在平时教学中采用“题海战术”有关，注重训练的题量，而忽略了题质，加强了广度学习，缺少了深度研究. 几何问题的深度学习，除了对结论多样化的探究外，还要考虑图形的各种可能性.

四、教学启示

(一) 教学生解题也是一种意志的教育

教育部在《关于全面深化课程改革　落实立德树人根本任务的意见》中，明确把核心素养的内涵界定为“学生应具备的适应终身发展和社会发展需要的必备品格和关键能力”，其中品格(非智力因素)的核心因素是坚毅力，能力(智力因素)的核心因素是创造力. 因此，考生要想成功解决一道数学压轴题，克服困难的“坚毅力”和勇于挑战的“创造力”是必不可少的.

把解题认为是纯粹的“智力活动”是错误的，决心和情绪也起着重要的作用. 当学生要解决对他来说并不容易的题目时，需要学会面对失败，锲而不舍，看到希望坚持下去，然后全力以赴. 在平时的教学中，教师要注重培养学生百折不挠的学习精神，哪怕是思维中断，解决问题的决心也不动摇.

(二) 让思维生长

题(3)是“新定义”问题的拓展，实质上是一道几何中的计算问题. 图形中的计算主要考查学生基于几何图形证明的综合素养. 学生既要具备图形探究能力，又要具备数据分析能力.

在几何问题教学中,同一题往往在不同的图形中会有相同或类似的结论,教师要让学生感受到图形变化的魅力,从而激发学生的好奇心,探明"图变,法不变"的奥妙,提升学生的数学思维能力.

在几何证明教学中,在发现一种证明方法之后,教师要积极引导学生找到其他证明方法,正所谓"带着两个锚航行更安全".

在单元复习、小结与思考、期中期末复习中,不要以"狂做""刷题"之术吞噬学生的时间和精力,阻碍学生的能力发展和素养提升.

教师要善于激疑布惑,问题探究好像探险未知领域一样,除了果敢,更需要经验和方法.在平时的解题训练中,要善于运用类比、联想等方法拓展解题思路,尝试深度研究,并让思维不断延伸、不断生长.

第五章 数感培养之“体验学习”

第一节 “体验学习”理论溯源探析

一、“体验学习”理念阐释

“体验学习”源自杜威的“经验学习”. 它是一个人经历反复体验、体悟、体认的思维创新实践活动，是对情感、态度、价值观的内省体察. 体验学习有助于学生在观察实验、分析综合、化归提炼中进行数学抽象，提升数感思维、直观想象、数学建模等关键能力.《课程标准》指出：“学生学习应当是一个生动活泼的、主动的和富有个性的过程，除接受学习外，动手实践、自主探索与合作交流同样是学习数学的重要方式. 学生应当有足够的时间和空间经历观察、实验、猜测、计算、推理、验证等活动过程.”体验，即通过亲身经历、观察、体会，在实践活动中认识事物性质和规律的一种心智活动. 数学体验学习是指学生亲身参与和经历教师精心设计的数学活动和情境中，通过认识、观察、体验、猜想、反思、互动和感受，在实践中获得数学知识、技能、思想方法、情感、态度和价值观的学习方式. 初中数学体验学习既符合《课程标准》的理念，重视学生通过体验学习知识；也符合初中生数学学习的规律，能跨越抽象思维的障碍，提高数学学习的乐趣.

二、“体验学习”特征分析

(一) 让数学学习“生动”起来

苏霍姆林斯基曾说：“学习如果具有思想、感情、创造、美和游戏的鲜艳色彩，那它就能成为孩子们深感兴趣和富有吸引力的事情.”数学教材上的内容不是学生可以直接体验的内容,体验学习需要教师根据教材内容和学生已有知识创造可供体验的情境,设计能促进学生思考和感悟的案例或问题,连接能引发学生体验的经验. 因此,数学的知识在体验学习中不再是冷冰冰的教科书知识,也不是浅层次的认知性知识,而是可以感受、联想、激活、操作的生动、有趣、丰富的体验性内容.

(二) 让数学学习“行动”起来

数学不是单纯的记忆,而是操作、思考与表达. 体验学习要让学生的手、眼、口、脑都动起来,手动起来操作,眼睛动起来观察,头脑动起来思考,嘴巴动起来表达,调动全身的器官参与到学习中,让身体在场域的学习中,让生命融入数学的学习中. 体验就是主客体融合的中介,只有以体验为核心的学习才能实现学生素质的真正发展. 因此,新一轮基础教育课程改革突出强调学生在学习行动中的亲身体验,不仅仅是学习行为方式的变革,也是学习思维方式的转变,更是学习行动方式的改变.

(三) 让数学学习“灵动”起来

体验学习是学习者参与、亲历特定的数学活动,主动认识或验证数学对象的特征,获得一些数学活动经验,在亲历中理解并建构数学知识、发展数学能力、产生情感、生成意义. 体验学习与探究学习、合作学习、自主学习等新课程倡导的许多学习方式都有交叉、重叠的关系. 数学实验注重在外部操作中的探索、发现和验证,而数学体验不仅包含以上行为,更注重内隐感知、领悟和自我建构. 体验学习正是通过体验,让学生的心灵参与进来,体验成长的意愿,体验自我的独特,体验情感的美好,体验思维的魅力. 在体验学习中,心灵伴随着感知觉进入学习当中,学生才能真正作为主体主动、积极地展开有意义的学习. 当体验学习真正触及学生的心灵深处,才会在学科育人的数学实践中,让学生的数学学习真正灵动起来.

第二节 “体验学习”创获数感培养

一、“体验学习”与数感培养

数学家弗赖登塔尔曾经说过:与其说是学习数学,还不如说是学习“数学化”. 学习是一种体验,数学学习是一种数学体验. 数学体验贯穿数学学习的全过程,数感培养贯穿数学能力发展的全过程，两者互为促进，互为补充，互为关联．数学体验以体验为核心，实现学生素质的真正发展，微观上体验“横纵向”的数感培养过程，中观上体验“再创造”的数学化过程，宏观上体验“结构化”的生活化逻辑．从“三观”的维度来看，情感是体验学习的根本，体验学习力求深化数感形成深度体验，通过积极的情感体验，数学课堂中不同程度的数学化、不同层次的体验、不同层级的理解相互交织融合，形成多种学习方式交互的生态思维场，既能促进学生素养的形成、实践和创新能力的发展，又能兼顾教学效益．体验学习从单一的形式化理解发展到具有关联性的结构性理解，有助于学生的数感培养和知识理解层级的跨越．体验学习强调数学化的过程，关注直接经验和间接经验的结合，尊重学生的感受、体验、价值取向和独特见解，蕴含高度的生命价值与意义．数学的思维方式、数感的发展路径、探索世界的方法、辩证的思想、理性的精神都将融入生命，得以延续和发展，并在现实世界中无时无刻发挥着作用，体验学习能有效促进学生数感的培养与发展．

二、“体验学习”的价值取向

数学学习离不开数学体验，体验学习是以数学学习的知识、技能、思想方法和情感、态度与价值观为载体，并通过学生个体的思考获得的思维积淀．学科核心素养是育人价值的集中体现，是学生通过学科学习而逐步形成的正确价值观念、必备品格和关键能力．学生个性化积淀到一定程度后就会深化为自己独特的数学领悟，使得自己能够迅速理解数学知识，逐步掌握数学思想方法，最终形成数学素养．在体验取向的数学教学中，完成数学知识的意义建构往往不是一蹴而就的，必须通过对数学体验活动进行回顾、反刍、提炼、总结，将感性直觉升华为理性指导，促进所学内容的内化与迁移，注重内省反思、外化体悟和自我建构．体验学习的一切活动都是围绕“生活逻辑”去开展的，数学课堂是体验学习的场域，数学体验除了数学活动中的动手操作、调查方面的亲身实践、软件媒体的数学实验，还包括思维领域的数学探究．主张深度体验，是为了消除传统教学模式带给学生的实践活动不足的弊端，从而将以“考试”为取向转变为以“人的发展”为取向，促进教育目标的实现．在目前的体制下，数学课堂应是有意义的接受学习，教师引导下的动手操作，自主探索、合作交流等多种学习方式交互的生态思维场，不同程度的数学化、不同层次的体验、不同层级的理解相互交织融合，既能保障学生素养的形成、实践和创新能力的发展，又能兼顾教学效益. 社会发展对数学教育提出了更高要求，而建构观下的数学体验学习与数感培养是数学核心素养落地、实现人的全面发展的有效途径.

三、"体验学习"实践创新

学生数学核心素养的形成与提升离不开学生的经历、体验与探索. 在课堂教学中，教师应把握数学学习的教学起点，找准学生具有普适性的活动体验，让学生在课堂进程中能充分利用不同体验学习知识，形成技能，创新思维. 体验学习致力于在情感体验中引出概念，在行为体验中探索辨析，在认知体验中评价反思，有助于在体验活动中培养学生的数学抽象、数学建模、数学运算和逻辑推理能力，关注学生的人文情怀和应用意识. 体验学习有助于学生形成正确的价值观念，有助于培养学生必备的数感思维，有助于提升学生数学的关键能力. 体验学习通过内省反思产生了认知体验，培养了学生数感，内化于心、外化于"形"，通过创设贴近学生的教学情境，提出合适的数学问题，引发学生的思考与交流，从而把握数学本质，发展数学学科核心素养，使学生领略数学的科学价值、应用价值和文化价值，形成正确的价值观念. 体验学习将动手操作与动脑思考紧密结合，主动探究与意志努力相互促进，其实践创新的显著效能是激发学习兴趣、调动内在动机、引发智力参与、实现持续发展，有利于学生体验成功获得感、磨炼意志力、增强自信心. 体验学习的深度决定了数感素养提升的广度和高度，通过体验能促进学生深化理解相关表层知识，感悟蕴含在知识深处的知识与技能、数学思想方法、情感与观念，有利于学生掌握基础知识、形成基本技能、感悟思想方法和积累活动经验，在实践创新中为发展学生关键能力提供支柱.

第三节 "体验学习"典型教学案例

案例一 函数

一、教学目标

通过简单的实例，了解常量与变量的概念，弄懂常量与变量的区别和联系，能分清实例中的常量与变量；了解函数的概念和表示方法，并能说出一些函数的实例；体会事物之间是相互联系、运动变化的，体验函数是研究运动、变化的数学模型；培养学生的观察、比较、分析、归纳、概括能力.

二、教学重、难点

1. 重点：掌握函数的概念；能把实际问题抽象概括为函数问题.

2. 难点：理解函数的概念；判断两个变量之间的关系是否可看作函数.

三、学情分析

学生已学习了实数的运算、平面直角坐标系的相关知识，会根据实际问题列一次方程(组)及解方程组，知道字母可以表示数，知道方程中的未知数求出来后也是一个“已知数”，从“静态”的角度理解字母所表示的数.学生的生活经验中存在一些朴素的函数实例，依托学生熟悉的生活实例，引导学生认识抽象的函数的概念符合学生的认知规律.

函数的概念把学生由常量数学的学习引入变量数学学习中.“函数”较为抽象.学生初次接触函数的概念时，难以理解定义中“唯一确定”的准确含义.本节试图从学生较为熟悉的现实情景入手，引领学生认识函数的存在和意义，体会变量之间的互相依存关系和对应关系，借助生活实例，初步理解函数的概念.

四、教学设计

(一) 创设情境、导入新课

师：来到建湖的时候，发现道路变宽了，走进课堂的时候，相对于小学阶段，同学们长高了，所掌握的知识也增多了……实际上，世界时时刻刻都在变化. 今天我们从数学的角度来观察、感受、认识这个世界的变化. 来建湖之前，老师先到加油站加油……

(二) 常量、变量的概念

1. 探究问题

情境1：在加油机给汽车加油的过程中，涉及几个量？哪些量保持不变？哪些量是变化的？

生：当时的汽油单价为7.45元/升，数值保持不变，油量和金额变化.

情境 2：加完油，在汽车行驶的过程中，哪些量保持不变？哪些量是变化的？

生：行驶的时间变化，速度变化，汽车与起点、终点的距离变化. 盐城到建湖的总路程不变.

师：我们发现，在运动变化的过程中，有些量的数值保持不变，有些量的数值是变化的.

情境 3：汽车油箱中原有 40 L 油，行驶过程中每小时耗油 5 L，若行驶的时间为 x h，油箱中剩余的油量为 Q L. 哪些量是变化的？哪些量没有变化？

师：在刚才几个情境中出现的量，有些量保持不变，有些量发生变化. 为了区别这两种量，我们把它们分别叫作常量和变量.

2. 形成常量、变量概念

在某一变化过程中，数值保持不变的量叫作常量.

在某一变化过程中，可以取不同数值的量叫作变量.

3. 应用常量、变量概念

找一找：

(1) 在圆的周长公式 $C=\pi d$ 中，常量是________，变量是____________.

(2) 如果弹簧测力计原长 10 cm，每 1 kg 的重物能使弹簧伸长 0.5 cm，设重物质量为 m(kg)，那么受力后弹簧测力计的长度为 l(cm)，常量是________，变量是________.

师：判断一个量是常量还是变量，需要看两个方面：① 看它是否存在于一个变化过程中；② 看它在这个过程中的取值情况.

说一说：举出生活中某些变化的例子，并指出其中的常量和变量.

师：看来，同学们都是生活中的有心人，也都善于思考.

(三) 函数的概念

1. 探究问题

探究一

师：生活中存在许多常量和变量，例如，水库蓄水的问题.

已知水库的水位与蓄水量情况如表 5-1 所示.

表 5-1

水位/m	106	120	133	135	…
蓄水量/m^3	2.30×10^7	7.09×10^7	1.18×10^8	1.23×10^8	…

师:表格中有哪些量?

生:水库的水位和水库的蓄水量.

师:它们是常量还是变量?

生:变量.

师:水位高低与水库的蓄水量有什么关系?

生:水位变化时,蓄水量也在变化. 水库的蓄水量随着水位的升高而增大,随着水位的下降而减少.

师:这些数据已让我们更清楚地感受到这两个量的变化.

师:当水位高度一定时,蓄水量确定吗?

生:确定.

生:从表中可以看出,水位为 106 m 时,蓄水量为 2.30×10^7 m^3;水位为 120 m 时,蓄水量为 7.09×10^7 m^3……

师:对于给定的每一个水位,蓄水量有几个值与它对应?

生:一个.

师:同学们说得很好! 对于给定的每一个水位,蓄水量都有唯一的值与它对应.因此,工作人员就能根据测得的水位,及时报告水库蓄水量.

探究二

师:老师看到水库里小鱼游来游去,想到一个搭小鱼的游戏.(幻灯片)

师:如图,搭一条小鱼需要几根火柴棒?

生:8 根.

师:两条呢?

生:14 根.

师:三条呢?

生:20 根.

师:你们有什么发现呢?

生:每多搭一条小鱼需增加 6 根火柴棒.

师:你们能说出搭小鱼过程中的常量和变量吗?(给学生思考时间,让 5 个同学来说说)

生:常量:搭一条小鱼需要的火柴根数(8);每多搭一条小鱼需增加的火柴根数(6).变量:所搭小鱼的条数;总共需要的火柴数.

师:同学们都在积极思考,很不错!那火柴的根数 S 与小鱼的条数 n 有什么关系?这两个变量有怎样的内在联系呢?(用刚才分析问题的方法来研究)请同学们思考一下!

生:当小鱼的条数变化时,火柴的根数随着变化.火柴根数随小鱼条数的增加而增加,随小鱼条数的减少而减少,当小鱼条数确定时,火柴根数也确定.

(可让多个学生补充回答)

师:同学们真会思考!按这样的方式,如果我想搭 4 条小鱼,需要多少根火柴棒呢?你们发现了什么?在搭小鱼的过程中,当小鱼条数确定时,所需火柴的根数确定吗?设小鱼的条数为 n,火柴的根数为 S.当 $n=1$ 时,$S=8$;当 $n=2$ 时,$S=14$;当 $n=3$ 时,$S=20$.由此可以得出,搭 n 条小鱼时,火柴根数 $S=8+6(n-1)$.

给定小鱼条数,所需火柴根数对应几个值?小鱼条数每取一个值时,所需火柴的根数就有唯一的值与它对应.

探究三

师:在平静的水面上掷一枚石子,会形成波纹.变化中的波纹可以看作一个不断向外扩展的圆.这个过程中,有哪些变量?

生:圆的半径、圆的面积.

师:你们能用语言描述变化中圆的面积与其半径大小之间的关系吗?如果圆的半径是 10 cm,请问圆的面积确定吗?唯一确定吗?

生:圆的面积随半径的变化而变化,当半径确定时,圆的面积也随之确定.当半径每取一个值时,圆的面积就有唯一的值与它对应.

2. 归纳变化过程中的共同特征

师:以上列举的生活中的例子,尽管反映的实际问题不一样,但是它们仍具有一些共同点,你们能找出来吗?这些例子分别用表格、关系式、语言给出了实际问题,其变化过程有哪些共同之处?

（学生和小组同伴交流，共同完成）

师生总结：三个实际问题的共性为：（提炼特点）它们都有两个变量，记为 x、y，其中一个变量随另一个变化而变化．当 x 每取一个值时，y 都有唯一确定的值与其对应．

3．抽象形成函数的概念

师：当一个变量变化过程中，两个变量具有了上述三个基本特征时，我们就说它们之间具有函数关系，从而得到函数的概念：

一般地，如果在一个变化过程中有两个变量 x 和 y，并且对于变量 x 的每一个值，变量 y 都有唯一的值与它对应，那么我们称 x 为自变量，y 为 x 的函数．

（学生体会函数的定义）

师：回头看前面的实例，现在可以用函数的思想来理解其中两个变量间的关系了吗？

师生总结：在水库蓄水的过程中，水位是自变量，蓄水量是水位的函数；在搭小鱼的过程中，小鱼条数是自变量，所用火柴根数是小鱼条数的函数；在波纹逐渐变化的过程中，半径是自变量，圆的面积是半径的函数．

4．巩固函数概念

师：同学们的思维真活跃，说明大家对函数已有了一定的认识，让我们在一个熟悉的问题中进一步加深理解．同学们有信心吗？

师：我们一起来看这样一个程序：当 $x=1$ 时，对应 y 的值是多少？当 $x=2$ 时，对应 y 的值是多少？当 $x=-1$ 时，对应 y 的值是多少？这个变化过程中，有几个变量？

师：对于变量 x 的每一个值，变量 y 有几个值与其对应？y 是 x 的函数吗？

按图 5-1 输入一个实数 x，便可输出一个相应的实数 y，请判断 y 是 x 的函数吗？

输入 x → $+2$ → $\times 5$ → -4 → 输出 y

图 5-1

师：可以从函数的三个方面说明 y 是 x 的函数．如何判断呢？

生：两个变量中，一个变量随着另一个变量的变化而变化，当一个量确定时，另一个量也随之确定．

师：看来同学们都在认真地思考，努力地学习．相信下面的问题也难不倒你们．

师:既然同学们这么深刻地理解了函数,那么我们从函数的角度看看中国古代的一种计时工具——沙漏.(教师展示实物,图 5-2)

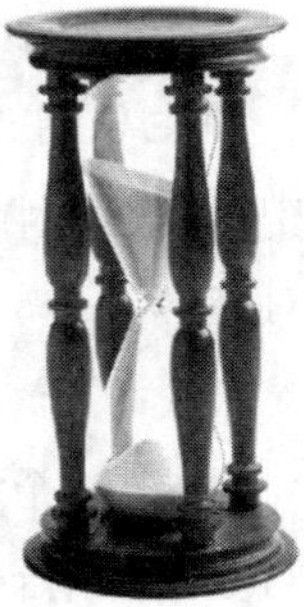

图 5-2

(幻灯)"沙漏"是我国古代一种计量时间的仪器,根据一个容器里的细沙漏到另一个容器中的数量来计算时间.请说出该变化过程中有哪几个变量?请说出这个变化过程中的自变量.

生:该变化过程中有两个变量,漏到另一容器中细沙的数量和经过的时间.其中,漏到另一容器中细沙的数量是自变量.

[设计意图] 巩固变量、函数等概念,让学生充分体会许多问题中的变量关系都存在函数关系.

小组交流.(先独立思考,再小组交流)

师:你还能举出一些类似的实例吗?指出自变量和因变量.

(让学生举例的同时判断其是不是函数,并说明理由)

小组活动:如图 5-3,用 10 m 长的绳子围成长方形.

图 5-3

师:在这个背景下,你能设计出存在函数关系的问题吗?

上面的问题中,两个变量互相关联,当其中一个变量取定一个值时,另一个变量有唯一确定的值与之相对应.

[小结提升] 学习了本节课,你对函数有怎样的认识?你有哪些疑惑?

[结束语] 我们生活在变化的世界里,函数揭示了变量之间的关系,希望同学们进一步学好函数的知识,进而用函数的思想认识事物运动变化的过程.同学们,让我们一起合上书本,掩卷而思,函数是变量之间的关系,函数揭示了变化中的内在联系.感悟生活,世间万物皆相通,事件前后皆因果.大胆设想,如果用函数的方法去描述我们的生活,那就不难展望我们的未来.学好函数,用好函数,将使我们一生受益.

五、课后反思

对学生而言，实际应用是难点．教师在实际问题的教学中应注意以下几点：

（1）切实体现教材的设计意图．在教学设计中要体现以下目的：① 进一步训练学生的建模能力；② 进一步提高学生利用数形结合分析和解决问题的能力；③ 使学生体会函数是解决生活实际问题的有效模型，进一步提高学生解决实际问题的能力．

（2）要根据学生实际．在教学中根据学生的实际水平，对于难度较大、综合性较强的问题要分步引导，将复杂问题分解为若干个简单问题，步步深入，由易到难，寻求答案．

案例二　可能性的大小

一、课题(学科和年级)

本节课选自苏科版数学八年级下册第 8 章 8.2 节“可能性的大小”．

二、教材分析

本节内容属于“统计与概率”领域的基本知识，是基于第 7 章数据分析前提下，从多维视角认识“古典概型”和“几何概型”，为学生认识概率、学习“等可能条件下的概率”做准备，也为高中阶段深入学习统计与概率等知识打基础．

可能性的大小是学生基于对数据分析、频数频率、确定事件等概念的基础上对随机事件反映的统计规律进行的数学表征，是抽象化、精准化、数学化的描述随机现象统计规律的数学工具，是帮助学生对随机现象做出理性预测、判断、决策的依据，是学生学习统计与概率知识的重要基础．

三、学情分析

八年级学生在小学阶段已经对“可能性的大小”有了初步了解，在初中阶段学生又进一步学习了数据分析、频数频率、随机事件等统计知识，积累了一些“统计与概率”的基本经验，学生能从生活情境中抽象提炼随机事件、随机数据、随机模型等随机现象．基于此，引领学生对随机事件进行数学化、符号化、结构化思辨，依托生活实际，通过理性辨析，体悟本质规律，为在活动体验中进一步学习概率等统计知识做铺垫.

四、目标预设

1. 通过对生活中的随机事件感觉、感受、感悟的过程，了解随机事件的意义、内涵、价值，初步体会随机事件发生的可能性是有大有小的.

2. 经历“猜想—试验并收集、整理、描述数据—分析试验结果”的体验活动过程，体会随机事件发生的随机性和规律性.

3. 引导学生从多角度、多方位、多维度提出问题、分析问题、解决问题，在发现、生发、发展中生长数学，提升数学抽象、随机观念、数据分析等学科素养.

五、教学重、难点

1. 重点：以“抛掷立方体”和“转盘试验”为载体，理解“几何概型”和“古典概型”中随机事件发生的可能性大小.

2. 难点：依托“摸球试验”尝试活动，理解随机事件发生可能性大小的本质，并能进行数学表征.

六、设计思路与理念

1. 设计思路：回归生活，回归学材，回归试验，依“生活线—活动线—数学线”串联课堂，梯次拔节，生长数学. 具体流程如图 5-4 所示.

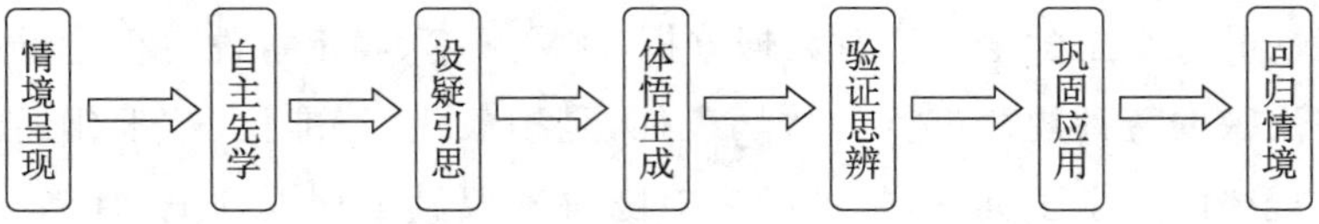

图 5-4

2. 设计理念：可能性的大小是描述现实生活中随机事件发生规律性的有效工具，是学习概率知识的重要基础. 本设计通过引导学生猜想、试验、思辨，体会随机事件发生的可能性大小. 由于随机事件比较抽象，因此教学时引入“情境化”，作为学生学习新知识的“背景”和“支撑”，提炼活动经验时再从“情境化”转入“数学化”，有效达成由感性到理性的认知目标. 经验的数学化提炼应立足感性认识、分化本质、感悟抽象、应用思辨 4 个步骤，设计符合学生的认知规律和心理特征，有利于学生在“引悟—感悟—顿悟—慧悟—思悟”中理解随机事件发生可能性大小的本质.

七、教学方法

师生合作法、生生合作法、小组合作法、分类讨论法、类比归纳法等.

八、教学过程

(一) 创设情境,引悟随机

情境 1:展示章头图及日常生活中的图片(图 5-5),感受随机事件.

情境 2:观察图片,你有哪些发现?

(a)　(b)　(c)　(d)

图 5-5

情境 3:章首问题(摸球试验):如图 5-6 所示,一只不透明的袋子中装有 3 个红球、2 个白球和 1 个黄球,这些球除颜色外其他(大小、重量)都相同.

(1) 从袋子中任意摸出 1 个球,摸到的球可能是什么颜色?

(2) 从袋子中任意摸出 1 个球,摸到哪种颜色的球的可能性最大?

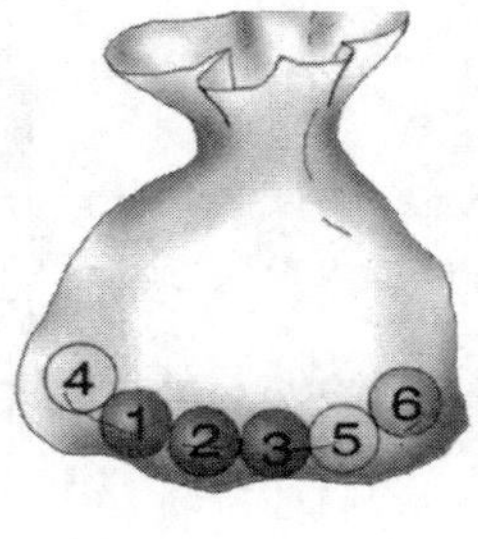

图 5-6

(3) 如果将每个球都编上号码,分别记为1号(红)、2号(红)、3号(红)、4号(白)、5号(白)、6号(黄),那么摸到1～6号球的可能性一样吗?

师生活动:教师拿出课前准备的“摸球试验”相关材料:

(1) 让每一位学生现场摸球体验,并对结果进行数据统计.

(2) 结合统计数据分析,提出问题:随机事件发生的可能性一样吗?

(3) 回顾上节课所学的不可能事件、随机事件和必然事件.质疑:它们发生的可能性又如何呢?(板书课题)

[设计意图] 情境创设是在遵循教材编写意图的基础上进行的设计,章首图、章头图、章首问题的充分利用有效实现了回归学材,唤醒学生的知识储备和已有经验,让学生在生活中发现随机现象,感悟随机事件的本质及内涵,并依托随机试验进一步加深理解,进而激发学生学习源动力.

(二) 自主先学,感悟随机

自学指导:

(1) 学一学:独立自学教材第41～42页练习前面的内容.边体会、边思考随机事件发生的可能性大小.

(2) 比一比:6分钟后,谁能说出随机事件发生的可能性大小有什么特征?

师生活动:请2个合作小组4人上讲台自学展示“抛掷立方体试验”和“转盘试验”,让学生在黑板上写出自己的发现,其他同学在座位上自主操作试验、猜想思考.教师巡视,准确地了解学生的自学情况,及时表扬自学得又好又快的学生,并要求学生根据图5-7和图5-8将“抛掷立方体试验”和“转盘试验”的结果分别填入表5-2和表5-3,进行猜想验证.

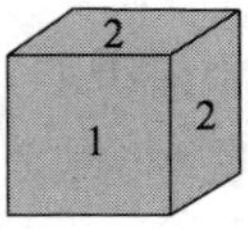

图 5-7

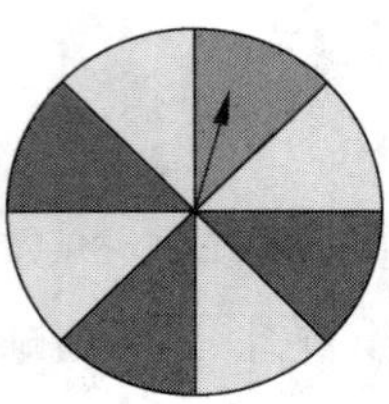

图 5-8

表 5-2

试验结果	划记	频数	频率
向上一面的数字为 1			
向上一面的数字为 2			

表 5-3

试验结果	划记	频数	频率
指针落在红色区域			
指针落在黄色区域			
指针落在绿色区域			

[设计意图] 先学后教，教会学生学，尊重主体，面向全体，真正实现“让学引思”，把课堂彻底还给学生. 通过学生自主感知生活中的随机现象，以数学试验为载体，进一步验证化归得出：在日常生活中，随机事件发生的可能性有大有小，这种随机性与规律性可以用数学试验来验证.

(三) 体验生成，理解随机

通过学生自主学习和思考，老师引导学生进行如下数学试验操作活动：

1. 掷一掷(抛掷立方体试验)：如果将这个小立方体六个面依次标上数字 1，2，3，4，5，6，任意抛掷立方体，当它落地时：

(1) 朝上的点数会有哪些试验结果？

(2) 先后抛掷 2 次，又会有哪些试验结果？填写表 5-4.

表 5-4

试验结果	频数	频率
2 次点数相同		
2 次点数不同		

(3) 如果全班同学每人抛掷 2 次立方体，记录朝上的点数的数字，并计算出 2 次点数之和. 思考：2 次点数之和会有哪些可能的结果呢？抛掷若干次后，点数之和是几的可能性比较大呢？

师(追问)：在这些结果中，它们发生的可能性一样吗？你们认为哪些结果发生的可能性大?

试验验证:将试验结果填入表 5-5.

表 5-5

两个点数之和	频数	频率
2		
3		
4		
5		
6		
7		
8		
9		
10		
11		
12		

师生活动:动手实践,合作学习,小组认真活动后得到结果,每组的统计记录员将结果填入黑板上的表格,班长完成全班的数据和. 验证后讨论得出:抛掷立方体结果可能性有大有小,事件可能性的大小可以通过试验来估计.

[设计意图] 抛掷立方体试验有助于学生感受"古典概型"中随机事件发生的可能性大小. 通过渗透统计与概率之间的联系,依托频率来估计随机事件发生可能性的大小,通过样本的有关数据对总体的可能性做出估计,符合学生的年龄特点和认知规律,使学生乐于操作、体验、体悟,有效提升了学生的随机观念.

2. 转一转(转盘试验):如图 5-9 所示,转盘被分成 8 个面积相等的扇形.

(1) 转动转盘 1 次,指针会落在哪种颜色区域上?

(2) 指针落在哪种颜色区域上的可能性大?

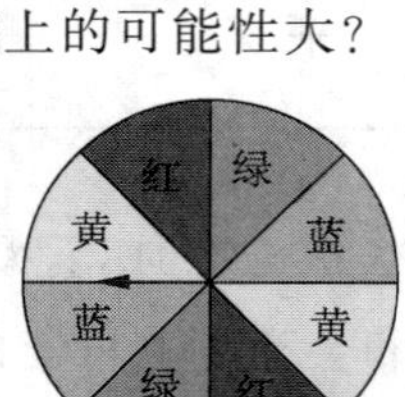

图 5-9

(学生参与操作,积极思考,生生评价)

师:根据刚才的思考,对转盘做涂色变动,如表 5-6 所示.

表 5-6

红色	黄色	蓝色	绿色
1	5	1	1
2	3	1	2
3	1	2	2
4	2	1	1
5	1	1	1

师:指针指在红色区域的可能性大小与什么有关?

生(讨论得出):红色区域面积越大,指针在红色区域的可能性就越大.

师生总结:随机事件的可能性大小与面积有关.

[设计意图]　转盘问题有助于学生感受“几何概型”中随机事件发生的可能性大小. 本环节问题设计由简单到复杂,由浅入深,体现了活动开展的层次性. 在合作学习的过程中,随着学生之间不同程度的交流和互相配合、互相帮助,增强了他们的集体荣誉感和责任感,以及交际能力和合作能力.

3. 想一想:“抛掷立方体试验”和“转盘试验”有什么联系和区别?

(学生思考、讨论、交流联系与区别. 教师适时点拨启迪学生总结归纳)

联系:两个试验中的事件都是随机事件,每个事件发生的可能性都有大有小.

区别:“抛掷立方体试验”的结果包含有限个单位事件,“转盘试验”的结果包含无限个单位事件.

[设计意图]　通过引导学生对活动体验的再认识、再思考,在对比、甄别、提升中思辨区别与联系,对古典概型和几何概型加深印象. 同时依托合作活动,让学生的思维在讨论与交流中互相启发、互相提高、互相发展,充分发挥学习共同体的价值功能.

4. 摸一摸(摸球试验):参考教材第 42 页尝试活动.

如图 5-10 所示,5 只不透明的袋子中各装有 10 个球,这些球除颜色外其他都相同.

(1) 将球搅匀,分别从每只袋子中任意摸出 1 个球,摸到白球的可能性一样大吗？为什么？

（2）将袋子的序号按摸到白球的可能性从小到大的顺序排列.

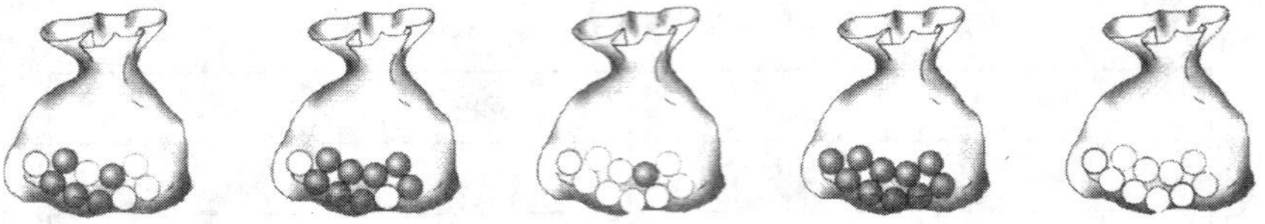

图 5-10

（学生通过操作、试验、记录、交流，感悟摸球试验中随机事件发生的可能性大小，合作完成试验并将统计结果填入表 5-7）

表 5-7

试验结果	频数划记	频数	频率
摸到白球			
摸到红球			

师（追问）：摸到白球的可能性与哪些因素有关呢？

生（讨论得出）：在摸球试验中，每次摸到的球的颜色是随机的，摸到每个球的可能性是一样的，摸到白球的可能性与白球的数量以及总的球数有关.

［设计意图］ 摸球试验有助于学生对随机事件发生的可能性做出定性的描述. 通过设计巧妙合理的问题，为学生创造更广阔的思维空间，学生在自主活动中不断地探究问题、发现问题、总结问题，有效培养了学生分析和解决问题的能力.

（四）学思共生，知识运用

1. 下列成语或词语所反映的事件中，可能性最小的是（　　）.

A. 流水不腐　　B. 夕阳西下　　C. 旭日东升　　D. 守株待兔

2. 某公司年终举办现场抽奖活动，抽奖箱中有特等奖奖券 2 张，一等奖奖券若干张. 随机抽取一张，如果抽到一等奖奖券的可能性较大，那么抽奖箱中一等奖奖券的张数可能是（　　）.

A. 1　　B. 2　　C. 0　　D. 3 或 3 以上

3. 中国象棋是中国的传统游戏，现将黑方象棋子背面朝上，放在平桌上搅匀.

（1）从中任取一个是“将”；

(2) 从中任取一个是“马”；

(3) 从中任取一个是“卒”.

以上三个事件中哪个事件发生的可能性最大？哪个事件发生的可能性最小？为什么？

4. 如图 5-11 所示，一个转盘被平均分成 12 份，每份上写有不同的数字. 游戏方法：先猜数后转动转盘，若指针指向的数字与所猜的数一致，则猜数者获胜.

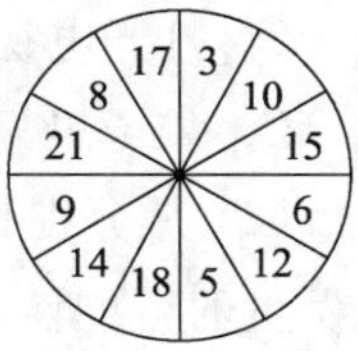

图 5-11

现提供三种猜数方法：

(1) 所猜的数是“偶数”或“奇数”；

(2) 所猜的数是“大于 15 的数”或“不大于 15 的数”；

(3) 所猜的数是“5 的倍数”或“不是 5 的倍数”.

如果你是猜数者，你愿意选择哪一种猜数方法？怎样猜？说明理由.

5. 请你设计一个摸球游戏，使得摸到红球的可能性比摸到白球的可能性小，摸到黄球的可能性比摸到白球的可能性大.

[设计意图]　数学来源于生活，又服务于生活. 原创选题贴近学生生活实际，依托学生已有经验，唤醒学生知识储备，赋予学生思想、感情、创造的自由，以学生自我发展为中心，形成独立思考的习惯，提高学生的数学综合素养.

(五) 回归情境，畅谈收获

关于情境 3“摸球试验”的问题，你能通过做试验来验一验吗？

1. 情境 3 的问题你会解决了吗？

2. 本节课你有哪些重要收获？请和同桌或者全班同学交流.

3. 教材 42 页“摸球试验”尝试活动中，可否用一个具体的“量”来刻画这些随机事件发生的可能性大小？(请同学们课后继续思考，下节课展示交流)

[设计意图]　回归情境、回归学材、回归生活，通过学生对问题的思考、总结、交流，培养学生的随机观念，在反思中整理知识，整理思维，整理方法，积累活动经验，深化对随机事件的本质认识.

九、作业评价

1. 自主评价

教材第 42 页练习：第 1 题、第 2 题；第 43 页 8.2 习题：第 2 题.

2. 同级评价

(1) 下列事件发生可能性最大的是(　　).

A. 下个月 18 号盐城市区下雨

B. 掷一枚质地均匀的硬币,落地后正面朝上

C. 打开电视机,正在播放新闻联播

D. 袋子里只有 10 个红球,摸 1 个球一定是红球

(2) 从分别写有 1,2,3,4 四个数字的四张卡片中任意抽出两张,将下列事件按发生的可能性从小到大排列,并写出简要的依据.

① 和是奇数;② 和是偶数;③ 积是奇数;④ 积是偶数.

(3) 某班有 45 名学生,其中男生 24 名,女生 21 名,用学号抽签的方式从班级中抽取 1 名学生参加学校组织的数学解题能力竞赛.

① 你认为抽到奇数号学生的可能性大,还是抽到偶数号学生的可能性大? 为什么?

② 你认为抽到男生的可能性大,还是抽到女生的可能性大? 为什么?

③ 你认为抽到学号为 3 的倍数的可能性大,还是抽到学号不是 3 的倍数的可能性大? 为什么?

(4) 图 5-12 所示是某商场搞促销活动的一个大转盘,转动转盘,当转盘停止后指针指向哪个区域就可获得该区域中的物品. 问:

① 获得哪种物品的可能性最大?

② 获得哪种物品的可能性最小?

③ 商家为什么要这样设计?

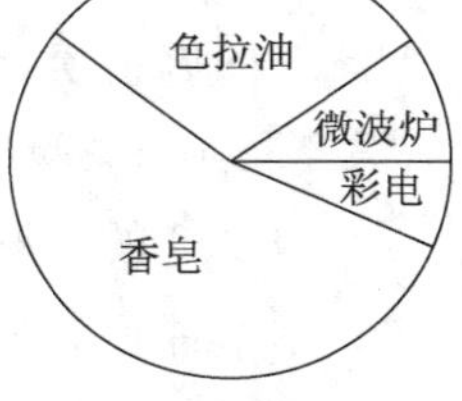

图 5-12

3. 创新评价

请同学们自己动手设计一个随机事件游戏,在班级与同学们分享,并把设计理念及设计意图写成一篇数学创作小论文,在一周之内交给老师. 老师期待你们的创新作品,加油,同学们!

[设计意图]　通过自主、同级、创新评价,进一步加深对随机事件发生可能性大小的理解和运用,既能考查学生对随机事件的本质理解,又能加强对随机事件的随机性与规律性的验证、思辨和迁移,让学生写数学小论文主要是培养学生的创新能力和表达能力.

十、板书设计

8.2　可能性的大小		
随机事件 1. 可能性 2. 有大有小	PPT 展示	老师示范解题
学生板演、展示区域		

第四节　“体验学习”课堂实践成果

实践成果一　体验学习：初中生数感培养的教学初探

——以“科学记数法”教学为例①

一、教学缘起

数感是对数的一种直观感受.《课程标准》提出：“在数学课程中，应当注重发展学生的数感，建立数感有助于学生理解现实生活中数的意义，理解或表述具体情境中的数量关系.”也就是说，发展数感应该让学生亲身参与、亲自体验，获得对数、数量及数量关系的感悟. 体验学习源自杜威的“经验学习”. 它是一个人经历反复体验、体悟、体认的思维创新实践活动，对情感、态度、价值观的内省体察. 体验学习有助于学生在观察实验、分析综合、化归提炼中进行数学抽象，提升数感思维、直观想象、数学建模等关键能力. 下面以苏科版数学七年级上册第 2 章 2.7 节“科学记数法”（第 2 课时）教学为例，探索如何在体验学习中有效培养学生的数感.

① 王国强. 体验学习：初中生数感培养的教学初探——以“科学记数法”教学为例[J]. 中学数学教学参考，2020(23)：14－17.

二、教学简介

（一）内容分析

“科学记数法”是有理数的乘方的教学拓展，它基于“有理数”单元起始课中对数的全新认识，在有理数乘方的基础上，对较大数的表达方式构建模型，为学生学习实数、数据的收集、整理与描述以及数据的分析等重要知识做准备．“科学记数法”在小学教材中为发展学生数感需求已有所涉及，学习这节课有助于学生对数的认识领域的扩大以及对数的认识经验的积累，有助于学生深度理解数学建模、数学化归的思想方法，有助于学生在教学干预中发展良好的数感品质．

（二）目标确定

《课程标准》指出：“建立数感有助于学生理解现实生活中数的意义，理解或表述具体情境中的数量关系．”基于七年级学生在小学对较大的数已有一定接触，积淀了一些感性体验，为体现回归生活、积累经验、有效干预的目标主旨，笔者通过本节课的教学，引领学生经历对大数据的初识、再识、深识，从导学、导疑、导练、导悟中进行深度感悟，学生自主尝试、探究、归纳，掌握科学记数法的本质、内涵及方法，获得大数据化归的技能，传递数字信息，发展学生的数感．

（三）教学重、难点

1．重点：体验现实情境中数的意义，经历科学记数法的记数过程，理解科学记数法的记数特征，发展学生数感．

2．难点：理解科学记数法的记数特征．

（四）设计思路

本节课借助新媒体辅助教学，整个过程学生都在自主思考、动手实践和合作交流，学生主动去发现、提出、分析、解决问题，并通过“让学引思”将课堂的主动权彻底还给学生．从“让学引思”的角度设计教学活动流程（图 5-13），从“体验学习”的视角，让学生经历“体察—体问—体探—体悟—体味”的过程，发展学生的数感，如图 5-14 所示．

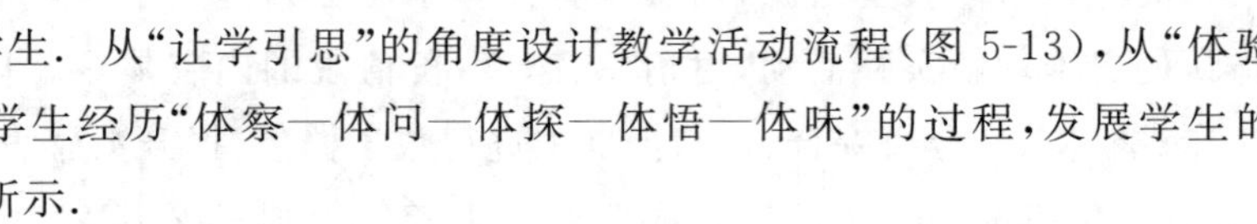

图 5-13

图 5-14

三、教学简述

(一) 创设情境,体察“大数”

问题 1:2020 年新冠肺炎疫情期间,全中国人民众志成城,不断刷新抗击新型冠状病毒的惊人成果. 通过全球疫情相关数据图表,你有什么发现?

生 1:从数据来看,截至 2020 年 6 月 5 日,全国累计确诊 84617 人.

生 2:截至 2020 年 2 月 24 日,全国海关共验放疫情防控物资 20.2 亿件,其中口罩 16.3 亿只,日均进口口罩 5093 万只,全国日消耗口罩约 5.3 亿只.

……

学生展示课前收集到的有关较大数、较小数方面的素材.

生 3:我国发射的“嫦娥二号”卫星在完成对月(距离约 38 万公里)勘测之后飞到拉格朗日点,距离地球 150 万公里.

生 4:微米和纳米是物质的长度单位,1 微米等于一百万分之一米,1 纳米等于十亿分之一米.

生 5:中国“天眼”能接收到 137 亿光年以外的电磁信号,这个距离接近宇宙边缘.

……

问题 2:号称我国“拉面大王”的厉恩海四次打破吉尼斯世界纪录,他曾用 1 千克面粉拉出 1268776.96 米长的面条. 地球赤道一圈大约长 40000 千米,你能估算出大概需要多少千克面粉,拉出的面条总长能绕地球赤道一圈吗?

生 6:直接用 40000 除以 1268776.96.

生 7:不行,首先应将 40000 千米转换成 40000000 米,统一单位后,计算 $40000000 \div 1268776.96$.

生 8:有计算器就方便了!

师(追问):这里只要求估算,有没有更好的方法? 这就是我们今天这节课要探究的内容.(板书课题)

[**教学说明**] 情境引入是基于中国人民“众志成城,抗击疫情”的背景下进行的设计,旨在引导学生从生活现实的数据解读、剖析中感悟对数据的科学统计优势. 同时基于学生的数学现实,在对错误方法辨析讨论中引导学生探析数的意义. 从生活现实与数学现实两个角度体现学习“科学记数法”的必要性,进而让学生在对“数”的感觉、感知、感悟的基础上,学会用数学的眼光观察世界.

(二) 自主先学,体问意义

学生自学教材第 52~53 页,练习前面的内容.

问题 3:谁能说说“先见闪电,后闻雷声”的缘由?(图 5-15)

图 5-15

生 9:从人的视觉和听觉方面来看,应该是眼睛先看到,耳朵后听到.

生 10:从速度的角度来看,应该是闪电的速度 300000000 m/s 远远大于雷声的速度 340 m/s.

师:对于这些较大的数,我们常常借助计算器加以运算,大家会操作吗? 计算器上显示什么数?

生 11:先将数据输入计算器,再按“=”键,便可显示结果.

生 12:在计算器上输入人体红细胞数 25000000000000,计算器上显示的结果

是 2.5×10^{13}.

师(追问):2.5×10^{13} 是什么意思呢?

生 13:2.5×10^{13} 就是 25000000000000,可能是它的缩写.

……

[**教学说明**]　回归学材,先学后教,突出主体,依托“先见闪电,后闻雷声”自然现象的自主探索,明晰光速和声速的关系,体会较大数据的功能作用,培养学生在数据体验中发展数感. 通过追问学生怎样用计算器显示较大数据的验证操作,引导学生获得对较大数据的内涵体认,有效实现“让学引思”,把课堂真正还给学生.

问题 4:25000000000000 怎样表示可以更简明?

生 14:可以将小数点向左移动 12 位,数字变成 25,但是要保证值相等,应当乘以 1000000000000,即 $25000000000000=25\times1000000000000$.

生 15:根据前面有理数乘方的知识,我们知道 $1000000000000=10^{12}$,所以 $25000000000000=25\times10^{12}$.

师(补充):一般地,我们将 25000000000000 的小数点向左移动 13 位,简明地表示为 2.5×10^{13},现在大家理解计算器上“2.5×10^{13}”的意思了吧?

师:请用类似的方法表示 3000000×600000000 的结果.

生 16:$8000000\times600000000=4800000000000000=4.8\times1000000000000000=4.8\times10^{15}$.

[**教学说明**]　在学生自主学习的情况下,引发学生对简明表达形式必要性和优越性的思考,通过计算器记数方式的追问,思考如何科学记数,从而为形成科学记数法概念提供载体,突出概念形成、概念同化的过程,从而获得数感体验.

(三) 关注概念,体探本质

问题 5:利用课前收集的大数,和你的同桌用简明的方式表示. 这种表示方法有什么共同的特征吗? 它的一般形式是什么?

生 17:这些大数都可以表示为 $a\times10^{n}$.

生 18(追问):这里的字母 a 和 n 的取值范围是什么呢?

生 19:a 是一个整数位只有一位的数,a 满足 $1\leqslant a<10$.

生 20:指数 n 根据原数的整数位数来确定,n 等于原数的整数位数减 1.

师(追问):除了从数位角度确定,是否有其他确定方法呢?

生 21:表示形式中,指数 n 还可以根据小数点移动位数来确定,小数点向左移动几位，n 就等于几.

（教师板书）科学记数法：一般地，一个大于 10 的数可以写成 $a\times10^n$ 的形式，其中 $1\leqslant a<10$，n 是正整数，这种记数法称为科学记数法.

师（追问）：那么用科学记数法表示的数能还原吗？

生 22：用科学记数法表示的数能还原，可以逆向运用科学记数法.

师（追问）：用科学记数法可以表示负数吗？请大家分组讨论.

生 23：不可以，因为 a 的范围是 $1\leqslant a<10$.

生 24：可以，结果可能还是负数.

……

师：通过刚才同学们的研学探讨发现，科学记数法可以表示负数，a 的范围可以扩展为 $-10\leqslant a<10$.

［教学说明］ 通过类比学生从整数位数视角确定指数 n 的方法，引导学生从小数点移动的视角探析 n 的确定方法，体会从多层面、多视角分析问题的方法，在数位感悟中发展学生数感，进而通过对科学记数法记数范围的深入思考，适时追问，并延伸到课后，使“让学”和“引思”的课堂教学方法得到充分体现，高效引领学生体验建模、具象感知，逐步学会用数学的思维思考世界.

（四）让学引思，体悟方法

例 1 下列记数方式是科学记数法吗？请说明理由.

（1）12×10^3； （2）0.03×10^{-5}； （3）10×10^7； （4）-0.3×10^5.

例 2 用科学记数法表示下列各数：

（1）2020； （2）686000000 km； （3）-2019.03； （4）1 亿 8 千万.

例 3 不用科学记数法写出下列各数：

（1）1.6×10^3； （2）-4.25×10^6； （3）3.0×10^8； （4）-1×10^{10}.

例 4 2007 年 10 月 24 日，我国成功发射“嫦娥 1 号”探月卫星（图 5-16）. 经绕地调相轨道、地月转移轨道飞行后，“嫦娥 1 号”于 11 月 7 日顺利进入绕月工作轨道，共飞行 326 h，行程约 1800000 km，其中在地月转移轨道飞行了 436600 km. 试用科学记数法表示这两个行程.

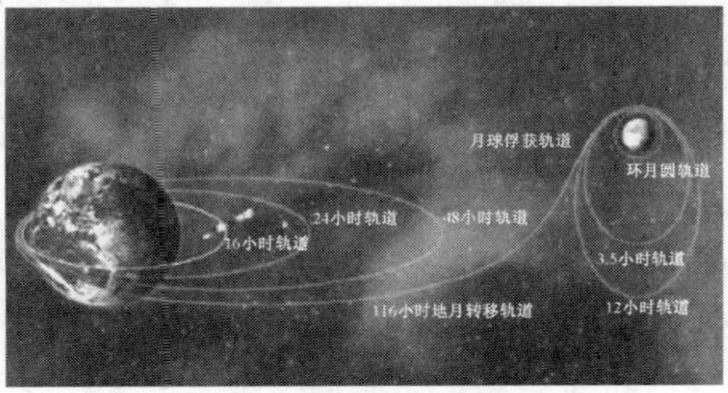

图 5-16

变式拓展:光年是天文学中使用的距离单位,主要用于度量太阳系外天体的距离,1 光年≈9.46×10^{12} 千米. 纳米是表示微小距离的单位,1 纳米相当于 1 毫米的一百万分之一. 换句话说,1 米=10^{9} 纳米. 试解答下列问题(结果用科学记数法表示):

(1) 你知道 1 千米是多少纳米吗?

(2) 你知道 1 光年约是多少纳米吗?

[教学说明] 例 1 通过概念辨识训练,促进学生深度理解科学记数法的内涵本质,厘清思维;例 2 从记数的视角加强科学记数法的运用,激活思维;例 3 依托学生数感思维,从还原数的视角让学生在逆向思考中延伸思维;例 4 回归学材,收中有放,设“悬”立“疑”,变式训练,将天文问题转化为数学问题,让学生深度研学,思向远方.

(五) 回顾小结,体味数感

问题 6:情境问题你会解决了吗?

生 25:可以将 40000000 米表示为 4×10^{7} 米,将 1268776.96 近似为 1.3×10^{6},容易知道 $40000000\div1268776.96\approx(4\times10^{7})\div(1.3\times10^{6})$,根据乘方的意义可知,上式可化简为 $40\div1.3$.

师(追问):上完本节课你有哪些重要收获?请和同桌或者全班同学交流.

生 26:我学会了如何运用科学记数法表示较大数,知道了它的表达形式 $a\times10^{n}$ 中 a 和 n 的确定方法.

生 27:我学会了如何运用计算器表示较大数,知道了如何在实际问题及其变式中灵活运用科学记数法解决问题.

生 28:我学会了对于较大数可以转换其形式,从数据直观体验的视角去比较、分析,进而获得对数和数量的感悟,提炼解决问题的最佳方法.

……

[教学说明] 回归情境，拓展探究，提高能力，升华数感，引导学生从不同视角回顾本节课所学的内容，反思其中的数学思想方法，引发学生更深层次的思考，促进学生认知结构与思维品质的优化.

四、教学思考

(一) 体验抽象，用数学眼光观察“大数”

章建跃博士提出：“概念教学必须体现概念的形成过程，理解数学、理解教学、理解学生是数学教学质量的根本保证.”体验抽象是学生亲历概念的初识、再识、深识，挖掘其内涵、本质及外延，经历实验验证、逻辑推理、感悟建模，理解教材编写意图，理解学材育人主旨，理解学情现状需求. 科学记数法是一种对较大数的表示方法.学生在对“数”的感觉、感知、感悟的基础上，对数据特征、数位特性、数感特点用数学的眼光进行观察体验. 本节课首先引导学生通过情境问题驱动，开门见山，让学生在对“大数”的初步感觉的基础上，对数与数量关系进行观察、猜想、感悟，拓展思维宽度，用数学的眼光审视“大数”，发展学生数感. 进而，教师追问学生“对发现的问题有没有更好的解决方法?”转换问题思考角度，引导学生对计算器以及科学记数法的进一步研讨，激发学习源动力，深度体会学习科学记数法的必要性，为明确“为何要学习科学记数法”以及“如何学习科学记数法”做好准备，为学生自主学习、抽象概念做好铺垫，突出概念形成、概念同化的融合优化，顺应认知心理学的概念获得理论，有效提升数学体验.

(二) 体验推理，用数学思维思考“大数”

《课程标准》指出：“推理是数学的基本思维方式，也是人们学习和生活中经常使用的思维方式，推理能力的发展应贯穿于整个数学学习过程中.”数学推理作为学生必备的数学素养，对逻辑思维提出了很高的要求，对于概念的形成要求完全符合学生的认知规律和思维逻辑. 本节课通过学生自主先学，经历对“先见闪电，后闻雷声的缘由”的问题思考，激发学生思维——认识“大数”；借助计算器操作显示“2.5×10^{13} 是什么意思”的追问驱动，发散学生思维——深识“大数”；引入对“25000000000000 怎样表示更简明”的深入探析，深化学生思维——再识“大数”；通过“你能用类似的方法表示 8000000×600000000 的结果吗”的类比练习，训练学生思维——真识“大数”，让学生在对“大数”简明表达形式的抽象思考中，在对“大数”螺旋递进式的深度感知中，领悟学习科学记数法的必要性和优越性，创新思维深度，优化学生数感；借助数位移动的证实化归，提炼“大数”的科学记数方法，高效培养学生直觉思维、形象思维、抽象思维．整个活动流程中，教师“真让会引”，学生“善学真思”，在做中学、行中研、思中悟，进而深入体验、深入思维、深入思考．整个体验学习过程充分考虑活动以及问题的必要性，力求体验、推理、感悟深刻，让学生在发现、发明、发展中生长数学，培养数感．

（三）体验建模，用数学语言表达“大数”

数学建模是体现学生对生活世界的理解和表达的一种思维创新，它的形成要经历“生活语言—数学语言—符号语言—验证语言”的数学活动过程，有助于创新教学方式和学习方式，有助于深度思考数学知识之间、数学与其他学科之间、数学与生活之间的联系，促进知识之间的融合跨界．在学生弄清“为何要学习科学记数法”以及“如何对大数进行简明表示”这两个关键问题之后，通过小组讨论归纳“大数”简明表示方法的共性特征，提炼构建科学记数法的表示模型“$a\times10^n$”．让学生在追问“字母 a 和 n 的取值范围是什么”的深度研学中，从数位和小数点移动这两个不同视角，深思问题背后的真相，引领学生在质问、追问、疑问、思问中体探科学记数法的本质特征，创新数感思维，深度体验“$a\times10^n$”的模型特征．构建数学模型流程如图 5-17 所示．

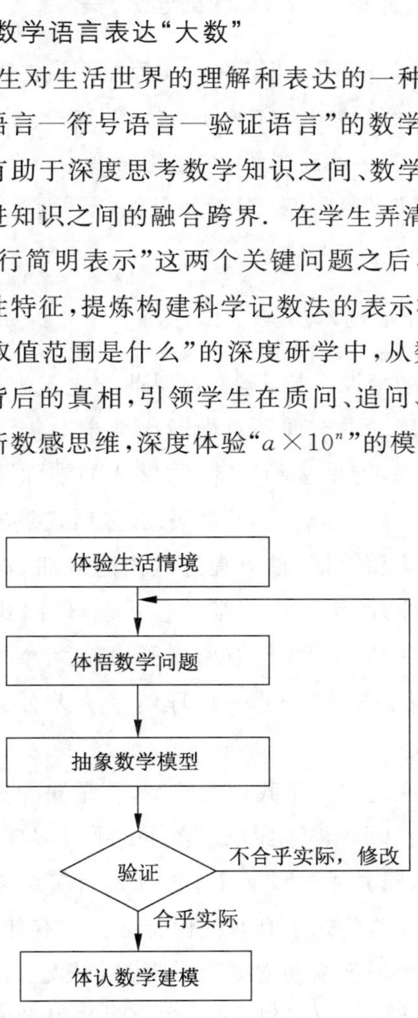

图 5-17

数感培养的探究之路还很长．本课例从多层次、多视角进一步体验了“科学记数法”的本质和内涵，而研究制订“基于体验学习前提下的数感培养”方法和策略应该成为我们今后教学实践的主要方向．在引领学生体验数感的学习中，笔者将以“创生幸福”和“智慧生活”为主线，以生活体验数感，提炼情境化素材；以活动体悟数感，促进学科融合跨界；以实验体认数感，彰显科学育人观；以问题升华数感，促进目标有效达成；以思维创新数感，提升能力和素养．

实践成果二　融合“四基”本质，体悟数学之“美”①

“大家学过多项式乘以多项式吗？”在这句简短而直白的情境引入中，学生的思绪被刘老师巧妙地唤醒，借此展开对“平方差公式”这一知识的探究，进而在回归本质中激活思维、在创生公式中活跃思维、在优化拓展中飞跃思维，有效达成融合“四基”本质、体悟数学之“美”、发展学科素养的目的．下面笔者从四个方面谈谈对本节课的观课思考．

一、回归——内化于心的本质美

为充分了解本节课的授课主旨，笔者观课前首先了解了本节课的教材版本及其在教材中的地位与作用．本节课源自浙教版数学七年级下册第 3 章 3.4 节，是“乘法公式”教学的起始课，也是基于第 3 章“整式的乘除”单元教学中对于数式运算规律的全新认识．在学生初步了解了单项式、多项式乘法的基础上，对多项式乘法的特殊变化的本质体验和感悟，抽象提炼其内隐规律，构建平方差公式模型，理解多项式乘法的结构化原理，为下一步学习整式运算、因式分解、方程及函数等知识做准备．平方差公式在小学阶段已有所涉及，日常生活中的很多常识也与平方差公式有关．上述知识储备对学生进一步理解平方差公式的本质内涵有很大的帮助．

法国艺术大师罗丹说过：“对于我们的眼睛，不是缺少美，而是缺少发现．”新课伊始，刘老师用简洁的语言引领学生回归“多项式乘以多项式”，唤醒学生的知识储备、活动经验、探究热情，同时通过观察几个式子的计算结果提出质疑：怎样的两个二项式相乘结果有两项？这些式子有何共性特征？你有什么发现？从而激活学生思维、引发学习兴趣，学生积极主动尝试用字母表示自己发现的规律：$(a+b)(a-b)=a^2-b^2$．在这个环节中，学生经历了观察、猜想、思考的内化过程，对平方差公

① 王国强．融合“四基”本质，体悟数学之“美”[J]．中学数学教学参考，2021(11)：29－31．

式的本质——多项式乘以多项式有了初步的认识，并从文字语言、符号语言两个不同层面进行了数学表达，促使公式的本质在回归理解中扎根于心，产生对公式本质美的向往，并能主动地去参与接受整个活动过程，学生在深度体会中切实感受公式的本质美. 这样的回归引领有助于学生深入理解多项式乘法中的特殊变式，有助于学生在平方差公式的本质回归中真心体验，有助于学生在质疑、猜想、发现中真心体悟，为进一步验证、应用、优化平方差公式做铺垫，有效降低了学生抽象概括出一般结论的难度，高效提升了学生对知识点和目标点的理解深度，助力学生在回归体悟中内化于心，发现、感受、欣赏公式的本质美.

二、生成——外化于“形”的结构美

特级教师卜以楼提出：“教给学生有生长力的数学，让学生在发现、发明、发展中生长数学.”他的教学主张回归教学原点、反哺生命成长、彰显数学力量. 刘老师这节课充分体现了生长数学的理念，尤其是在学生通过拼图验证猜想时，首先提出从整体的视角利用拼图验证我们所发现的规律. 当学生拼出一个图形时，刘老师又追问：验证一个结论用一个图形是不够的，是否有其他拼法？同学们互帮互助、操作思考、外化于“形”，建构了平方差公式的形结构（图 5-18）. 此环节的探究中学生自主操作、自主合作、自主生成，将内化的平方差公式雏形外化于“形”结构，完美呈现了自己思维深处的结构美. 同时，在展示自己的想法表述中，用自己在观察与反思中感悟的“图形变化，面积相等”的数学事实，对形结构做了详细解释，体会“变”中存在的“不变”，有效渗透“数形结合”的思想，理解从图形中直观抽象平方差公式的几何意义，从面积中建构平方差公式的代数意义，从结构中共生融合“式”与“形”的数学之美，自然地将“形结构”转化成“式结构”（图 5-19），学生的思维在发现、生发、发展中提升到了新高度，结构的美感给学生的无意注意带来新鲜感，进而激发感知、刺激感官、生成感悟，在形结构与式结构的融合生成中创生平方差公式的结构美.

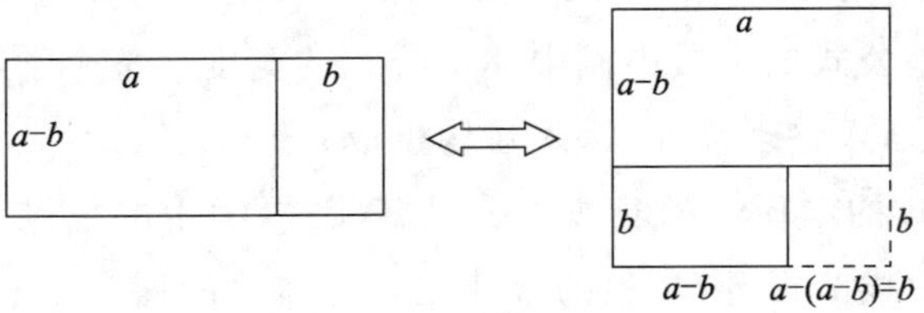

图 5-18

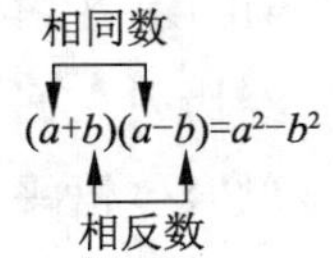

图 5-19

在公式建构经验的基础上，学生又回归教材思考3个问题：① 平方差公式用符号表示是__________；② 平方差公式用文字表述是__________；③ 平方差公式中字母 a，b 可以表示__________. 经过总结归纳、严谨推导、相互完善，得到“两个数的和与这两个数的差的积，等于这两个数的平方差”. 同时深入研究了公式中字母 a，b 的内涵本质，即可以代表实数、单项式、多项式. 此环节通过观察公式的两边，体会公式的结构特征，引领学生经历合情推理到演绎推理的过程，将情境引入中的猜想以及拼图验证活动中的发现加以论证，体验数学的抽象性. 整个过程中，刘老师始终围绕基础知识、基本技能、基本思想、基本活动经验（以下简称“四基”）展开教学，在数形结合思想的驱动下以学生的“学”为中心，以活动“经验”为载体，以自主“生成”为目标，深入理解了平方差公式是多项式乘以多项式的特殊形式，把握了其本质特征，凸显了学生发现、发明、发展的生长思维，生成了外化于“形”的“形结构”与“式结构”美，培养了学生从特殊到一般的抽象概括能力，提升了学生的数学学科素养.

三、融合——深化于意的思想美

数学思想是在认知空间形式和数量关系的过程中，通过问题、活动、思考理解知识本质的数学思维活动的结果. 数学思想是数学课堂教学的核心，是提高学生数学能力和思维品质的重要因素，更是提升学生学科素养的关键因素. 特级教师吴海宁提出：“体悟数学是基于数学核心素养的体悟学习，数学学习在本质上是体悟思想的过程，是促进学生元认知能力提升的过程.”体悟数学教学主张契合当前课改需求，顺应学科育人需求，适应学生发展需求. 学生通过体验、参与在活动中切身体会，在实践中真实感受，数学思维在一次次拔节中顿悟、领悟、感悟、省悟. 本课例的教学思想方法“从一般到特殊”贯穿始终，在特殊化的研究探索中建构思维策略（图5-20），并围绕“四基”逐层升级. 学生在阅读与思考的自主学习中领悟平方差公式的深度，在运用平方差公式思辨运用、直接运算、简便运算、拓展运算中感悟公式的广度，在内化平方差公式的本质内涵中体悟公式的宽度. 整个学习过程中，学生经历引入回忆旧知、渐入整理碎片、深入建构生成、潜入灵活运用、浅出顺应内化，融合体悟平方差公式的本质——多项式乘以多项式，学生的思维在切入点、关键点、转折点、落脚点中拔节提升，学生的素养在融合体悟的课堂生态环境、学习架构、思维场域中自然发展，学生的美感在心智发展中体悟生成，学生的思想美在融合意境中灵动生成.

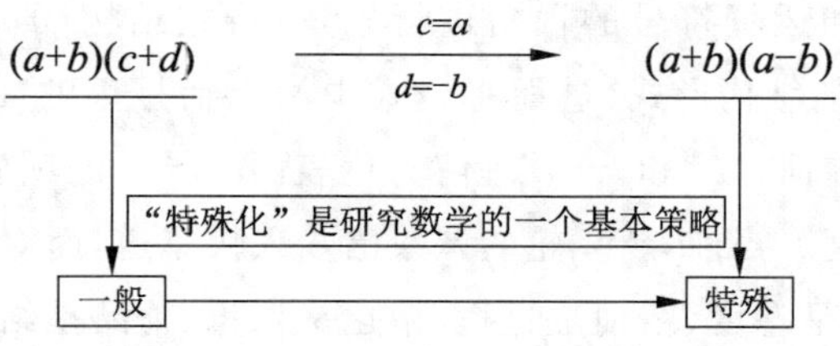

图 5-20

四、共生——优化于境的创新美

章建跃博士提出:“四基”“四能”是通向核心素养的桥梁. 立德树人、学科育人、发展核心素养是新一轮课改的重点方向,数学学科承载着学科育人的神圣使命,在形成人的理性思维、科学精神、智力发展中起着重要作用,学科大概念、结构化、主题化、情境化是形成育人合力的共生策略,精准教学、深度教学、创新教学是融合优化的课堂教学新视点. 本节课依托“四基”,体悟“四能”,回归“共生”,刘老师始终把握“多项式乘以多项式”这个本质,在情境中共生公式本质,在拼图中共生公式结构,在运用中共生公式功能,在拓展中共生公式价值,注重从多角度、多层面、多方位对学生加以引导启迪,深入对平方差公式的概念本质的理解,优化对平方差公式的运算路径创新,整合对平方差公式的隐性资源开发. 特级教师华应龙说过:“错误是最好的教育资源.”这节课在拓展练习中对$(3+1)(3^2+1)(3^4+1)(3^8+1)$的结构探索中,刘老师始终把握“结构在变,结果不变”的数学道理,引领学生在思辨式结构$(3-1)(3+1)(3^2+1)(3^4+1)(3^8+1)$中深度理解平方差公式的运算方法,在正视错误、理解错误、纠正错误中挖掘错误的成因、抓住错误的价值、融合错误的本质,衍生课堂共生资源,促进学生主动建构、智慧发现、融错为宝,传递思维正能量、创新思维新境界,从问题驱动、操作驱动、学思驱动情境中引领学生体悟平方差公式的本质,特殊化研学公式的外延关联,努力实现有结构、有逻辑、有源头的精准化教学,促进学生关键能力和良好品质的形成. 整节课教学自然、灵动、共生,深度融合了“四基”本质,实现了问题驱动、探究活动、交流互动的完美统一,彰显了激活心动、促进身动、引发神动的创新策略,坚持了学得主动、教得生动、氛围灵动的优化标准,激活了学生的学习潜能,激发了学生的内驱力和主动性,让学习真正成为学生成长成才的源动力,在优化于境的思维共振共生中创新数学美.

教学有法，教无定法. 对于平方差公式中两个数的理解，笔者认为：可以尝试从两个数的性质符号和运算符号的视角进行思辨，将式结构$(a+b)(a-b)$转变为$[a+b][a+(-b)]$的结构形式，进而将公式中两个括号里的"a"理解为代表两个同号的相同项放在前面，"b"和"$-b$"理解为代表两个异号的项放在后面，这样可以降低学生理解的难度. 当前，新一轮的课改已步入快车道，面对人工智能引领的智慧教学的需求，精心是态度、精细是过程、精化是保障、精品是结果. 我们在改课中一定要注重对数学原理本质的理解，回归生活、探寻源点、降低起点，力求在创新教学中将核心素养从一个抽象的概念变成看得见、摸得着的行动，在融合"四基"的本质探索发现中体悟数学之"美".

实践成果三 "重视练习梯度设计，提升巩固训练效度"

——以整式乘法(第1课时)教学为例[①]

巩固训练是课堂教学的重要组成部分，担负着固化新知、构建网络的重任，因此，巩固训练题的设计也是大有讲究的. 我们应随着学生对知识认知的不断加深，呈现难度递增的配套练习，以及时巩固新知，提升学生的应用能力. 然而，在一节随堂课观摩中，教者所设计的练习只有深度，没有梯度，让学生解答交流的热度降低，课堂应有的温度下降，教学效果并不理想. 现呈现这节课的部分练习，并谈一些个人看法.

一、"整式乘法(1)"的练习设计及简析

(一) 新知获得后的即时巩固

练习背景：教师根据预设情境，引导学生抽象出"单项式乘单项式"的运算法则，需要一定的练习对刚刚获得的法则进行巩固.

练习设计：

辨一辨：

(1) $4a^2\cdot 2a^4=8a^8$； ( )

(2) $6a^3\cdot 5a^2=11a^5$； ( )

(3) $(-7a)\cdot(-3a^3)=-21a^4$； ( )

---

① 王国强."重视练习梯度设计，提升巩固训练效度"——以整式乘法(第1课时)教学为例[J]. 中学数学，2019(4)：9－11.

(4) $3a^2b\cdot4a^3=12a^5$.　　　　(　　)

教学过程简述:教师逐题投影,让学生判断对错并交流错因、纠正错误.由于刚学法则,学生对四道题的判断并不是十分清楚,在交流时,很多时候是老师与少数优秀学生间的对话,大多数学生保持了沉默.

简析:在法则归纳后,对其进行即时巩固,这是很正常的.但由于这里是运算法则,而非基本概念,以“辨析”的形式巩固是对法则的逆向应用,既需要计算,又需要比对,在判断出对与错后,教师还提出了修正结果的要求.这样的巩固,不能顺应学生认知发展的方向,原来抽象概念时的“热乎劲”,被迎面而来的“质询”迅速降温,教学效果自然不够理想,因此,笔者建议将上述练习调整为基础计算.

(二) 例题教学后的范式仿写

练习设计:

算一算:

(1) $x^{n+1}\cdot2x$;

(2) $(2a^nb^2)\cdot\left(-\frac{1}{4}a^nb^{n-1}c\right)$;

(3) $(-3a^nb)^2\cdot3a^{n-1}b$;

(4) $(-2a^{1-2n}b)\cdot(-5a^{2n}c^{2n+1})\cdot6b^2c^{n-1}$.

教学过程简述:在教学例题“(1) $(-5a^2bx)(-3a)$;(2) $(2x)^3\cdot(-5xy^2)$”解答交流完毕后,教师投影“算一算”,让学生自主解答,巡视发现部分学生完成到第(3)题时,教师安排4名学生板演.8分钟后,组织交流.板演的题目中,题(1)(2)均正确,题(3)(4)出错,教师请其他同学帮助分析出错原因,并进行纠正,由于教师在例题(2)教学时未明晰运算中先算乘方,导致很多学生都忽视了题(3)中 $-3a^nb$ 括号外的2次方,经过3分钟的讲评,错误被纠正.纵观全班学生的解答情况,班级中绝大多数学生对这种指数中含字母的运算很不适应,出错率极高.看来这样的练习设置与学生的认知需要及知识的发展方向又有了偏差,必须进行适当调整.

简析:按理说,给出了两道例题的解答过程,教师的分析交流到位了,模仿解答几道配套练习是不会出现上面这样的教学状况的,然而由于教师人为加大了运算背景的深度,让指数由数字变为字母,这对尚未学习整数指数幂运算的学生来说,确实难度不小.如此设置,偏离了教学方向,不仅没能起到“巩固法则,应用范式”的作用,反而让学生感到“这个运算好难”,使得原本就对整式运算存在的畏难情绪进一步漫延.如此教学,必然会导致运算能力下降,学习信心下降.因而,建议调整此类例题后的范式训练，采用贴近例题、难度相当的变式训练，以达成应有的效果.

(三) 总结提升后的强化训练

练习设计：

练一练：

(1) 若 n 为正整数，且 $x^{3n}=2$，求 $2x^{2n}\cdot x^{4n}+x^{4n}\cdot x^{5n}$ 的值；

(2) 若 $(x^2y^3)^m\cdot(2xy^{n+1})^2=x^4y^9$，求 m,n 的值.

教学过程简述：在本节课的小结归纳后，教师给出了上述练习，让学生自主解答，虽然也给出了近 10 分钟的时间，但很少有学生能够给出正确的结果和规范的过程. 最终，教师通过讲解给出了正确的过程和结果. 在这种情况下，仍然有很多学生无法理解教师给出的解题过程.

简析：从教学效果看，这两道题所进行的强化训练是失败的. 暂不讨论例题的指向，仅从教学所用的耗时与学生的反应看，教学的效果是很不好的. 就算老师再花些时间，也无法让学生深入理解这两道题目的真正内涵. 细细分析，这两道题既有字母指数参与了运算，又有方程的渗入和等量代换思想的应用，知识层面上的需求已远非本节课所学能够解决的，加之学生的转化能力不强，想要他们给出规范的过程实属不易. 笔者认为，作为一节新授课，虽然有很多运算、方程的知识做铺垫，但是过高的知识要求已经让这两道题的教学偏离了本课时的教学目标. 这样的练习设计非常考验学生的意志力，不少学生会因为“看着就不会”而失去学习的信心. 因而，对这样的练习进行调整是必要的，并且是极为迫切的.

二、练习的优化设计及意图分析

(一) 新知获得后的即时巩固

题组 1

计算：(1) $x\cdot 3x^2$；　　(2) $4y^4\cdot(-xy^2)$；

(3) $(-3x^3)\cdot 4x^5$；　　(4) $(-2a^4)\cdot\left(-\dfrac{3}{4}a^3\right)$.

[设计意图]　这些题目都是非常简单的，不用动笔，口算就可以给出结果. 对于刚刚学过乘法运算法则的学生，用这样的练习进行训练，无疑是最为适宜的. 这样的运算，只需要将法则的简要陈述与具体运算情境(题目)结合起来便可达成结果的“输出”，即时巩固的目的将顺利达成.

（二）例题教学后的范式仿写

题组 2

计算：(1) $(-6x^2y)\cdot(\frac{3}{2}xy^2)$；　(2) $(-2ab^2c)\cdot(3ac^2)$；

(3) $4x^2y\cdot(-3xy^2)^3$；　(4) $(-2x^2y^3)^2\cdot(xy)^3$.

［设计意图］ 四道计算题与例题的形式相似. 题(1)(2)是例题(1)的复制，题(3)(4)是对例题(2)运算过程的应用，四道题无论是过程还是结果，都指向了“范式仿写”这一目标. 这样的练习设计，强化了学生对例题仿写过程的深度感知，确保学生能学到正确的知识，掌握训练有效的技能.

（三）总结提升后的强化训练

题组 3

(1) 下列各式中，运算正确的是（　　）.

A. $3a^3\cdot 2a^2=6a^6$　　B. $2x^2\cdot 3x^2=6x^4$

C. $3x^2-4x^2=12x^2$　　D. $5y^3\cdot 3y^5=15y^{15}$

(2) 计算：

① $(-5a^2b^3)\cdot(4b^2c^2)^2$；

② $(-ab)\cdot(-2a)^3\cdot(-3ab)^2$.

(3) 一个长方体的长、宽、高分别为$(2x)^3$，$(3x)^2$，$2x$，求它的体积.

［设计意图］ 承载“单项式乘单项式”运算的载体是多样的. 本节课的教学，不可能只是“纯式子”的计算情境，还应有更为丰富的生活情境和多样的题型情境. 从形式上看，笔者设计的这组题，无论是题型情境还是项目情境，都是多样的. 此外，与题组 1、2 相比，题组 3 中题目的难度明显增加，虽然没有优化前的练习难，但就这 3 道题而言，对学生提出的应有的思维深度和宽度的要求还是与教学目标紧密契合的. 笔者认为，进入总结提升环节后，应拓宽学生思维的深度，做些与本节课内容相关的有适当难度的题目，但设计时一定要把握好“度”.

三、几点感悟

（一）练习设计的目标一定要明确

既然是巩固训练，自然应突出“巩固”，这就是练习设计的目标. 在我们为一节课设计巩固练习时，既要关注练习的作用，也要关注练习的价值，但目标是第一位的. 没有明确的目标，再好的练习对于课时教学来说也是不适用的. 具体来说，练习设计应是关注环节目标（即课堂中某一时段的教学目标）和课时目标. 课时目标和环节目标虽然都很小，但要把握准确实属不易. 在设计练习时，对课时目标的关注度很高，但对环节目标的关注度却不高，尤其会忽略或淡化教学练习对环节目标达成的作用考量. 本节课没有优化前的练习，与整个单元目标是匹配的，而"辨一辨"与课时目标是完全一致的，但这一练习放在学生获得新知后十分不妥，与环节目标"巩固刚刚学过的乘法法则"不匹配. 因而，笔者对其进行优化，改为简单的"口算题"，为的就是即学即用，以环节目标的达成助推课时目标的实现.

（二）练习设计的层次一定要清晰

课堂教学不能如穿衣服那样"混搭"，尤其是练习的设计，一定要遵循"循序渐进、螺旋上升"的原则. 作为新授课，练习的层次感要强，应具有清晰的梯度，该难的时候就要难，该容易的时候就要容易. 难题、易题的"混搭"，必将会打乱常规教学秩序，任何一次思维的停顿都将会成为干扰教学推进的障碍. 此外，难题、易题的无序训练不能出现在新授课上的原因还有两个：一是学生的思维会随着题目的难易交替不断变化，不利于思维和结构的优化与思维层次的明晰；二是题目的难易交替展示，不利于突出课时的教学重点，导致学生探究的精力耗费在各个时段上，什么地方重要，什么地方不重要，对于注意力不够集中的学生是无法体会到的. 事实上，本节课未优化的练习，自始至终都被加在一个超越本课时目标的高度上，虽然有一定的层次感，但其起点与终点间的间隔并不明显，也就让知识基础薄弱的那些学生从一开始就无法"入格定位"，找到属于自己的解题路径，接下来的问题解决必然是无法实现的.

（三）练习设计的源头一定要准确

在笔者听的这节随堂课"整式乘法(1)"中，随着执教老师教学进程的推进，笔者始终有一个疑惑：他是从哪儿弄到这些练习的？课后，在与执教老师交流时了解到，这些例题来自网络中下载的课件及与之配套的导学案，教者并未进行任何调整和修改. 这种做法十分不妥. 练习设计务求清本正源，设计的根基应是教材，呈现的练习可以略微高于教材，但绝不可偏离教材. 上述执教老师展示的这些练习与教材配套练习相差甚远. 笔者翻看了不同版本的教材，很少见到字母指数的乘除法运算，至少在苏科版初中教材中是这样的，而在笔者听的这节课中，这样的运算却反复出现，对教材的背离让教学效果变差是必然的. 再看看笔者所进行的优化，所有的练习都紧扣教材，甚至有些题目就是教材原题或改编题，将这样的练习适时呈现，效果肯定不会太差. 这就给了笔者一个启示，教材的工具性对教学内容的体现，不应只停留在新的知识与技能上，还应包括用以巩固这些“新知新技”的配套练习上. 教师要用好教材，在教材中找到练习的源头活水，从而达到配套训练效应的最大化.

（四）练习设计的变式一定要多元

一题多变、一题多解、一题多用，是培养学生思维能力、提升学科素养的重要方法. 练习的变式训练，有助于学生在变中求知、变中思维、变中延展. 在“让学引思”课堂教学改革进入纵深的阶段，为践行“让学引思”，应将课堂主动权彻底还给学生，充分体现学生的主体地位，做到“真让会引，善学真思”，实现高效课堂、有效教学. 笔者多次听课、研讨、实践，同时积极参与学校课改实践“基于微型课基础上的集体备课”，从备微课、备教材、备学生、备练习入手，针对练习设计的变式要求，多元化、广视角、全方位地进行研究与创新，努力探寻变式练习的新方法——图形可变、数据可变、条件可变、结论可变、难易可变，从而激发学生的学习兴趣和探究热情，引发学生去探索、去思考、去创新，诱发学生思维的再发散、再联想、再拓展. 从“变”的神奇中吸引学生爱数学、学数学、做数学，进而实现练习设计“由点到线—由线到面—由面到体”的多元化变式，培养学生求异、发散、整合等创造性思维能力，最终实现练习设计由“情境化”向“生活化”转变，贴近实际、贴近生活、贴近活动，让学生通过数学学会思维，在练习的变式中深化思维、拓宽思路、创新求异，力求变出新知、变出新意、变出新法.

第六章 数感培养之"让学引思"

第一节 "让学引思"理念溯源探析

一、"让学引思"理念阐释

随着新课改、新课标、新中考、新高考教育改革的逐步深入，以及大数据、人工智能、"互联网＋"的智能化引领，为践行立德树人根本任务，促进学生全面发展，盐城市2016年以来全面推行"让学引思"课堂教学改革行动，针对当前初中数学课堂存在的一些非常态的问题：牵引痕迹重，学生做不了主；知识点琐碎，学生抓不住本；作业机械化，学生提不起神；活动形式虚，学生找不着北．学生的学习过程停留在疑似学习、浅层学习、碎片学习、虚伪学习的层面，学习能力没有得到应有的发展等．"让学引思"提出了"让学习真正发生"的课堂改革口号．随着课改的不断推进与深入，盐城市已经取得了预期的成果，从根本上改变了教师的教和学生的学的样态，同时也促进了初中数学教育工作者不断反思、不断自省、不断自励．

(一)"让学"与"引思"

德国哲学家海德格尔提出："教师的教比学难，因为教师要让学．""让学"是指让学生亲身经历学习过程，在时间和空间上保证学习活动正常展开和学习行为真实发生．教师在课堂教学中主动、适时地退后，让时空、让机会、让实践、让质疑，创设适切的学习场域，让学生通过数感、问题、思辨、倾听、表达等方式学会自主学习、协作学习和探究学习．让学生主动地学习、创造性地学习、幸福地学习，做学习的主人，回归教育的本质．"引思"是指以明确教学目标为指引，以学生既有知识为媒介，设计贴近学生认知的科学、合理、有价值的具体问题，引发学习动机，引领深度思考，引导学生在愤悱、顿悟、建构的心理体验中逐步形成相对稳定的思维方法和价值观念，不断提升学生的思维品质，最终达成“引学”的目的，让学生在点拨、引导、启发、唤醒中，形成相互依存、相互作用、相互融通的学习共同体，进而发展学生的学科素养.

(二) 让学引思

“让学引思”教学理念的核心要义就是在课堂教学中以学生为主体、以学习为核心、以会学为根本、以发展为目标，强调自主与合作、探究与接受、课内与课外和谐共生，注重真让、会引、善学、真思，把课堂真正还给学生，让学习真正发生. “让学引思”是一种以协同学习为基本组织形式、以启发式为基本教学方法、以问题解决式为基本课型，强调学生自我调控学习、小组合作探究学习与教师适切指导不可或缺的教学手段，依托学思共生回归生活，让出时间、空间、维度，引出体验、体悟、体认，转换、发展、深化思维. “让学引思”是一种科学把握“让”的时机和“引”的技巧，强调教师精要地点拨、理答、讲解等教学行为与形成民主、安全、尊重的班级生态相互融通的教学技艺. “让学引思”的课堂总是由教师开始，由学生展开，由收获结束，学生的学习在悄无声息中真正发生，学生的思维在一次又一次拔节中自然生长.

二、“让学引思”的实践意义

“让”与“引”是相互影响、相互作用、互为一体的辩证统一关系. “让”的目的是“引”，“引”是为了“让”. “引”的智慧决定着“让”的深度，“让”的深度反映着“引”的智慧. 通过“让学引思、引学激思”，让学生“乐学爱思、会学善思”，有效实现在策略形成中聚焦思维深度、在情感体验中发展高阶思维、在生活逻辑中融合知识体系、在数学表达中互动生成、在同伴互助中重构生长.“让学引思”的提出，推动了教师的“教”和学生的“学”的方式的变革. 这样的课堂，是基于尊重学生的美好天性、激发学生精神动力的课堂. 它能点燃学生的智慧，能让学生在自由呼吸中彰显生命的个性.“让学引思”的课堂总是遵从“教师—学生—收获”的规律，教师的开始需要学生的“起点”，学生的展开需要教师的“助力”，有学生积极建构的“让学引思”课堂才是有效的课堂，有教师助力的教学才是收获更多的教学.

“让学引思”在课堂实践中始终要求“以让促学，让学习真实发生”. 教学的本质是“教学生学”，学生只有经历真实的学习过程，习得学习方法和能力，获得思维品质的提升和审美情绪的体验，才能成为“自我维持的终身学习者”．“以引激思”，让思维生长可视化，教师“引”的智慧决定学生“思”的深度．课堂教学中聚焦学生的兴趣点、疑难点、薄弱点，引导得法，引领有度，在思维的拐点处导向，在思维的停滞处疏解，在思维的盲点处点化，以和求进，让师生共同成长．认同学生的认知能力和思维能力，承认并悦纳学生主体的存在，营造自由、平等、安全、尊重的学习氛围，揣度学生的需求，助力学生的思考，辅助学生的活动．“让学引思”在实践中致力于追求简单和谐的境界，构建新型师生关系，促进师生共同成长．

第二节 “让学引思”创新数感培养

一、“让学引思”与数感培养

“让学引思”教学理念的提出，推动了教师“教”和学生“学”的方式的变革．这样的课堂，是基于尊重学生的美好天性、激发学生精神动力的课堂，学生通过亲身体验将知识、技能、情感内化到生命之中，融合为生命成长的助力．审视当前初中数学课堂教学非常态的现状：缺位，教学目标“泡沫化”；越位，教学内容“格式化”；错位，教学形式“花样化”．这些现状完全背离了教学的初衷．建构主义理论告诉我们：任何“有意义”的知识的获得都是学生自主建构的结果．“让学引思”课堂教学以“让学习真正发生”为宗旨，关注学生的身心特点，顺应学生的心理需求和认知规律，打破常态将课堂主动权还给学生，力求实现真感悟、真探究、真思维、真创新．初中数学课堂教学的源点和起点是培养学生数感，学生只有具备良好的数感，才能在数学课堂上融通“让学引思”，从而提升数学思维、体悟数学文化、体认数学创新．数感培养不是一朝一夕的事情，在“让学引思”的课堂驱动下，基于结构转型，在“让学”中培植学生的“数量初感”；基于数学活动，在“引思”中发展学生的高阶思维；基于生活逻辑，在“融通”中开阔学生的数学视野；基于隐性资源，在“学思”中重构学生的数感品质．

二、“让学引思”的价值取向

1．打破传统课堂教学生态，建构开放、动态的课堂文化．与传统的“教为中心,师为核心”的课堂样态不同,“让学引思”的课堂构建安全、包容、开放的学本课堂、生本课堂,把课堂还给学生,把学习的权利还给学生,尊重每一个学生的个性、需求和意识.

2. 遵循学生自身学习规律,探索积极、主动的学习方式. “让学引思”的课堂中,允许并鼓励学生自我设定并瞄准学习目标,依据自身情况灵活调控,并在学习客观知识经验的过程中,积极主动地思考、整理、加工,融入自己的认知结构,进行经验的能动再建,体验参与学习本身的愉悦.

3. 尊重知识内在加工过程,形成科学、稳定的学科思维. 学习是对知识的内在加工过程. “让学引思”的课堂教会学生科学主动地获取知识,自主生成形象思维、抽象思维和创造性思维等能力,自主养成勤于动脑、勤于思考、勤于创新的好习惯.

三、“让学引思”的创新策略

1. 少一点“问话”,多一点“对话”. “让学引思”的课堂中,教师要创设民主平等、互为主体的课堂对话氛围,鼓励学生同自己、同他者、同客观世界进行对话,倾听并悦纳他人观点,产生积极而有意义的学习经验.

2. 少一点“牵手”,多一点“放手”. “让学引思”的课堂中,教师要发挥新的角色作用,不是知识的直供者,而是作为促进者以各种方式从旁协作、支援学习、引领学习,激发学生积极主动投入,让学生以独立的学习个体融入课堂.

3. 少一点“问题”,多一点“主题”. “让学引思”的课堂提倡提炼有价值的主题,整合学习情境、学习方法、学习内容、学习时间和学习资源,设计着眼生活逻辑和数学文化的情景、主题,引导学生在指向目标达成的数学综合实践活动中经历真实学习、深度学习和完整学习.

4. 少一点“个体”,多一点“集体”. 学习的行为不是单纯地接受知识和概念的消极行为,而是知识与概念的再建构、再创造的过程. 在这个过程中,学生借助异质他者的交互作用而丰富知识习得,教师通过创境、导向、示法、检视等数学活动,鼓励学生形成集体思维,谋求学习力的养成.

第三节 “让学引思”典型教学案例

案例一 生活中的不等式

一、课题(学科和年级)

本节课选自苏科版数学七年级下册第11章11.1节“生活中的不等式”.

二、教材分析

本节内容属于一元一次不等式单元教学起始课,它既是进一步学习数与量关系的需要,也是后续学习方程、不等式(组)和函数的必备知识.

不等式是刻画现实世界中量与量不等关系的数学模型.生活中的不等式是刻画生活实际、生活经验、生活体验等不等关系最基本的工具模型,是“数与代数”领域的重要内容. 不等式的数学本质、数量关系、模型价值有助于学生深度体会不等关系,有助于学生对不等式全方位、立体化、多维度的整体结构化理解,有助于学生在生活线、知识线、数学线中融合共生数学学科素养.

三、学情分析

七年级学生在小学阶段已经对生活中的不等式有了初步了解,在初中阶段又进一步学习了一元一次方程、二元一次方程组等知识,积淀了一些数与量关系的基本经验,能从生活情境中抽象提炼不等关系并建构模型. 基于此,本节课引领学生对生活中的不等现象进行数学化、符号化、结构化思辨,为进一步学习一元一次不等式(组)做准备,也为高中阶段深入学习方程、不等式、函数等知识打基础.

四、目标预设

1. 通过对生活中的不等现象感觉、感受、感悟,了解不等式的意义、内涵、价值,初步体会不等式是刻画现实生活的有效模型.

2. 经历“生活—现象—问题—抽象—建模—思辨”的思维认知过程,对生活中的不等式数学化、符号化、模型化，让学生在对比与类比中爱学、学会、会学.

3. 引导学生从多角度、多方位、多层面提出问题、分析问题、解决问题，在发现、生发、发展中生长数学，提升数学抽象、逻辑关联、数学建模等学科素养.

五、教学重、难点

1. 重点：理解不等式的意义，探索建构不等式模型.

2. 难点：从生活情境中抽象不等关系，学会用数学符号表征不等关系.

六、设计思路与理念

1. 设计思路：回归学材，注重体验，由“生活线—知识线—数学线”串联课堂，梯次拔节，生长思维. 具体流程如图 6-1 所示.

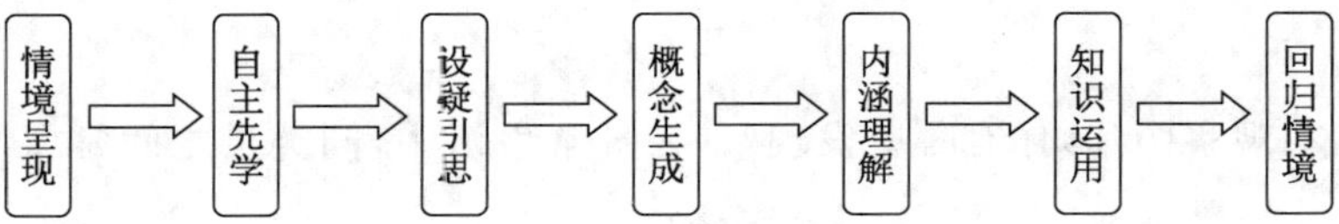

图 6-1

2. 设计理念：不等式是刻画现实世界中量与量不等关系的数学模型，是学生学习其他相关知识的重要基础. 本设计主要从生活源点出发，借助发现学习法组织教学，突出三方面的教学主旨：体现学生主体意识，体现学生思维层次，渗透不等式建模. 引领学生构建生活原型问题，让学生在“引悟—感悟—顿悟—慧悟”中生成不等式，依托问题驱动、操作驱动、学思驱动，在显性资源、隐性资源的抽象提炼中凸显生活化、符号化、数学化，培养学生理解、构建不等式思维模型的能力.

七、教学方法

师生合作法、生生合作法、小组合作法、对比思想法、类比思想法等.

八、教学过程

(一) 创设情境，引悟概念

情境 1：展示章首图及日常生活中的图片（图 6-2），感受不等关系.

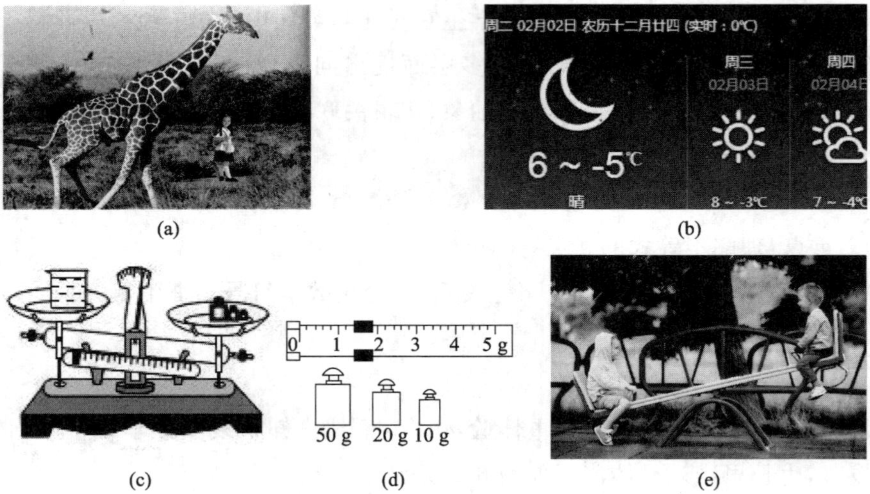

图 6-2

情境 2:观察图片,你有哪些发现?(在日常生活中,同类量之间常常存在不等关系)

情境 3:章首问题(纸箱装苹果).

一只纸箱质量为 1 kg.当放入一些苹果(每个苹果的质量为 0.25 kg)后,纸箱和苹果的总质量不超过 10 kg.

1. 填表:

苹果数	20	25	30	35	…
总质量/kg					

2. 估计这只纸箱内最多能装多少个苹果.

师生活动:学生介绍课前准备的不等式的相关知识:

(1) 不等式的数学发展史及柯西不等式.

(2) 不等号的发展史.1629 年,法国数学家日纳尔在代数教程论中用“AffB”表示 A 大于 B,用“BξA”表示 B 小于 A;1631 年,英国代数学家哈里奥特在数学著作中首先使用了“>”及“<”.

举出一些生活中不等现象的实例.

讨论:情境 3“纸箱装苹果”问题该如何用数学符号来表示题干中的不等关系呢?

(板书课题)

[设计意图]　情境创设是在遵循教材编写意图的基础上进行的设计，章首图、章头图、章首问题的充分利用有效实现了回归学材，唤醒了学生的知识储备和已有经验，让学生在生活中发现不等关系，感悟不等式的本质及内涵，并依托数学史话进一步加深理解，进而激发学习源动力.

(二) 自主先学，感悟概念

1. 自学指导：

(1) 学一学：独立自学教材第118～119页练习前面的内容. 边体会、边思考不等式的概念、意义及其表示方法.

(2) 比一比：6分钟后，谁能说出什么叫不等式？如何列不等式？

师生活动：请1个合作小组4人上讲台自学展示，让学生在黑板上写出自己的发现，其他同学在座位上自学，教师巡视，准确了解学生的自学情况，及时表扬自学得又好又快的学生.

[设计意图]　先学后教，教会学生学，尊重主体，面向全体，真正实现“让学引思”，把课堂彻底还给学生. 通过学生自主感知生活中的不等现象，进一步化归出：在日常生活中，同类量之间常常存在不等关系. 这种数量之间的不等关系，可以用数学式子来表示.

2. 通过自主学习和思考，教师引导学生进行如下活动：

(1) 让学生展示、讲解交通图标中的最高时速“100”的实际意义(图6-3)，并尝试用数学式子表示.

图 6-3

(2) 让学生展示、讲解章首图中的数轴显示“$-5\leqslant x<-1$”代表的实际意义(图6-4).

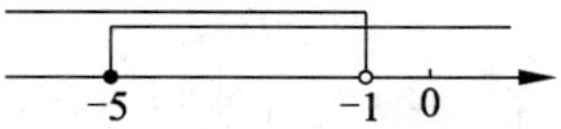

$-5 \leqslant x < -1$

图 6-4

(3) 让学生感受不等式的意义.(多媒体显示教材第 118 页的"试一试")

师:请用数学式子表示下列数量之间的关系:

① 某种袋装牛奶中,每 100 g 牛奶中的蛋白质含量(x g)不少于 2.9 g,脂肪含量(y g)不少于 3.1 g.

② 一辆 48 座的旅游车载有游客 x 人,途中上来 2 人后,车内仍有空座位.

③ 边长为 a m 的正方形桌面的面积大于 1 m^2.

④ $m(m \neq 0)$的倒数不大于 5.

师生活动:通过引导学生讨论交流,进一步感受生活中各领域存在的不等关系,同时让学生列出不等式,发展学生的数学符号感.

[设计意图] 回归学材,给学生充分的自主探索、合作交流的时间与空间,鼓励学生尝试用不同的方式发现不等现象、不等关系、不等式子,总结出不等式的基本知识. 整个探究过程让学生体会不等关系的生活化、符号化、数学化,并在"一般"与"特殊"中深度理解不等式概念的特点和本质,领悟化难为易的"转化思想"及"化归思想".

(三) 概念生成,内涵理解

1. 探索不等式的意义和概念.

师:请你举出不等关系的实例,并与同学交流.(教材第 119 页的"议一议")

(学生举例研讨,互动交流)

师:像 $a \leqslant 100$,$x \geqslant 2.9$,$y \geqslant 3.1$,$x+2<48$,$a^2>1$,$\frac{1}{m} \leqslant 5$ 等,用不等号表示不等关系的式子叫做不等式.(板书)

[设计意图] 师生互动,体现学生的主体意识和思维层次性,渗透不等式的建模思想,培养学生由实际问题抽象出不等式模型的能力.

2. 慧悟概念,内涵理解.

(1) 试一试:

下列式子中哪些是不等式?

① $a+b=b+a$; ② $-3>-5$; ③ $x^2 \neq 3$;

④ $\pi-3y\leqslant 1$；　　⑤ $3x-2y+1$；　　⑥ $|x+2|\geqslant 0$.

学生依据不等式的定义进行判定，②③④⑥是不等式，①⑤不是.

[设计意图] 在“认知思辨”的前提下，类比等式、方程特征，深入探析等号与不等号的本质关联，加深对不等式概念的理解.

(2) 想一想：

如何表示下列问题中的不等关系？（教材第119页的“想一想”）

① 某市某天的气温是 t ℃，该市这天的最低气温是 -2 ℃，最高气温是 6 ℃”.

② 小丽种了一棵高 70 cm 的小树，假设小树平均每周长高 3 cm，x 周后这棵小树的高度不超过 100 cm.

学生之间相互交流、讨论后，请学生回答.

第①问，学生可能回答 $t\leqslant 6$，$t\geqslant -2$，教师应通过分析指明这两个答案不能全面地说明问题，进而得出正确答案 $-2\leqslant t\leqslant 6$.

第②问，学生可能回答 $3x<100$，$70+3x<100$，教师引导学生分析关键词“不超过”的含义，得出正确结论 $70+3x\leqslant 100$.

[设计意图] 理解最高、最低和不超过的含义，学会用不等式表示生活中的问题.

(3) 说一说：

师：常见的不等号有哪些呢？

生：$>$，$<$，$\geqslant$，$\leqslant$，$\neq$.

（教师板书）

师：你能说出它们各自的含义吗？（参考表 6-1）

表 6-1

种类	符号	实际意义	读法	举例
大于号	$>$	大于、高出	大于	$x>1$
小于号	$<$	小于、不足	小于	$x<1$
大于或等于号	$\geqslant$	不小于、不低于、至少	大于或等于（不小于）	$x\geqslant 1$
小于或等于号	$\leqslant$	不大于、不超过、至多	小于或等于（不大于）	$x\leqslant 1$
不等号	$\neq$	不相等	不等于	$x\neq 1$

师：如何列不等式呢？

生：“审”题中量、“找”量关系、“思”关键词、“定”不等号、“列”不等式.

(教师板书)

[设计意图] 让学生思考、讨论、交流、寻找生活中表示不等关系的不等号有哪些，并进一步明确不等号所表示的意义，为今后根据关键词列不等式打下坚实的基础.

3. 再思考、再理解：

(1) 用“$\neq$”连接的式子一定是不等式吗？

(2) 不等号两边的式子可以随意交换吗？

(3) 对于含有未知数的不等式，当未知数取任意值时不等式成立吗？

4. 再挖掘、再化归：不等式有哪些常见形式呢？

(分组讨论、展示、讲解、归纳)

(1) 绝对不等式：在任何条件下都成立的不等式. 例如，$3>-2$，$a^2\geqslant 0$ 等.

(2) 条件不等式：在一定条件下成立的不等式. 例如，$x-1>0$，当 $x>1$ 时，不等式成立；当 $x\leqslant 1$ 时，不等式不成立.

(3) 矛盾不等式：在任何条件下都不成立的不等式. 例如，$3<-2$ 等.

[设计意图] 给学生分组讨论、展示交流的空间，深度感知和理解不等式的本质内涵，通过学生讨论交流、老师引导追问的方式向前方不断探索，使学生的自主性和合作性得到发展，使老师的“让学”和“引思”的课堂教学策略得到充分体现，促进学生通过数学学会思维、学会抽象、学会建模.

(四) 学思共生，知识运用

例 1 用不等号填空：

(1) -3 ____ -5.5； (2) $-|-7|$ ____ $|-8.7|$； (3) -3.14 ____ $-\pi$；

(4) x^2 ____ 0； (5) $-|a|$ ____ 0； (6) x^{2+2} ____ 0.

例 2 用不等式表示下列关系：

(1) a 与 b 的平方和是一个非负数.

(2) y 除 3 的商加上 1 至少为 2.

(3) m 与 2 的差的平方的 20% 不大于 -5.

(4) 直角三角形中，直角边 a 与 b 的和一定比斜边 c 长，直角边 a 一定比斜边 c 短.

(5) 某市出租车起步价为 9 元，行驶路程不超过 3 km 收起步价，超过部分每增加 1 km 加收 1.6 元. 小明乘出租车从家到学校，支付的车费多于 18 元，小明从

家到学校距离 x km 应满足怎样的不等式?

(6) 为开山凿隧道,需要进行爆破,已知导火索的燃烧速度是 0.5 cm/s,人跑开的速度是 6 m/s,为了使引爆人员在爆破前能跑到 180 m 以外的安全地带,导火索的长度 x(cm)应满足怎样的不等式?

例 3　有如图 6-5 所示的两种广告牌,其中图 6-5a 是由两个等腰直角三角形构成的,图 6-5b 是一个长方形,从图形上确定这两个广告牌面积的大小关系,并将这种大小关系用含有字母 a,b 的不等式表示出来.

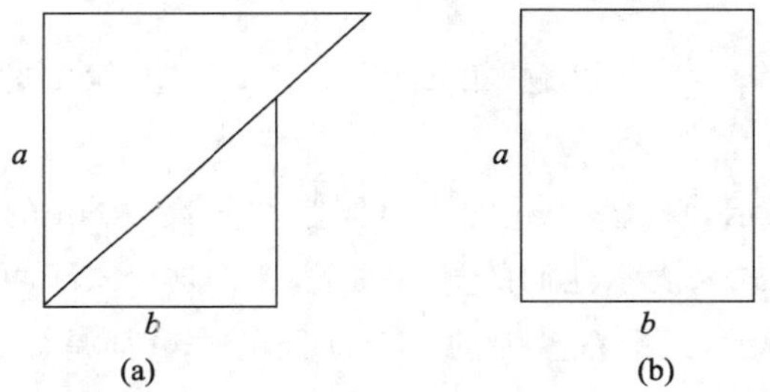

图 6-5

例 4　请结合生活实例说明方程与不等式的区别与联系.

[**设计意图**]　数学来源于生活,又服务于生活. 本例选题贴近学生生活实际,依托学生已有经验,唤醒学生的知识储备,激发学生的探究热情,通过类比、化归和建模,将实际问题转化为数学问题,有效训练了学生的思维能力,提升了学生的数学素养.

(五) 回归情境,畅谈收获

情境 3 的“纸箱装苹果”问题该如何用数学符号来表示题干中的不等关系呢?

1. 情境问题你会解决了吗?

2. 本节课你有哪些重要收获? 和同桌或者全班同学进行交流.

知识体系如图 6-6 所示.

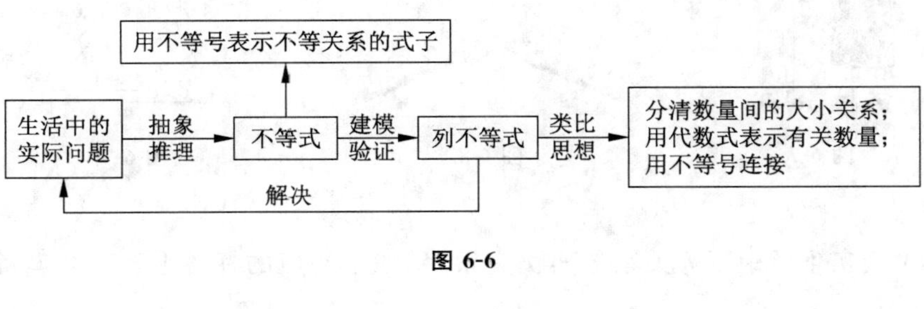

图 6-6

［设计意图］ 回归情境、回归生活、回归课堂.学习一个数学概念，需要记住它的名称，叙述概念的内容，掌握概念的本质属性，再经历它的运用. 简单地说，就是要从“名称、定义、属性、应用、反思”五个要素上理解概念，思考后发言.教师帮助梳理：一个概念（不等式），两种思想（类比、化归），三种形式（绝对不等式、条件不等式、矛盾不等式）.

九、作业评价

1. 自主评价

教材第 119 页练一练：第 2 题；第 120 页 11.1 习题：第 2 题、第 3 题.

2. 同级评价

（1）如图 6-7 所示，身高 a cm 的 1 号同学与身高 b cm 的 2 号同学站在一起时，如果用一个不等式来表示他们的身高关系，那么这个式子可以写成 a ____ b.

（2）如图 6-8 所示，天平右盘中的每个砝码的质量都是 5 g，则物体 A 的质量 n(g)的取值范围用不等式可表示为________________.

（3）如图 6-9 所示，一只蚂蚁从 A 地到 C 地，通过的路程 m 应满足________.

（4）某市自来水公司按如下标准收取水费：若每户每月用水不超过 8 立方米，则每立方米收费 1.2 元；若每户每月用水超过 8 立方米，则超过的部分每立方米收费 2.4 元. 小强家某月的水费不少于 25 元，他家这个月的用水量至少是多少？（只列出不等式）

（5）x g 糖水中含有 y g 糖（$x>y>0$），现加入 a g 糖，则糖水变得更甜了. 请将这一实际问题用不等式表示出来.

图 6-7

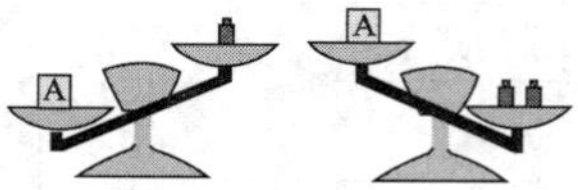

图 6-8

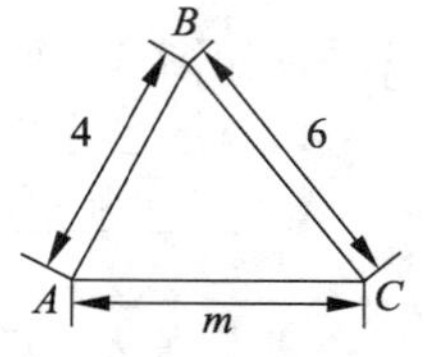

图 6-9

3. 创新评价

（1）现实生活中不等关系的实例有很多，如牛奶瓶的标签上标有含营养成分的量等．请举几个表示不等关系的实例，并用不等式表示．

(2) 请利用今天所学的知识，探讨方程与不等式的解之间的关系．

[设计意图] 通过自主、同级、创新评价，进一步加深学生对不等式的理解和运用，既能考查不等式的本质属性，又能加强学生对方程与不等式的关系的深度理解、思辨、迁移，并依托不等式模型建构实际问题的数学化，积累量与量之间关系的经验，从数感到量感，提升能力，发展素养．

十、板书设计

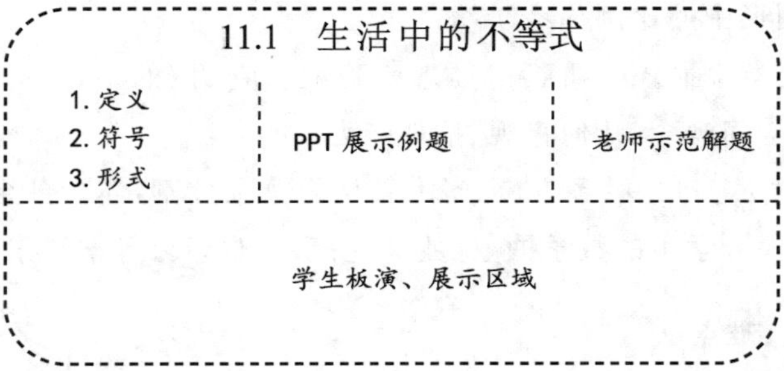

案例二　黄金分割

一、课题(学科和年级)

本节课选自苏科版数学九年级下册第 6 章 6.2 节“黄金分割”．

二、教材分析

本节内容属于图形相似的基础知识，既是对比例线段的延续和拓展，又可为后面探索图形相似打基础，更可为高中阶段深入学习几何图形做准备．黄金分割是图形之间的一种比例关系，探索黄金分割的本质、内涵及价值，不仅可以使学生体会黄金分割在刻画现实世界中的重要作用，而且可以发展学生的空间观念、几何直观和推理能力，有助于学生体会数学与自然生活的联系，有助于学生体验黄金分割中的数学美，有助于学生体认数学的应用价值、文化价值及美学价值．

三、学情分析

九年级学生在小学阶段已经对比例线段有了初步了解，在初中阶段又进一步学习了二次根式、勾股定理、一元二次方程等基础知识，积淀了一些“图形与比例”方面的基本经验，具备了探索黄金分割、计算黄金比的能力，但在理解黄金分割的意义及价值时，尚需学生间的互助和教师的点拨．基于此，本节课引领学生对黄金分割进行数学化、符号化、结构化思辨，理解黄金分割的本质，体悟数学思想方法，为在活动体验中进一步学习图形相似等几何知识做铺垫．

四、目标预设

1．通过对生活中图形美的感悟，了解黄金分割、黄金比的意义、内涵与价值，初步体会几何图形中的比例关系．

2．经历“观察—抽象—概括—推理—验证—应用”的活动体验，感悟数学之美，发展学生的空间观念、几何直观、推理能力．

3．引导学生从多角度、多方位、多维度认识黄金分割，体会黄金分割的应用价值和美学价值，提升学生的数学抽象、数学建模、直观想象等学科素养．

五、教学重、难点

1．重点：理解黄金分割的概念、本质及价值，并能灵活运用黄金分割解决实际问题，会计算黄金比．

2．难点：用尺规作出一条线段的黄金分割点．

六、设计思路与理念

1．设计思路：回归生活，回归学材，回归体验，由“生活线—活动线—数学线”串联课堂，梯次拔节，生长数学．具体流程如图 6-10 所示．

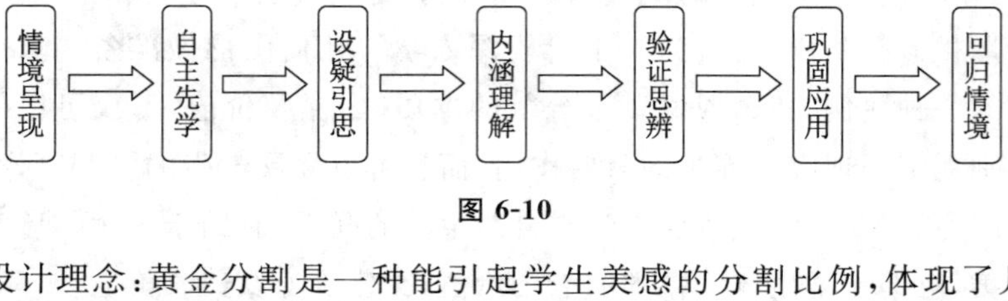

图 6-10

2．设计理念：黄金分割是一种能引起学生美感的分割比例，体现了几何图形中线段的比例关系，是学习图形相似的重要内容．本设计根据九年级学生的年龄特点和认知规律，通过引领学生对几何图形经历“观察—抽象—概括—推理—验证—应用”的活动体验，让学生在动手、动脑、动口中激发思维的积极性、开拓性和创新性，让学生在“乐学、学会、会学”中感悟黄金分割的应用价值、文化价值与美学价值，让学生在“欣赏美—探究美—感悟美—应用美—内化美—升华美—创造美”中提升能力素养.

七、教学方法

师生合作法、生生合作法、小组合作法、引导发现法、直观演示法等.

八、教学过程

(一) 创设情境，欣赏形美

情境 1: 展示日常生活中的图片(图 6-11)，感受黄金分割的美.(学生畅所欲言，说出各自的发现)

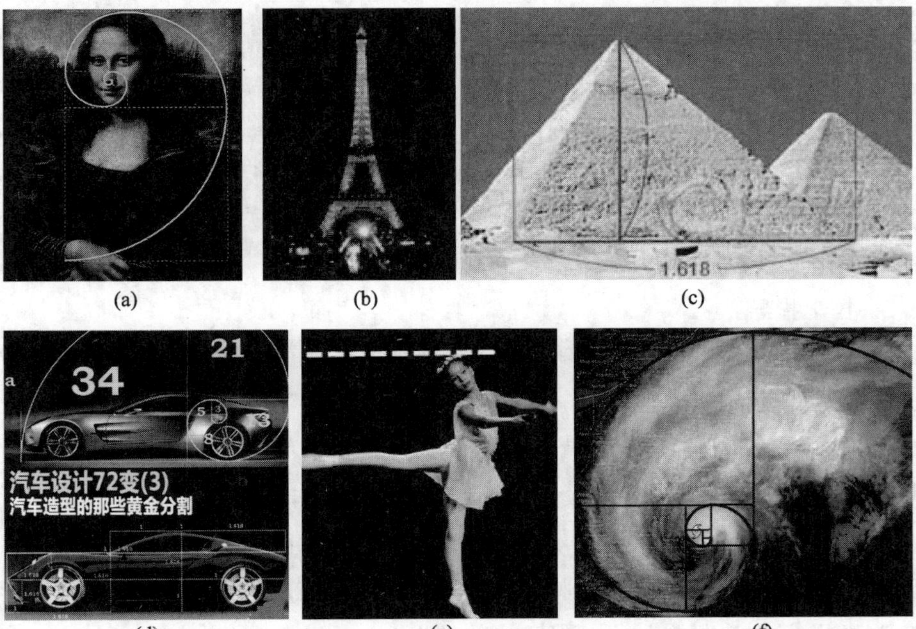

图 6-11

情境 2: 师生共同欣赏芭蕾舞剧《胡桃夹子》经典选段《花之圆舞曲》.(视频欣赏)

师: 刚才我们在轻松活泼的音乐中欣赏了优美的舞姿. 大家知道芭蕾舞演员跳舞时为什么要踮起脚尖吗?

(学生从多角度、多方位、多层面表达自己感受到的美)

师:说得很好！如果从数学的视角去解释,又是什么原因呢？

(学生一时卡顿)

师:学习本节课的知识,大家就会知道原因.

(板书课题)

[设计意图] 美是一种感觉.引入芭蕾舞剧《花之圆舞曲》,依托优美的舞蹈视频触碰学生的视觉美,唤醒学生的意识美,激发学生的数学美,提出数学问题,诱发了学生的探究兴趣,进而激起了学习源动力.

(二) 自主先学,探索形美

1. 预习展示:

说一说:

(1) 若四条线段 a,b,c,d 成比例,则有____________. 若三条线段 a,b,c 成比例,且 b 是 a,c 的比例中项,则有____________.

(2) 解方程:$x^2+x-1=0$.

(3) 小组代表 6 人展示、讲解课前通过网络搜索、资料查询收集到的建筑、音乐、艺术、摄影、人体、生活六个方面有关于黄金分割的数学文化发展史.

[设计意图] 回顾已学比例线段、解一元二次方程等关联知识,了解黄金分割的数学文化及数学价值,为学习黄金分割做铺垫.

2. 自学指导:

(1) 学一学:独立自学教材第 44～46 页练习前面的内容. 边体会、边思考黄金分割的意义及价值.

(2) 比一比:6 分钟后说出黄金分割的意义及价值.如何确定一条线段的黄金分割点?

师生活动:请 2 个合作小组 4 人上讲台展示讲解,让学生在黑板上写出自己的发现,其他同学在座位上自主体验、猜想思考、适时补充. 教师巡视,准确了解学生的自学情况,及时表扬自学得又好又快的学生.

[设计意图] 先学后教,教会学生学,尊重主体,面向全体,真正实现"让学引思",把课堂彻底还给学生. 通过学生自主感知生活中的图形比例,以黄金分割为切入点,发现并提出问题,激发学生的好奇心和探究欲.

(三) 生成概念,感悟形美

学生自主学习和思考,教师引导学生进行如下活动.

1. 量一量：

(1) 上海东方明珠广播电视塔设计巧妙，整个塔体挺拔秀丽. 度量图 6-12a 中线段 AB，AC 的长度，并计算线段 AB 与 AC、BC 与 AB 的比值.（精确到 0.01）

(2) 芭蕾舞演员身体各部分之间适当的比例给人以匀称、协调的美感. 度量图 6-12b 中线段 AB，AC 的长度，并计算线段 AB 与 AC、BC 与 AB 的比值.（精确到 0.01）

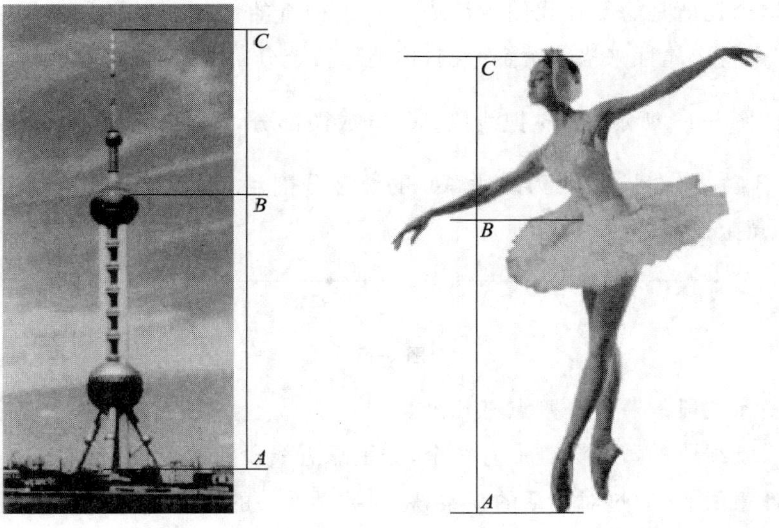

(a)　　　　(b)

图 6-12

请 4 个小组代表分别将图 6-12 的度量结果填入表 6-2.

表 6-2

组别	AB		AC		BC		$\frac{AB}{AC}$		$\frac{BC}{AB}$	
	图(a)	图(b)	图(a)	图(b)	图(a)	图(b)	图(a)	图(b)	图(a)	图(b)
第一组										
第二组										
第三组										
第四组										

(3) 通过查阅资料可知，图 6-12a 中东方明珠广播电视塔的高度约为 468 米，观景平台 B 与地面的距离 AB 约为 289.3 米，与塔顶的距离 BC 约为 178.7 米，试计算 AB 与 AC、BC 与 AB 的比值.（精确到 0.01）

2. 探一探：认真观察、比较、思考上面的测量和计算结果，有什么发现？

师生活动：学生分组讨论，积极发言. 预设：两张图片中，AB 与 AC 的比值很接近 BC 与 AB 的比值.

师：这个比值是隐藏在我们生活中的一个神奇的比例. 如果我们用上述比例式作为一个特定属性来描述黄金分割，你能给黄金分割下个定义吗？

生：如图 6-13 所示，点 B 把线段 AC 分成两部分，如果 $\frac{BC}{AB}=\frac{AB}{AC}$，那么称线段 AC 被点 B 黄金分割，点 B 为线段 AC 的黄金分割点. AB 与 AC（或 BC 与 AB）的比称为黄金比.

图 6-13

师：一条线段的黄金分割点有几个？

生：一条线段的黄金分割点有 2 个，分别靠近线段的两个端点.

[设计意图] 通过对生活的观察，将与数学有关的问题提出来，让学生感受数学来源于生活，通过度量、计算、验证，让学生感受比例关系，抽象概括出建筑、艺术中“美”的共性——黄金分割，进而归纳出黄金分割的概念，理解其美学价值.

3. 思一思：用“方程”思想探索“黄金比”.

(1) 思考问题：如图 6-14 所示，点 B 在线段 AC 上，且 $\frac{BC}{AB}=\frac{AB}{AC}$. 设 $AC=1$，求 AB 的长.

图 6-14

(2) 师生合作：（板演过程）

解：设 $AB=x$，则 $BC=AC-AB=1-x$.

由 $\frac{BC}{AB}=\frac{AB}{AC}$，得 $\frac{1-x}{x}=x$，即 $x^2+x-1=0$.

解这个方程得 $x_1=\frac{\sqrt{5}-1}{2}$，$x_2=\frac{-\sqrt{5}-1}{2}$（不合题意，舍去）.

于是，AB 的长为$\frac{\sqrt{5}-1}{2}$.

(3) **师生总结**：我们把这样的比值称为黄金比. 在计算时，通常取比值$\frac{\sqrt{5}-1}{2}$的近似值 0.618.

(4) 同步练习：下面的说法正确的是（　　）.

A. 黄金分割点分一条线段为两段，其中较长的一段与较短的一段之比为 0.382

B. 一条线段有且只有一个黄金分割点

C. 一条线段有两个黄金分割点

D. 黄金分割点分一条线段为两段，其中较短的一段与这条线段的比为 0.618

［设计意图］ 黄金分割是一条连接代数与几何的纽带，依托方程的思想方法，数形结合，引导学生回到定义中去，从图形语言、文字语言、符号语言进行数学表达，探索出黄金比的准确值，让学生真切感受到数学在探索美、揭示美、创生美的本质方面的巨大作用，体会数学的应用价值和美学价值.

4. 画一画：

(1) 通过尺规作图找线段的黄金分割点：

如图 6-15 所示，已知线段 AB，按照如下方法作图：（师生同步作图）

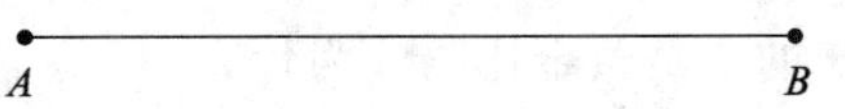

图 6-15

① 过点 B 作 $BD\perp AB$，截取 $BC=\frac{1}{2}AB$；

② 连结 AC，以点 C 为圆心、CB 的长为半径画弧，交 AC 于点 E；

③ 以点 A 为圆心、AE 的长为半径画弧，交 AB 于点 F.

(2) 根据上述作图回答下列问题：

① 如果设 $AB=2$，那么 $BC=$________，$AC=$________，$AE=$________，$AF=$________.

② 计算$\frac{AF}{AB}=$________，$\frac{BF}{AF}=$________.

③ 在所画图中，点 F 是线段 AB 的黄金分割点吗？为什么？

[设计意图] 尺规作图可以让学生亲身体验黄金分割点的生成，在具身认知的驱动下将图形具体化、实物化、可视化，让学生经历从感性认识到理性辨识的过程. 黄金分割的几何作法是对概念理解的延伸，充分体现了从“学”到“用”的转变，可使学生深度理解黄金分割的本质.

(四) 学思共生，应用形美

例 1 晚会主持人在主持节目时，站在舞台的黄金分割点处最自然得体. 若舞台长为 10 m，主持人应站在离舞台两端多少米处最自然得体？（精确到 0.1 m）

例 2 美是一种感觉，当人体的下半身与身高比约为 0.618 时，看起来最美. 如图 6-16 所示，某芭蕾舞演员的身高为 160 cm，下半身长为 96 cm.

(1) 该演员下半身长与身高的比是否满足黄金比？

(2) 为了给观众更为优美的艺术形象，表演时应踮起脚尖约多少 cm？（精确到 1 cm）

图 6-16

例 3 图 6-17a 是古希腊时期的巴台农神庙，如果把图中构建的矩形画成图 6-17b 中的 $ABCD$，以矩形 $ABCD$ 的宽为边在其内部作正方形 $AEFD$，那么我们可以惊奇地发现 $\frac{BC}{BE}=\frac{AB}{BC}$. 问：点 E 是 AB 的黄金分割点吗？矩形 $ABCD$ 的宽与长的比是黄金比吗？为什么？

(a)

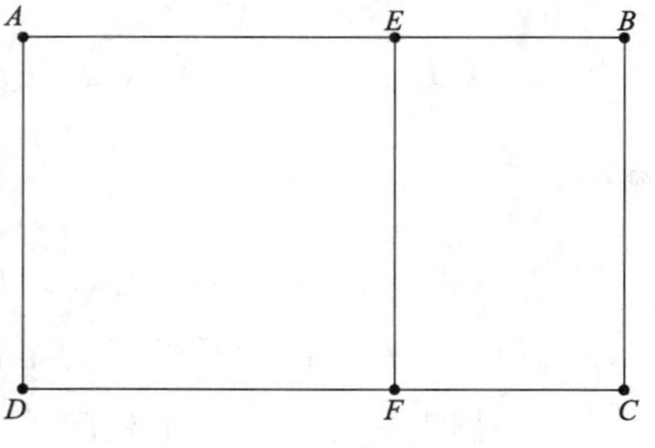

(b)

图 6-17

例 4 如图 6-18 所示，在△ABC 中，$AB=AC$，$\angle BAC=108^\circ$，线段 AD，AE 将 $\angle BAC$ 三等分. 小红说，点 D 是线段 BE 的黄金分割点，点 E 是线段 BC 的黄

金分割点. 她说得对吗？为什么？

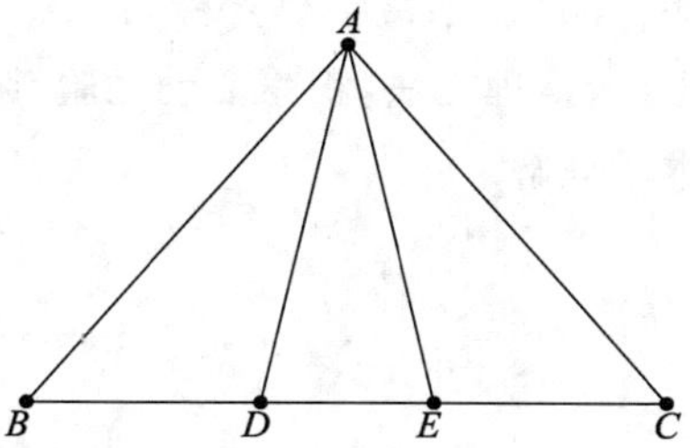

图 6-18

［设计意图］　数学来源于生活，又服务于生活. 原创选题贴近学生生活实际，依托学生的已有经验，唤醒学生的知识储备，赋予学生思想、感情、创造的自由，以学生自我发展为中心，形成独立思考的习惯，提高学生的数学综合素养.

（五）回归情境，升华形美

情境 2 中芭蕾舞演员跳舞时为什么要踮起脚尖？

1. 情境 2 中的问题你会解决了吗？

2. 学习了本节课你有哪些重要收获？请和同桌或者全班同学交流.

3. “黄金分割”给人以美感，在建筑、艺术等领域有着广泛的应用. 比如图 6-19 就是利用黄金比巧妙构思的陕北民歌《天心顺》部分乐谱.

图 6-19

你能举例说明黄金分割在生活中的应用吗？（比如国歌歌词、国旗上的五角星、埃及金字塔、雕像《维纳斯》、画作《蒙娜丽莎的微笑》、二胡的“千斤钩”、华罗庚的“优选法”、自然界的动植物等）

4. 例 3 中的矩形 $ABCD$ 和矩形 $BCFE$ 的宽与长的比具备了黄金比的属性，它们又是什么样的矩形呢？例 4 中的$\triangle ADE$、$\triangle ABE$、$\triangle ACD$ 的底与腰的比也具备了黄金比的属性，它们又是什么样的三角形呢？（请同学们课后继续探索，下节课展示交流）

[**设计意图**] 回归情境、回归学材、回归生活.学生通过对问题的思考、总结、交流，在数学表达中提升能力品格、感悟学科素养、拓宽审美眼界、形成数学文化，在反思中整理知识、整理思维、整理方法，积累活动经验，服务生活、延伸课后、创造形美，深化对黄金分割的本质理解.

九、作业评价

1. 自主评价

教材第 46 页练习:第 1 题、第 2 题;第 47 页 6.2 习题:第 2 题.

2. 同级评价

(1)中国民间乐器二胡的“千斤钩”，钩在弦长的黄金分割点处，音质最好.一把二胡的弦长为 76 cm,“千斤钩”上下两部分的弦长分别为________、________.

(2) 正常人的体温一般为 37 ℃，研究认为人的舒适温度与正常体温的比是黄金比.结合你的生活体验和数学知识，人的舒适温度约为________℃.(精确到个位)

(3) (链接中考)勾股定理与黄金分割是几何中的双宝，前者好比黄金，后者堪称珠玉.生活中到处可见黄金分割的美.如图 6-20 所示，线段 $AB=1$，点 P_1 是线段 AB 的黄金分割点($AP_1<BP_1$)，点 P_2 是线段 AP_1 的黄金分割点($AP_2<P_1P_2$)，点 P_3 是线段 AP_2 的黄金分割点($AP_3<P_2P_3$)，……，依此类推，则线段 AP_n 的长度是________.

图 6-20

(4) (链接高考)古希腊，人们认为最美人体的头顶至肚脐的长度与肚脐至足底的长度之比是 $\frac{\sqrt{5}-1}{2}$ $\left(\frac{\sqrt{5}-1}{2}\approx 0.618\right.$，称为黄金分割比例$\left.\right)$，著名的“断臂维纳斯”便是如此(图 6-21).此外，最美人体的头顶至咽喉的长度与咽喉至肚脐的长度之比也是 $\frac{\sqrt{5}-1}{2}$.若某人满足上述两个黄金分割比例，且腿长为 105 cm，头顶至脖子下端的长度为 26 cm，则其身高可能是________.

图 6-21

(5) 折纸与证明——用纸折出黄金分割点：

第一步：如图 6-22a 所示，先将一张正方形纸片 $ABCD$ 对折，得到折痕 EF；再折出矩形 $BCFE$ 的对角线 BF.

第二步：如图 6-22b 所示，将边 AB 折到 BF 上，得到折痕 BG，试说明点 G 是否为线段 AD 的黄金分割点($AG>GD$).

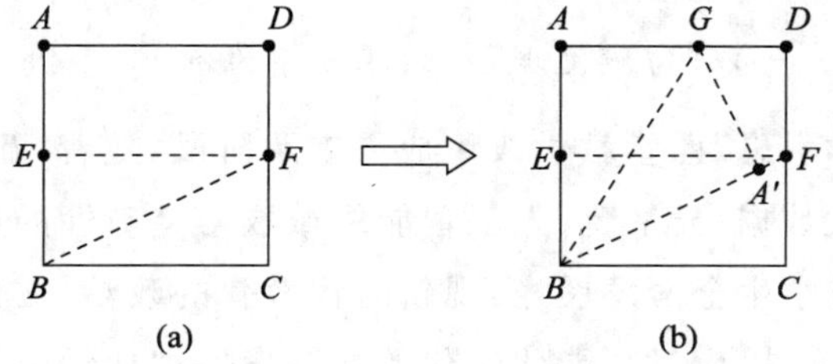

图 6-22

3. 创新评价

(1) 分组搜集黄金分割资料，制作剪贴报，其中包含一幅利用黄金分割的构图方法摄制的摄影作品.

(2) 查阅有关黄金分割、黄金矩形、黄金三角形方面的资料，请同学们自己动手设计一个创意作品，带到班级与同学们分享，并把设计理念及设计意图写成一篇数学创作小论文，在一周之内交给老师．老师期待你们的创新作品，加油，同学们！

[设计意图]　通过自主、同级、创新评价，进一步加深对黄金分割的理解和运用，既能考查学生对黄金分割的本质理解，又能加强学生对黄金分割的功能与价值的验证、思辨、迁移. 让学生写数学小论文主要是培养学生的创新能力和表达能力.

十、板书设计

6.2　黄金分割		
1. 定义 2. 性质 3. 画法	PPT 展示	老师示范解题
学生板演、展示区域		

第四节 “让学引思”课堂实践成果

实践成果一 让学引思:创新初中生数感培养的新思路

——以“勾股定理”起始课教学为例①

在盐城市“让学引思”课堂教学改革成果展示阶段,随着“互联网+”、5G智能时代的全面开启,大数据、云平台、人工智能领域取得突破性的进展. 为践行立德树人根本任务,促进学生全面发展,实现新时代教育的政治、文化、价值认同,深度培养学生的数感思维,以应对智能化时代的变革发展,“让学引思”依托学思共生、回归生活,让出时间、空间、维度,引出体验、体悟、体认,转换、发展、深化思维,创新数感培养新思维. “让学引思”是指在课堂教学中教师“真让会引”、学生“真学善思”,教师主导学生主体,将课堂真正还给学生的“生本、生活、生动、生态、生命成长”课堂教学方式. 在课堂上,教师的“让”和“引”呈现的是教育艺术,学生的“学”和“思”呈现的是活动体验,“让学引思”反映的是关键能力、数感思维、数学素养. 在教学中要“让”学生提问和发现,“引”学生理解和思考,加强学生的素养发展训练,提高学生的综合能力,激发学生的创造性思维. 初中生已经对数感有了一定的积淀,但面对5G智能时代的挑战,还需进一步通过知识习得进行升华. 现以一节市公开课为例谈一谈对初中生数感培养的思考.

一、活动背景

这是笔者借助大数据云平台“悠数学”面向全市开放的一节公开课——苏科版数学八年级上册“勾股定理(第1课时)”. 本节课属于勾股定理概念教学起始课,它既是进一步学习直角三角形内容的需要,也是后续学习图形和函数的必备知识. 勾股定理是平面几何中的一个重要定理,从边的角度刻画了直角三角形的特征,是解三角形的重要工具. 勾股定理的探究从特殊的等腰直角三角形出发,到网格中的直角三角形,再到一般的直角三角形,体现了从特殊到一般的探究过程和研究方

① 王国强. 让学引思:创新初中生数感培养的新思路:以“勾股定理”起始课教学为例[J]. 中学数学,2020(14):9-11.

法．勾股定理将直角三角形“形”的特征转化成“数”的关系，很好地体现了“数形结合”的思想，在数学的发展中起着重要作用．

二、活动设计

（一）情境导引，设问引思

情境 1：展示邮票中的勾股定理（图 6-23）．

图 6-23

情境 2：观察图 6-23 中第一张和第六张邮票中的图案，你有哪些发现？

情境 3：数学史上有一个非常重要的定理，请大家根据屏幕上提供的信息猜猜看，这是怎样的一个定理？

师生活动：教师向学生介绍勾股定理．

（1）勾股定理是联系数学最基本、最原始的两个对象——“数”与“形”的第一定理，开创了“数形结合”的先河，被誉为“千古第一定理”．

（2）勾股定理是揭示三角形中边与边之间一种特殊关系的定理．

（3）勾股定理有 500 余种证明方法，是数学中证明方法最多的定理之一．

（4）勾股定理推动了无理数的发现，引发了第一次数学危机．

（5）勾股定理被大数学家华罗庚先生认为可以作为人类探寻“外星人”并与

“外星人”沟通的语言。

（6）勾股定理在中国北京举行的第 24 届国际数学家大会上被选作会标图案.

（7）美国第二十任总统加菲尔德在任众议院议员时给出了勾股定理的一种证明方法，被称为总统证明法.

[设计意图] 情境预设是在遵从教材编写意图上进行的设计，图中的邮票和会标展示了勾股定理在世界上的影响力，这样的设计可以唤醒学生的知识储备，激发学习兴趣，诱发源动力.

(二) 自主先学，合作探究

1. 自学指导：

（1）学一学：独立自学教材第 78～79 页练习前面的内容. 边拼图、边思考：怎样运用勾股定理.

（2）比一比：6 分钟后，分别说出古代直角三角形三边的名称. 如何用拼图的方法证明勾股定理？

师生活动：请 4 人上讲台看书、拼图，指导他们拼在黑板上. 其他同学在座位上自学，教师巡视，准确了解学生的自学情况，及时表扬自学得又对又快的学生.

[设计意图] 先学后教，教会学生学，尊重主体，面向全体，真正实现“让学引思”，把课堂彻底还给学生.

2. 通过自主学习和思考，教师引导学生进行如下活动：

（1）让学生展示、讲解拼图中利用“网格面积”证明勾股定理的方法（图 6-24）.

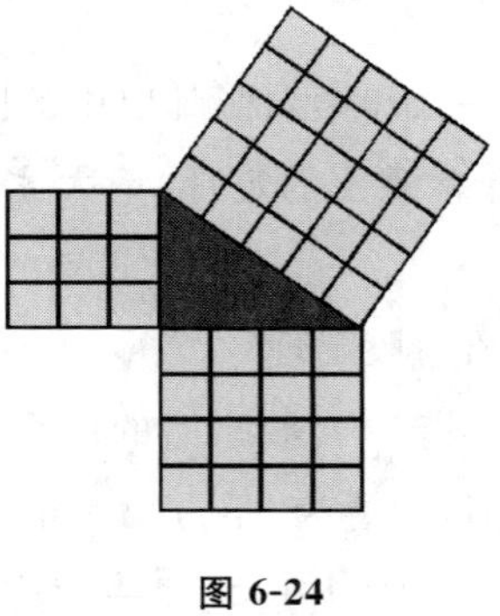

图 6-24

（2）让学生展示、讲解拼图中利用“毕达哥拉斯”证明勾股定理的方法（图 6-25）.

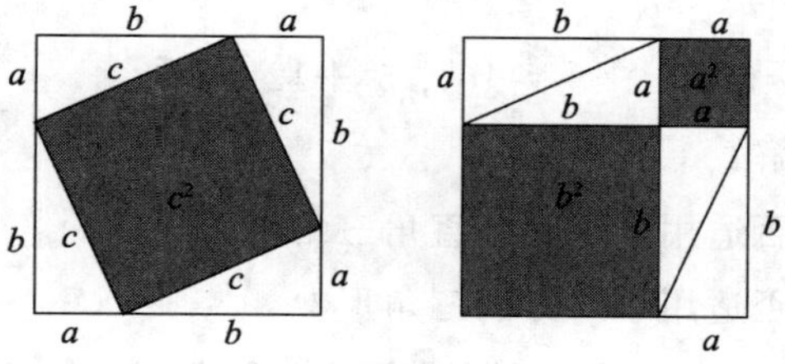

图 6-25

(3) 让学生展示、讲解拼图中利用“赵爽弦图”证明勾股定理的方法(图 6-26).

(4) 让学生展示、讲解拼图中利用“加菲尔德总统”证明勾股定理的方法(图 6-27).

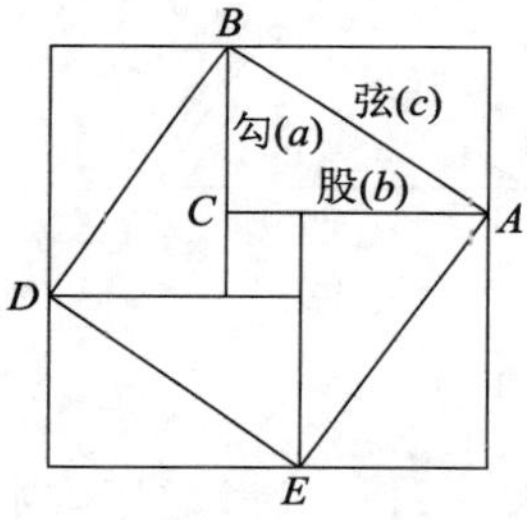

图 6-26

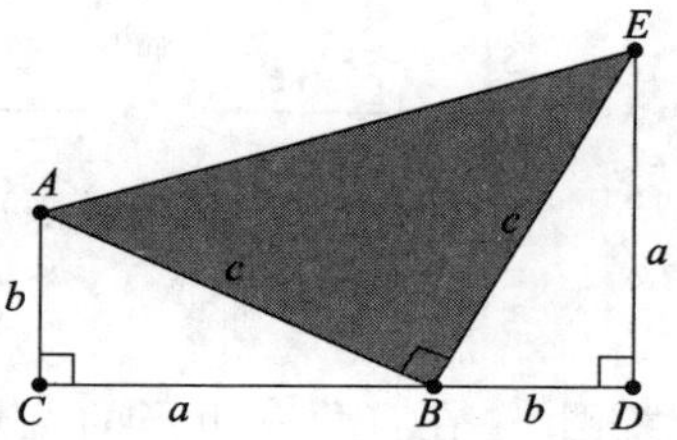

图 6-27

师生活动:学生展示、讲解并归纳直角三角形三边的关系;同时进一步总结出勾股定理:直角三角形两条直角边的平方和等于斜边的平方;揭示“勾”“股”“弦”的含义.

(5) 让学生试着用符号语言归纳勾股定理.

符号语言:若把直角三角形的三条边分别记为 a,b,c. ① 当 c 为斜边时,$a^2+b^2=c^2$;② 当 a 为斜边时,$b^2+c^2=a^2$;③ 当 b 为斜边时,$a^2+c^2=b^2$.

[设计意图] 给学生充分的自主探索、合作交流的时间与空间,鼓励学生尝试用不同的方式解决问题,总结出勾股定理.整个探究过程让学生体会“从特殊到一般”的研究问题的方法,领悟化难为易的“转化”思想及“数形结合”思想.

(三) 生成定理,诠释内涵

板书:

1. 勾股定理:直角三角形两条直角边的平方和等于斜边的平方.

2. 符号语言:① 当 c 为斜边时,$a^2+b^2=c^2$; ② 当 a 为斜边时,$b^2+c^2=a^2$;

③ 当 b 为斜边时，$a^2+c^2=b^2$.

3. 示例：$3^2+4^2=5^2$；$6^2+8^2=10^2$；$5^2+12^2=13^2$.

4. 再思考、再理解：

(1) 勾股定理是否适用于所有的直角三角形？

(2) 勾股定理是否适用于所有的三角形？

［设计意图］ 给学生交流空间，深度感知和理解勾股定理，通过学生合作讨论、教师启迪追问的方式进行研学，使学生的“学”和“思”真实发生，使教师的“让”和“引”真正体现.

(四) 学思共生，典例剖析

例 1 求图 6-28 中直角三角形未知边的长.

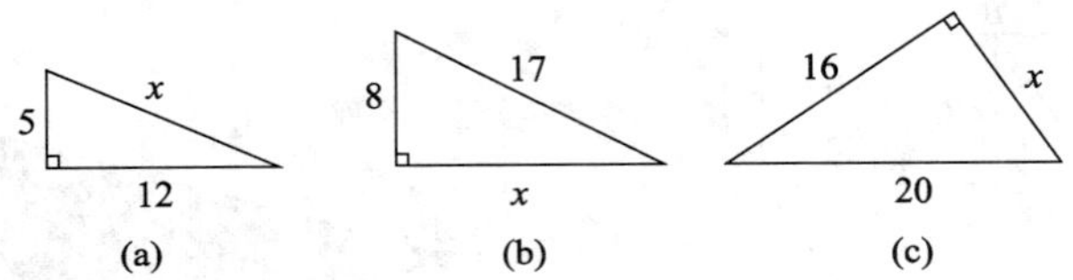

图 6-28

［设计意图］ 在直角三角形的背景下“知二求一”，一般考虑用勾股定理建立方程解决问题，渗透方程思想.

例 2 求图 6-29 中未知数 x，y，z 的值.

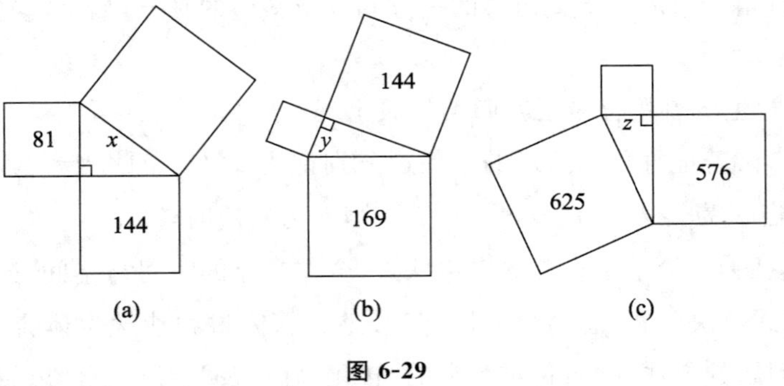

图 6-29

［设计意图］ 学生应掌握以直角三角形三边为边长的三个正方形的面积关系，同时能将它们与直角三角形的三边建立联系.

例 3 折竹抵地：今有竹高一丈，末折抵地，去本三尺. 问折者高几何(《九章算术》). 意即：一根竹子，原高一丈，虫伤有病，一阵风将竹子折断，其竹梢恰好抵地，抵地处离原竹子处 3 尺远，问原处还有多高的竹子.

［设计意图］ 通过对历史名题的解答和探究，使教学变得有趣和生动. 该问题的提出真实自然，贴近生活，有助于培养学生利用数学解决实际问题的意识，有利于学生良好数学观的形成.

例 4 一辆高 3 米、宽 2.4 米的卡车能否通过半径为 3.6 米的半圆形隧道?

［设计意图］ 数学来源于生活，又服务于生活. 本例从生活情境出发，激发学生的探究热情，通过讨论和建模，将现实问题转化为数学问题，有效训练学生的思维能力，提升学生的关键能力.

（五）再思情境，归纳升华

情境 4: 数一数第一张和第六张邮票图案（图 6-23）中各正方形内小方格的数量，你有哪些发现?

情境 5: 数学史上有一个非常重要的定理，请大家根据所提供的信息猜猜看，是怎样的定理?

1. 情境问题你会解决了吗?

2. 本节课后你学到了哪些新知识? 还有什么困惑?

学生思考后发言，教师帮助梳理：一个定理（勾股定理），两种思想（数形结合、特殊到一般），三种形式（$a^2+b^2=c^2$，$b^2+c^2=a^2$，$a^2+c^2=b^2$）.

［设计意图］ 通过回归情境，让学生在“学”和“思”的深度感悟中，对所学知识有更清晰的认识，借助实际问题再次反思，可以更好地培养学生对勾股定理的深层次理解，提升综合素养.

三、活动反思

（一）真“让”——在“玩”中诱发数感

《盐城市中小学“让学引思”课堂教学改革行动方案（2016—2020 年）》明确提出，“让学引思”的核心要义在于教师要真“让”、敢“让”、善“让”，将课堂的主动权彻底还给学生，让出时间、空间、维度，让学生自主学习、自主体验、自主成长，让学生在兴趣的驱动下激发源动力，形成互动场，释放真思维. 本节课将课堂彻底还给学生，真正体现学生的主体性，让学生在“玩”中经历勾股定理的发展历史、形成体验、创新思维、归纳优化等，从数据、文字、图形中形成数感，诱发学生的数感思维，进而通过“数形结合”的转化激发兴趣，调控学习进程. 让学生借助自己的数感模型，通过熟悉的直角三角形唤醒知识储备，用字母表示出三边关系，思辨其优化表达策略，巩固简单的数量关系，再以基础练习调动学生的数感思维，突出学生的主体性，激发学生的学习兴趣. 用字母表示的勾股定理关系式“$a^2+b^2=c^2$”，可以简明表示数与数量的关系，体现从具体数字到抽象符号的数感表达，有助于发展学生的符号意识，有助于培养学生的数感思维.

（二）真“学”——在“做”中体验数感

故君子之教，喻也，道而弗抑，开而弗达（《学记》）. 这句话是说，教育学生，要启发学生积极“学”，激励他们努力“学”，教给他们解决问题的方法，培养他们的能力，发展他们的思维. 随着社会的发展进步，各种制约因素对学生的学习产生了负面影响，尤其是学生的真“学”受到很大程度的影响. 初中生正处于成长的叛逆期，对于各类诱惑模仿与接受意识很强，思想行为令人意想不到，极端行为严重滞后了学生“学”的效果. 本节课通过引领学生抓住“形”和“数”这两个关键词，从特殊的直角三角形三边关系出发，依托国内外数学家对其研究的现状，创设融通知识环境，训练学生创新改变其变量，深度研学图形的内涵与本质，从体验、操作、辨识、感悟、抽象多层面、多视角对直角三角形三边关系进行提炼，用数感思维建构模型“$a^2+b^2=c^2$”，让学生经历数学知识的形成过程，体认三边之间的数量关系，将形与数密切联系起来，从而提高数感能力，掌握思维方法，在“做”中深度体验数感思维.

（三）真“引”——在“动”中体认数感

高效的初中数学课堂教学要在时间和空间上保证学习活动的正常展开和学习行为的真实发生，引领学生亲历过程、释放活力、灵动自主，通过具体的问题引发、引导、引领学生思考，在形式和本质上确保学生在“动”中体认数学感悟. 常态化的教学活动中，课堂时间紧、教学容量大、活动形式虚、提问内容空、追问变式多，直接导致课堂教学质量低，学生学习假，对学习不主动、没兴趣、不参与、不投入，“动”的意识较差. 本节课一改以往的授课模式，教师少讲多引，成为活动的参与者、旁观者、促进者，真“引”学生通过“动”对勾股定理概念的内涵与本质进行深度研学，从多视角、多层次、多方位对勾股定理进行验证，在数感思维的驱动下形成对于直角三角形三边关系的深度思考. “引”重基础、多活动、快反馈，使学生逐步学会用数学的眼光观察生活，用数学的语言表达生活，用数学的思维创新生活.

（四）真“思”——在“会”中体悟数感

瑞士教育家裴泰洛齐认为：“教学的任务，不是积累知识，而是发展思维.”思维的深度和广度是学生真“思”的体现，学生只有在“会”中才会主动思、互动思、灵动思. 本节课通过对生活情境的再回归以及对活动问题的再追问，充分体现了学生“思”的价值. 转变教学思维方式，做到“能让会引”“真学善思”；转变学习思维方式，做到跨界融合、主体能动. 围绕目标让学充分、引思深入，引领学生深入思维、融汇方法、体悟思想，学生的思维在学习过程中不断发展和升华，在文字、符号、图形中诠释勾股定理的数学魅力，升华学生的数感，感悟生活的本质，在真“思”中践行立德树人的根本任务，发展学生的数感思维，提升学生的数学素养，培养学生的必备品格和关键能力.

“让学引思”的提出，推动了教师的“教”和学生的“学”的方式的变革. 让学有度，引思有路；让出精彩，引得奇效. 学生的学习在悄无声息中真正发生，学生的思维一次又一次拔节. 这样的课堂是尊重学生天性、激发学生动力的课堂，能点燃学生的智慧，彰显生命个性. “让学引思”的课堂总是由教师开始，由学生展开，由收获结束. 开始需要起点，结束需要助力，这样的“学思共生”课堂才是高效培养学生数感的新思路.

实践成果二 智慧让学：发展初中生数感的创新路径①

随着大数据、大概念、单元教学、智慧教学的不断深入，为践行立德树人根本任务，促进学生全面发展，创新学科育人的价值旨归，应在智能化背景下让“教”与“学”真正落地生根. “智慧让学”顺应课标、课改、课堂发展要求，适应学生自主、主动、动态的发展需求，在让出位置中呈现精彩、在让出时间中引发思考、在让出空间中激活思维，能有效培养学生的高阶思维，立足学生倾听、表达、思考，促进学生数感、量感、形感、空间感的融合发展.

智慧让学，是为学生学习智慧移位、转换角色、给足空间、留有时间，要让得主动、让得真实、让得智能. 智慧让学，是对生本课堂的尊重，是对生命主体的关注，是对生成差异的优化，教师因情而设，因学而教，让学生由台下的“听霸”成为台前的“学霸”. 智慧让学，是视野的开阔，教师若以应试之眼看世界，则难免一叶障目，若以静待花开之心观学生，则世间万物会尽收眼底. 智慧让学，是弹性的预设，是讲授的留白，以挖掘潜能、促进交流、提升技能为主旨. 只有让得及时，才能学得主

---

① 陈大帅，袁玉春，王国强. 智慧让学：发展初中生数感的创新路径[J]. 数学教学通讯，2022(2)：60—61,63.

动，才能让学生的思维在沟通中生长，在争辩中迸发，呈现出应有的活力，从而促进学生数感能力的提升. 笔者现结合自己在践行智慧让学中培养学生数感的体验，谈几点体会.

一、让出位置，在合作中呈现精彩

长期的应试模式导致初中数学课堂只注重语言知识的传授，而忽视了学生的合作、实践、体验，影响了学生创新意识的形成，导致学生数感能力低下. 因此，教师要腾出空间，让出位置，为学生提供合作交流的舞台，让他们建立“合作共同体”，形成为完成同一任务而不懈努力的氛围，形成相互依赖、共同分享的人际交往关系，促进学生数感的培养，从而发展学科素养.

（一）科学组建合作小组

课堂上小组的随意划分，造成组间实力的不均衡，不利于组间的竞争，不利于学生多元信息的交流、智慧的迸发和数感的发展. 教师应充分考虑学生的性别、兴趣、能力、个性等方面的因素，均衡划分小组，以保持组间实力的整体一致，促进组内成员的有效学习与沟通协作. 每组应选出一名成绩优秀、责任心强、有担当意识、管理能力强的学生担任小组长. 学习小组的划分也不是一成不变的，要随着学习活动的开展，根据学情调换小组成员. 诸多角色之间要通力协作，同心同力，相互支持，才能顺利完成教师布置的任务，提高团队的合作意识与沟通能力.

（二）精心选择合作内容

苏科版初中数学教材贴近学生的生活实际，适合合作学习活动的开展，教师要利用新媒体等辅助教学手段，创设合作交流的情境，引导学生开展对话练习、情境表演等，探寻合作内容与学生兴趣的交叉点，让他们充分展示、大胆表达，针对质疑点、易错点、混淆点、重难点等内容展开争辩，让不同思维相互碰撞，从而产生共鸣，擦出智慧的火花，在交流互动、动态生成中培养学生的数感，提高合作学习的能力.

（三）多元优化合作评价

合理的多元评价应贯穿整个合作活动的始终. 在评价内容上，教师要从任务的完成、反馈的检测、作业的检查、课堂的表演、合作的技能等方面进行评价，既要看任务完成的正确率，作业的准确率、背诵的检查情况，还要对合作、展示的表现，作业的书写态度，团队合作情况进行综合性多元评价. 同时教师可采取课评、日计、周结、月奖的方式对评价进行优化创新，促进学生竞争意识的发展，提高学生的合作积极性，科学合理地对学生做出及时评价，让他们感受在合作学习中的收获，增加合作的信心与动力，促进学生数感能力的提高，进而增强学好数学的自信心.

二、让出时间，在对话中引发思考

对话，是双方或多方之间的协商、谈判. 对话双方的观点中有共同的愿望，也存在差异，他们针对某一个或几个话题进行协调以达成共识. 对话离不开理性的思考，不是言不由衷、答非所问，而是要具有思想性，融入思维的交流. 教师的讲授要为对话让时间，给学生留有充足的思考时间，让他们以对话的形式共同商讨、共同探究，尝试解决教学中的各种问题.

（一）创设适宜的对话空间

丘吉尔认为：我们创造了建筑物，建筑物也反过来影响了我们. 学生座位的安排、设备的摆放等自然环境因素影响了学习共同体的建构，也影响了对话的质量. 审视传统的教室空间环境，讲台置于前面的正中央，学生以四大组、三大组的形式整齐地摆放，这样的摆放也暗示着师生之间的主体和客体关系，学生客体的格局尚未打破，他们的活动范围被限制，难以进行深入的讨论交流. 学生的视域范围主要是教师、黑板、投影，教师的眼中多是坐在前排的学生. 合理的课桌摆放能促进学生的主动发展，座位的安排能促进师生、生生之间的对话交流. 教师可以采用分组的圆形座位编排形式，让学生面对面地交流，以便学生讨论、展示，充分地交换意见，教师也有更多的机会关注其他同学.

（二）提供丰富的对话素材

对话教学离不开丰富、多样的知识背景作为支撑，否则对话也只能变得虚假与空洞. 多样的素材能促进学生的对话深入开展，教师要为学生提供有关政治、经济、历史、地理、风土人情、生活习惯等话题材料，以文化差异激发学生学习数学的兴趣，提高数感，达到促进学生运用数学语言进行精准表达的目的. 比如在教学苏科版数学七年级上册“正数与负数”时，针对数系扩充的原则与特征，学生可利用小学学习的自然数、分数等对数的认知经验增加至对负数的认知，从而将数系扩大为有理数. 为有效达成目标，高效突破重难点，教者可利用“相反意义的量”设计活动展开讨论，让学生通过网络搜索、生活感知、地理位置、气温变化、运动变化等进行取材，进而感知、感觉、感悟数. 这样做有利于培养学生的数感，有利于学生灵性学习、灵活选择、灵动生成.

(三)融入生活的对话理念

教师要立足学生的生活,从生活的视角引领学生理解所要学习的知识.传统教学中,教师无视学生的生活经验,无视学生的自主思考,使得学生“知其然”而“不知其所以然”.数学教学不是简单的概念应用,而是引领学生发现、提出、分析、解决、反思问题的过程,学生有了自己的思考才会主动发问、积极发问、融入对话.教师要将抽象复杂的自然现象变得具体化、生活化,将学生带入具体的生活情境之中,让“情”与“境”相融,让他们从内心产生数学表达的欲望.比如在讲解苏科版数学九年级上册“等可能性”时,为了让学生对等可能性条件下的概率有清晰的认知,通过摸球、抽签、抛硬币、掷几何体等一系列生活情境的体验、体认、体悟,学生对于事件发生的可能性大小经历了“模糊—感知—验证—反思—感悟”的过程,由数学抽象到数学经验再到数学创生,学生的数感能力得到提升,学生的生活体验更为深刻,学生的学科素养得到发展.

三、让出空间,在留白中激活思维

数学阅读是数学教学中不可缺少的内容,但学生的阅读时间和数量却难以得到保证,数学阅读未因生施教,而变成课堂的简单训练,学生浅尝辄止.部分教师过于强调知识结构的讲解、解题的训练,而忽视了学生的体验,使学生失去数学阅读的兴趣.因此,教师要为学生让出空间,适当采用“留白”策略,让学生自主思考、自主质疑、自主生成,从而激活思维.审视当前的课堂“留白”,教师不能准确把握尺度,在重难点处直接提问,未留有充足的思考时间,甚至还直接告知答案,课堂仍然是教师的“主场”,部分教师虽然也意识到要“留白”,但是仍片面地认为只要多“留白”就能收到良好效果,没有把握好留白的技巧,导致课堂失去连贯性.

(一)转变观念,树立生本意识

部分教师对新课程理念的理解失之偏颇,过于追求学生的自主意识,课堂节奏完全让学生掌握,认为只有这样才能培养学生的创新思维,只有这样才是真正的“生本”.然而,教师的让位不是“全身而退”,而是因生而导,为学生提供恰当的提示,在他们遇到困难时予以必要的帮助,在他们的注意力分散时予以提醒,在他们探究时为他们创设情境,帮助他们尽快融入,促进他们对知识的深刻理解.

（二）提高认识，预设留白时间

教师的“留白”不可随意滥用，也不要对“留白”发挥的效用产生怀疑，而要根据课型的多样性、阅读材料的复杂性、学生的认知基础对“留白”的时间进行预设．教师应在重点、难点处设置悬疑问题，或在提问后进行“留白”，为学生提供充足的空间去思考，以便学生获得解决问题的办法，领悟教学的重点知识，走进编者的内心世界，了解他们的真实想法．教师要心怀学生，学会倾听，只有站在学生的角度去观察、思考，才能了解他们内心真实的想法．教师要学会倾听、学会等待、学会留白，让学生更好地感知问题、发展数感、深入探究．

（三）掌握方法，依据情境留白

教师要把握“留白”的尺度，但并不是留的时间越多效果就越好，要针对不同情景、不同问题而采用不同策略．对于主要问题，教师可以多留一些时间让学生去思考；对于简单问题，教师则不必浪费时间．教师在不同的教学环节采用的“留白”方式也不同，在导入时可以利用留白策略创设情境，引导学生迅速进入情境；在授课中板书留白，帮助学生整理知识点；在提问后等待留白，给学生充足思考时间；在结课时留白，引发学生深思，让学生从小课堂融入大社会，激发他们进一步探索的兴趣．

综上，在初中数学教学中，教师要智慧教学，适应智能时代需求，切实转变观念、创新课堂、促进发展，要善“让”、真“让”、智“让”．让出位置，为学生让出合作空间，在合作中交流分享、培养数感、形成共识；让出时间，让学生进行深度对话与交流，在合作生成中进行数学表达；让出空间，在恰当处“留白”，引发学生深度学习、深度思考、深度感悟．

实践成果三　“让学引思”实现初中数学课堂的智慧翻转①

随着盐城市“让学引思”课堂教学改革向纵深方向推进，以及初中数学学科核心素养教学目标的确立和落实，为促进学生全面发展，“让学”真正成为教学设计的核心，以学设教、以学定教、少教多学，着力构建以生为本的新型数学课堂．通过以趣引思、以疑引思，让学生的数学思绪飞扬，从而为发展学生的核心素养提供个性、全面、可持续的助力，进而实现数学课堂的智慧翻转．

新课程理念下的初中数学课堂教学，要求教师积极构建新颖的课堂教学模式，

① 王国强．“让学引思”实现初中数学课堂的智慧翻转[J]．中学课程资源，2020(1)：21－22．

给学生创设自主学习的课堂学习氛围，其中“让学引思”课堂教学理念被很多教师应用于平时的教学实践，实现了让学生的学习真正发生，不仅让学生自主获取数学知识，还充分挖掘了学生的自主学习潜能，促进了学生综合能力的发展.

一、对“让学引思”课堂教学理念的理解

“让学”是德国哲学家海德格尔提出的教学理念，它直抵教学的核心和本质.“让学”的目标是实现教师教学重心的转移，其目的是突出学生的主体地位，将学习的主动权归还给学生，让学生在探索、体验、感悟中主动地学习、创造性地学习、幸福地学习，从而成为学习的主人，享受获取知识的快乐，实现教育本质的回归，这也是“让学引思”课堂教学模式追求的教学境界. “引思”即将教师置于课堂中的主导地位，为学生的学习活动指明方向. 教师“引”的目的在于让学生“思”，要让学生“思”有方向、“思”有价值，并契合课堂教学重、难点中的“思”.

教师只有准确理解并科学、合理地处理好“让学”与“引思”之间的关系，把握好分寸，才能保证课堂教学质量的提升. 其中，“让”是“引”的前提，“引”是为了更好地“让”，其最终目的是通过“让学引思、引学激思”，让学生“乐学爱思、会学善思”.

二、积极实施“让学引思”课堂教学理念的有效策略

“让学引思”课堂教学模式的构建，其本质是积极倡导“生本理念”课堂，为学生构建以学为中心的高效课堂. 教师要坚持让学引思，将课堂的主动权还给学生，改变传统的课堂教学模式，不仅要让课堂成为学生获取知识、提升能力的舞台，还应让学生在富有生命力的课堂氛围中充分享受获取数学知识的快乐. 教师在实施“让学引思”课堂教学模式时，应着力从以下几方面入手：

（一）“让学”，构建以生为本的数学课堂

1. 以学设教，将课堂还给学生

对于初中数学学科教学，很多学生感到枯燥、单调，除了教师讲得过多之外，很大程度上是教师没有从学生的实际出发，没有从校情班情学情出发，以学设教.

比如，对于“勾股定理”的验证，很多教师突出教材中的几种勾股定理的验证方法，以讲授替代学生的探究活动，没有给学生充分的探究时间与空间，这种缺乏数学实践活动的课堂教学，过多地强调了解题能力的训练，使学生缺乏主观认识，从而使课堂教学质量大打折扣. 以学设教是指教师将课堂还给学生，通过构建丰富

的数学实践探究活动，让学生体会并感悟数学知识的形成过程，实现从以教为中心到以学为中心的根本性转变．为学设教，落实到课堂教学便是“设教为学”，即课堂教学目标切合学生的实际，让学生自己发现问题，参与探究活动，自己总结收获与体会．同时，教师在实施课堂教学前，不仅要思考本节课学生究竟学什么，还必须清楚怎么学才切合学生的知识基础与认知发展规律，正所谓“研究让学生学什么比研究学生怎样学更重要”．

2．以学定教，珍视学生的个体差异

著名教育家陶行知说过：“教什么和怎么教，绝不是凌空可以规定的．他们都包含‘人’的问题，人不同，则教的东西、教的方法、教的分量、教的次序都跟着不同了．”因此，以学定教要珍视学生的个体差异，积极践行因材施教．教师要结合初中生的数学学习基础与认知能力，根据学生的学习进展、需求和意愿，开展恰当的数学学习活动，以满足不同层次学生的需求，从而将教师的数学思想方法与学生的思维动态融合在一起．以学定教，不仅满足了每一位学生的需求，而且从学生群体出发，基于学生的数学经验、思维能力以及在数学探究中可能存在的困难等，为不同类别的学生准备好个性化的数学学习方案，从而真正做到因材施教，让每一个学生都能得到充分的发展．

3．少教多学，给学生创设探究平台

“让学”必须将学习的主动权归还给学生，给学生创设自主探究的平台，这样教师支配的时间大大缩减，学生才能有更多的自主学习时间，从而实现少教多学，让学生得到更大的发展．在少教多学的数学课堂中，学生有更多的时间去观察、思考、探究、讨论、交流、消化知识、体验数学学习的过程、感受其中蕴含的数学思想与方法，从而构建知识体系，提升思维能力．

比如，在对“矩形、菱形、正方形的概念及性质”进行探究时发现，教材对这几种特殊四边形之间的关系涉及不多，教师可以从数学探究活动入手，给学生更多的自主探究空间．教学中，教师给学生提供了三张纸条（其中两张的宽度相同），让学生通过适当的叠合摆放，制作出平行四边形、矩形、菱形、正方形．在这一探究活动中，教师顺势引出概念，并揭示它们的本质属性．少教多学，其核心是让学生自主探究数学知识，提升学生的数学素养，整个过程充分突显了“让学”的基本理念．

（二）“引思”，让学生的数学思绪飞扬

初中数学课堂教学中，教师不能将学生变成获取知识的“容器”，应对学生进行有效引导，鼓励学生积极参与课堂探究活动，主动思考、交流，实现思维碰撞，从而让学生的数学思绪在课堂上飞扬，对数学问题的思考在课堂上“百花齐放”. 因此，教师要善于“引思”，采取有效策略，激发学生的思维，促进学生数学思维能力的发展.

1. 以趣引思，主动参与课堂探究

由于初中数学的很多知识体系都具有一定的抽象性，而初中生的思维发展特点仍以直观形象思维为主，因此，教师要激发学生的探究兴趣，以趣引思，促使学生主动参与课堂学习，乐于思考，从而提高学生的思维品质.

比如，在探究“相似三角形的应用”时，教师可以给学生提供卷尺、标杆、直角三角板等必备器材，设计好探究问题：如何利用所提供的工具测量学校建筑物的高度？请设计方案和测量步骤. 具有趣味性的探究问题能引起学生的兴趣，在教师的有效引导下，学生通过多角度思维设计出不同的测量方案，并提出更多有价值的问题，提高了课堂探究的质量.

2. 以疑引思，提升思维的品质

俗话说：“学起于思，思源于疑.”因此，教师要让学生主动质疑，通过质疑引导学生积极主动地思考，从而促使学生的数学思维能力在主动思索和问题解决中不断提升并逐步发展.

比如，在探究“一次函数图像的变换”时，学生通过自主探索得出直线平移后关系式变化的规律，教师便引导学生从几何图形的几种变换入手，促使学生产生疑问：如果沿着 x 轴平移，关系式会发生怎样的变化？如果绕着某个定点旋转，关系式会发生怎样的变化？如果作出已知直线关于 x 轴或 y 轴的对称直线，关系式又会发生怎样的变化？……学生通过对一个个问题的探究，产生一系列的问题，从而围绕提出的问题主动探究，达到“做一题，会一类，懂一片”的目的，以此活跃思维，提升思维品质.

在当前大力推进“让学引思”课堂教学模式的背景下，数学课堂教学回归数学学科教育的本质. 数学课堂教学的质量归根溯源还是看学生是否主动获得必备的数学知识，学生的数学思维能力是否得到提升与发展. 这两点是课堂教学所追求的目标，也是实施“让学引思”课堂教学模式的出发点与归宿.

第七章

数感培养之“深度学习”

第一节　“深度学习”理论溯源探析

一、“深度学习”理念阐释

“深度学习”是一种行为，也是一种理念，更是一种追求．它是课堂教学改革的基本理念，既具有现实意义，又具有时代特征．“深度学习”是指在理解学习的基础上，学习者能够批判性地学习新的思想和事实，并把它们融入原有的认知结构中，将众多思想联系并迁移到新的情境中，做出决策和解决问题的学习方式．“深度学习”是一种面向真实社会情境和复杂技术环境的学习方式和学习理念，倡导通过深度加工知识信息、深度理解复杂概念、深度掌握内在含义，主动构建个人知识体系迁移并应用到真实情境中解决复杂问题，最终促进学习目标的全面达成和高阶思维能力的发展．它是一种主动的、批判性的和开发性的学习方式，也是实现有意义学习的有效方式．

“深度学习”一词兴盛于计算机领域，也称为深度结构学习、层次学习或深度机器学习，是一类算法集合，是机器学习的一个分支．在计算机领域，“深度学习”这一术语其实已有 40 多年的历史．1976 年，费伦斯·马顿和罗杰·萨尔乔在《学习的本质区别:结果和过程》一文中首次提出了“深度学习”的概念．1986 年，德克特首次将“深度学习”这一术语引入机器学习领域.2000 年，艾森伯格等首次将“深度学习”的概念引入人工神经网络．我国对“深度学习”的研究起步较晚，随着美国教育传播与技术协会对教育技术的重新定义和对深度学习理念的着重强调，我国研究教育技术的专家学者也开始关注这一理念．黎加厚教授是国内最早介绍深度学习概念的专家之一.他认为:深度学习是在理解学习的基础上,学习者能够批判地学习新的思想和事实,并将它们融入自己原有的认知结构中,能够在众多思想间进行联系,也能够将已有的知识迁移到新的情境中,做出决策和解决问题的学习. 北京师范大学的郭华教授认为:深度学习是指在教师引领下,学生围绕具有挑战性的学习主题,全身心积极参与、体验成功、获得发展的有意义的学习过程. 综合国内外学者的研究,深度学习是一个复杂的机器学习算法,在语音和图像识别方面取得的效果远远超过先前相关技术,在形成学生核心素养、促进学生全面发展,以及在未来教育的实践创新中发挥着重要作用.

二、"深度学习"的基本特征

深度学习的提出,既是对教学规律的尊重,也是对时代挑战的回应,为理解教学提供了新视角,为教学理念提供了新支撑. 其基本特征如下:

1. 主动性——深度学习调动了学生的学习兴趣,激发了学生主动学习、主动探究和主动解决问题的意识,变"要我学"为"我要学".

2. 批判性——深度学习要求学习者在理解知识以后,再对知识提出质疑.对学习者来说,只有持有批判和怀疑的精神,才能对新知识进行深入的思考,进而获得对知识的深层次理解,并开展创造性的学习活动.

3. 多样性——随着学习内容的深度化和思考的深层化,学习任务具有挑战性,问题情境具有探究性,学习历程具有开放性,目标达成具有综合性.

4. 创新性——深度学习要求对知识进行深层次理解,对信息进行综合加工,然后结合自己的体验与感悟,对学习对象进行深度提炼,获得新的认知,并对原有知识和信息有更全面、深入的理解与思考.

5. 综合性——与浅层学习将知识和信息看成是孤立的、毫无联系的单元不同,这里的综合不仅指多学科知识、多渠道信息的整合,而且包含新知识和旧知识、新信息和旧信息的整合.

6. 引领性——深度学习不仅是学习行为的优化,而且对学生的学习有众多引领作用,如思想的引领、思维的引领、情感的引领、知识的引领、问题的引领与探索的引领等.

7. 发展性——学习知识就是为了提高能力. 在知识大爆炸的今天,学习是无止境的.学习者要想获得更大的提升,保持自身的竞争力,就必须坚持主动学习,而深度学习是一种促进终身发展的学习．另外，深度学习就是追求知识深化、方法优化和能力发展的一种学习方式．

8．实践性——任何知识的学习都是为了解决实际问题，深度学习也不例外，只是比一般学习的要求更高．学习者必须拥有能够解决复杂问题的能力．从某种程度上来说，问题越复杂，学习就越深入，实践效果就越充分．

第二节　“深度学习”创优数感培养

一、“深度学习”与“数感培养”

随着信息化、网络化、智能化时代的快速发展，知识增长的方式也发生了质的变化．为适应互联网时代的需求，教育和学习方式必须改变，需要从接受定论性知识为主的积累式学习、浅层学习转变为着眼于知识建构与创生的探究式学习、深度学习．“深度学习”是相对于浅层学习而言的．浅层学习以知识获取和记忆训练为主要特征，以感知、记忆、模仿、操练等低层次认知活动为主要学习活动，以低阶思维为主要思维方式，学习处于较低的认知水平；深度学习则以知识深度加工、意义建构和深度思维为主要特征，以理解、应用、分析、推理、综合、评价、创造等高层次认知活动为主要学习活动，以高阶思维为主要思维方式，学习处于高认知水平．“数感培养”是基于学生对数的感悟，着重对数与数量、数量关系、运算结果估计等方面的能力提升．数感主要表现在：理解数的意义；能用多种方法来表示数；能在具体的情境中把握数的相对大小关系；能用数来表达和交流信息；能为解决问题而选择适当的算法；能估计运算的结果，并对结果的合理性做出解释．培养数感有助于学生理解现实生活中数的意义，理解或表述具体情境中的数量关系．不难看出，深度学习有助于学生转变对数的感悟方式，有助于学生在深度认知、深度理解、深度思维、深度建构、深度迁移、深度反思中培养数感．

二、“深度学习”的内涵价值

“深度学习”作为学生学会学习的提升性与发展性学习，在课堂教学中，探求知识是初心，自主学习是起步，深度学习是追求，发展学力是结果，它们相互融合、相互贯通、相互统一. 深度学习是基于学生理解教材的基础上，创设出学习情境，引导学生自主开展“追根溯源、揭示规律、提炼本质”的探究活动，从而获得知识、思想、方法与能力的学习. 其积极意义在于融合核心理念，优化认知方式、发展数感能力. 其内涵价值主要体现在如下方面：

1. 高度投入. 高度投入、主动学习是深度学习发生的原动力和保障，高度的行为投入、思维投入、情感投入，才会引起深度学习的真正发生. 学习中，学生处于积极主动的学习状态，基于学习的内在需求和学习兴趣，在情境、问题或学习任务导引下深度学习、积极参与、高度投入.

2. 深度思考. 深度思考是深度学习发生的关键. 学生在课堂上愿想问题、会想问题，情境性思维、批判性思维、创造性思维等高阶思维能力得到有效发展. 首先，学生积极思考，思维活跃，围绕学习内容深入思考、对话，积极表达与展示自己的思维过程. 其次，学生善于思考，思想深刻，敢于质疑，形成精彩观点或独到见解.

3. 意义理解. 意义理解是深度学习发生的重要标志. 学习中，学生能调动、激活知识经验，对学习内容加以解释，重新建构其意义，促进知识的学习从表层符号到内在的逻辑形式和意义领域，促进意义与经验的对接，形成良好的知识结构，实现知识的长久保持和灵活运用.

4. 迁移应用. 美国国家研究理事会研究概括出深度学习的本质，即“个体能够将其在一个情境中的所学知识运用于新情境的过程”. 也就是说，深度学习的本质是学生在理解知识的基础上，能将所学知识迁移应用，解决新问题或真实情境中的复杂问题.

三、“深度学习”的创新策略

1. 让学：为学习发生、数感培养提供充分的学习时间和空间，学生的学习要有深度. 教师要有“让学”的意识，以学生的学习为中心组织教学，先学后教，要基于学生立场，放宽学习的时间，提供充分的学习空间，学生的数学理解、感悟才能更加深入.

2. 驱动：以高认知水平学习任务引导学生深度学习与数感培养，创设蕴含真问题的情境，并以开放性、探索性、挑战性的“高认知水平学习任务”为学习支点，驱动学生积极思考和探究，使其形成深层次的认知和积极的情感体验，助力学生的数感体验真实发生.

3. 激活：鼓励学生提问和开展深度对话，问题引领思考和学习，学生在学习中能提出深入的问题是深度学习的标志．教学中，要营造开放的心理氛围，鼓励学生提出问题，培养学生提出问题的能力，激发学生在反思、质疑、追问中生成数感、生成素养．

4. 建构：在深学悟透、意义理解、深度建构中加强深度学习与数感培养．意义理解是实现深度学习与数感培养的关键．有效的认知就是激活学生已有知识或经验，并在深度学悟中关联、建构、迁移、应用，促进学生数感的建构生成，让学习在深度学思中真实发生．

第三节　“深度学习”典型教学案例

案例一　一元一次不等式

一、课题(学科和年级)

本节课选自苏科版数学七年级下册第 11 章“一元一次不等式”．

二、教材分析

本节内容属于“一元一次不等式”单元整体章前建构活动课，它既是对数与量、量与量、数与式关系进一步学习的需要，又是第 4 章“一元一次方程”和第 10 章“二元一次方程组”学习基础上的延续，更是后续学习方程和函数的必备知识．

不等式是刻画现实世界中量与量之间不等关系的有效数学模型，而一元一次不等式则是表示不等关系的最基本的工具，是学生学习其他相关数学知识的基础，是联系生活和数学的桥梁和纽带，是中考数学的重要考查内容．一元一次不等式的数学本质、类比化归、模型价值有助于学生深度体会生活中的不等关系，有助于学生对不等式全方位、立体化、多维度的整体结构化理解，有助于学生在生活线、知识线、数学线中融合共生数学学科素养．

三、学情分析

七年级学生在小学阶段已经对生活中的不等关系有了初步了解，在初中阶段学生又进一步学习了等式、方程、方程组等知识，积淀了一些数与量、量与量、数与式关系的基本经验，能从生活情境中抽象提炼不等关系并建构不等式模型. 基于此，本节课引领学生对生活中的不等关系进行数学化、符号化、结构化思辨，为进一步学习方程和函数知识做准备，也为高中阶段深入学习方程、不等式、函数等知识打基础.

四、教学目标

1. 通过对生活中不等关系的感觉、感受、感悟，了解不等式的意义、内涵、价值，初步体会一元一次不等式是刻画生活中不等关系的有效数学模型.

2. 经历“生活—调查—类比—抽象—推理—建模”的学思融通，对一元一次不等式单元整体进行数学化、结构化、模型化，让学生在对比与类比中爱学、学会、会学.

3. 引导学生从多角度、多方位、多层面提出问题、分析问题、解决问题，在发现、生发、发展中生长数学，提升数学抽象、逻辑关联、数学建模等学科素养.

五、教学重、难点

1. 重点：理解不等式、不等式解集、不等式的基本性质、一元一次不等式(组)的本质.

2. 难点：学会用数学建模表征一元一次不等式(组)，类比方程建构整章学习体系.

六、设计思路与理念

1. 设计思路：回归生活、回归学材、回归实验，注重学思融通，努力构建生本课堂和学本课堂，从“为何学—学什么—如何学”整体建构，梯次拔节，生长思维. 具体流程如图 7-1 所示.

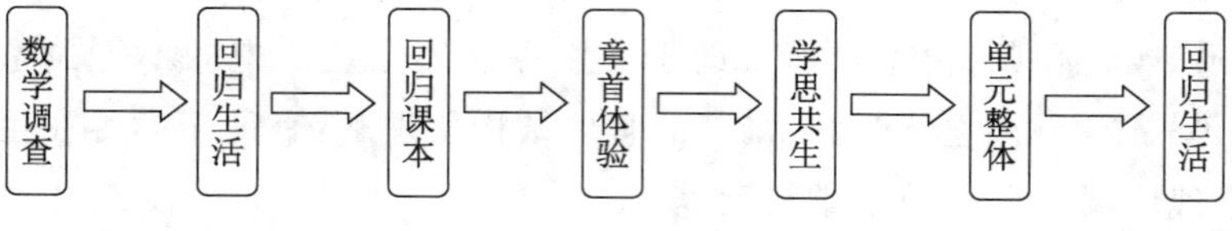

图 7-1

2. 设计理念：一元一次不等式是刻画现实生活中不等关系的数学模型，是学生学习其他相关知识的重要基础. 本设计主要从生活源点出发，借助数学调查活动组织教学，突出三方面的教学主旨：体现学生的主体意识，体现学生的思维层次，渗透类比化归思想，让学生在“引悟—感悟—顿悟—慧悟”中生成不等式(组)，依托问题驱动、操作驱动、学思驱动，在显性资源、隐性资源的抽象提炼中凸显生活化、符号化、数学化，在学思融通中共生学本、生本、学力课堂，培养学生理解、建构一元一次不等式单元整体思维模型的能力，发展学科素养.

七、教学方法

师生合作法、生生合作法、小组合作法、类比化归、抽象建模等.

八、教学过程

(一) 数学调查，生本活动

情境 1：组织学生开展有关一元一次不等式问题的数学综合实践调查活动，深入工厂、商场、农贸市场、银行等，观察和收集日常生活、生产实践中的一些数据和不等关系(图 7-2).

(a) (b) (c) (d)

图 7-2

情境 2：观察数学调查微视频，你有哪些发现？(播放课前录制好的微视频)

情境 3(追问)：如何处理调查收集到的数据呢？这些不等关系中又蕴含了哪

些数学道理?

（板书课题）

[设计意图] 情境创设是在遵循教材编写意图的基础上进行的设计，数学综合实践调查活动有效实现了探寻不等关系的生活源点，唤醒学生的知识储备与已有经验，让学生在“问”中动手、动口、动脑，发现不等式的雏形，激发学习的源动力.

（二）回归生活，学本活动

1. 比一比：同类量之间的不等关系，如长度、面积、体积等.

2. 说一说：你还能列举出一些生活中的不等关系吗?

3. 想一想：如图 7-3 所示，从甲地去乙地走第________条线路最短，依据的数学事实是____________.

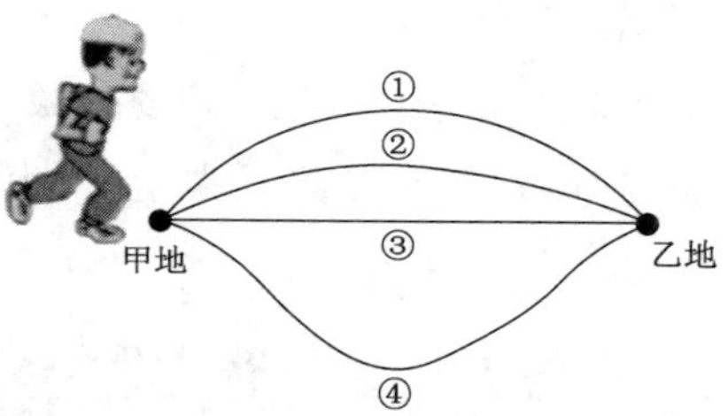

图 7-3

4. 想一想：如图 7-4 所示，你能用数学式子表示图中量的关系吗?

乘客a(人)　　车速v(km/h)　　车高h(m)　　车重x(t)

图 7-4

[设计意图] 数学来源于生活，又服务于生活. 回归生活问题，体会同类量之间的不等关系，让学生在熟悉的情境中唤醒知识经验——两点之间线段最短，为建构不等式模型作支架.

(三) 回归课本,体系建构

前几节课已经学过等式、方程、方程组方面的哪些知识呢?

生本活动:梳理建构前面所学的一元一次方程(组)的单元整体知识脉络(图 7-5).

图 7-5

[设计意图] 让学生通过回归课本,唤醒学过的等式、方程、方程组方面的相关知识经验,为进一步类比探究一元一次不等式做铺垫,让学生明白学习一元一次不等式的必要性和重要性,以及一元一次不等式的主要内容.

(四) 章首问题,体验知识

1. 章首问题:如图 7-6 所示,一只纸箱质量为 1 kg,当放入一些苹果(每个苹果的质量为 0.25 kg)后,纸箱和苹果的总质量恰好是 10 kg. 请问纸箱里装了几个苹果?

图 7-6

两种解法:(板书)

(1) 算式解法:$(10-1)\div 0.25$.

(2) 方程解法:设纸箱里装了 x 个苹果,根据等量关系“苹果质量+纸箱质量=总质量”可得,$0.25x+1=10$.

2. 章首问题变式:

变式一:一只纸箱质量为 1 kg,当放入一些苹果(每个苹果的质量为 0.25 kg)后,纸箱和苹果的总质量不超过 10 kg. 你能估计纸箱内最多能装多少个苹果吗?

不等式解法：设纸箱内最多能装 x 个苹果，根据不等量关系“苹果质量＋纸箱质量≤总质量”可得，$0.25x+1\leq 10$.

3. 学力展示：

问题一：如图 7-7 所示，根据科学家测定，太阳表面的温度不低于 6000 ℃，设太阳表面温度为 t ℃，怎样表示 t 与 6000 之间的关系？

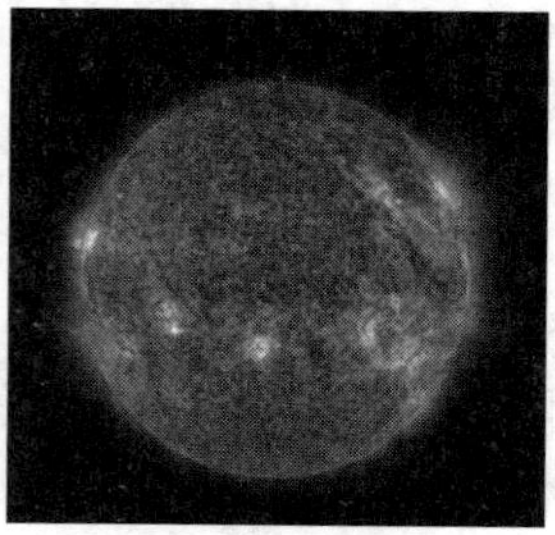

图 7-7

问题二：如图 7-8 所示，天平左盘放了 3 个乒乓球，右盘放了 1 个 5 g 砝码，天平倾斜，设每个乒乓球的质量为 x g，怎样表示 x 与 5 之间的关系？

问题三：如图 7-9 所示，小明与小聪玩跷跷板，两人都不用力时，跷跷板左低右高，小明的体重为 p(kg)，小聪的体重为 q(kg)，书包的质量为 2(kg)，怎样表示 p 与 q 之间的关系？

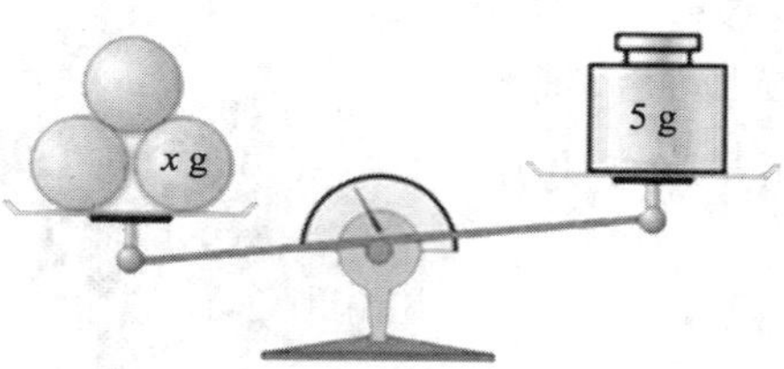

图 7-8

图 7-9

问题四：小丽的年龄不是 3 岁，表示小丽年龄的字母 x 的值与 3 之间有什么关系？

［设计意图］ 回归章首问题，从算式、方程、不等式的视角展开探索，引领学生从章首问题的多种解法入手，对数量之间的相等与不等关系进行处理并尝试建构模型，初步感受算式、方程、不等式的本质关联，为理解一元一次不等式的本质打基础.

（五）学思融通，类比化归

1．学本活动一：

（1）观察下列式子，类比方程经验建构不等式模型（图 7-10）．

$0.25x+1=10$，$0.25x+1\leqslant 10$，$v\leqslant 80$，$t\geqslant 6000$，$3x>5$，$p<q+2$，$x\neq 3$．

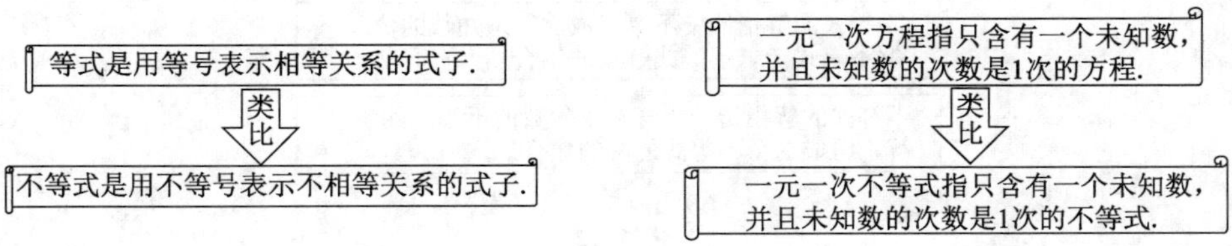

图 7-10

（2）辨一辨：判断下列各式中哪些是不等式？哪些是一元一次不等式？

① $a^2+1>0$；② $a+b=0$；③ $13>9$；

④ $3x-1\leqslant x$；⑤ $4-2x$；　⑥ $x-y\neq 1$．

（3）搭一搭，算一算：

如图 7-11 所示，用 4 根火柴棒可以搭 1 个正方形，用 7 根火柴棒可以搭 2 个正方形，用 10 根火柴棒可以搭 3 个正方形，照此搭法，搭 n 个正方形需要火柴棒________根．

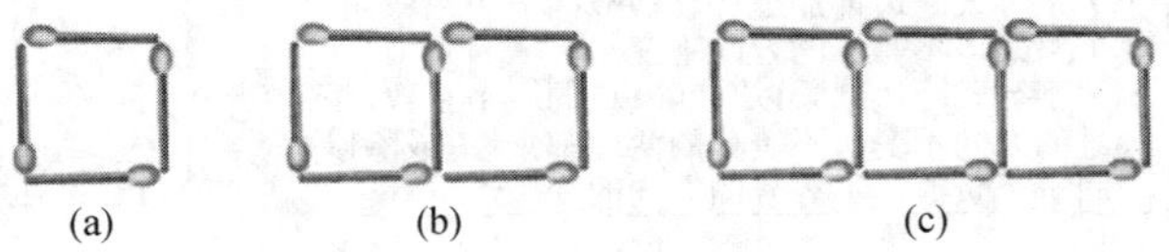

图 7-11

追问：请同桌合作，用你们现有的火柴棒搭正方形，最多可以搭________个．

2．学本活动二：

章首问题变式二：一只纸箱质量为 1 kg，当放入一些苹果（每个苹果的质量为 0.25 kg）后，纸箱和苹果的总质量不超过 10 kg．计算并交流讨论：表 7-1 中 x 的值能使不等式 $0.25x+1\leqslant 10$ 成立吗？

表 7-1

苹果数 x/个	20	25	30	35	36
总质量/kg					

学思融通 1:类比方程的解的经验,表达不等式的解及不等式的解集(图 7-12).

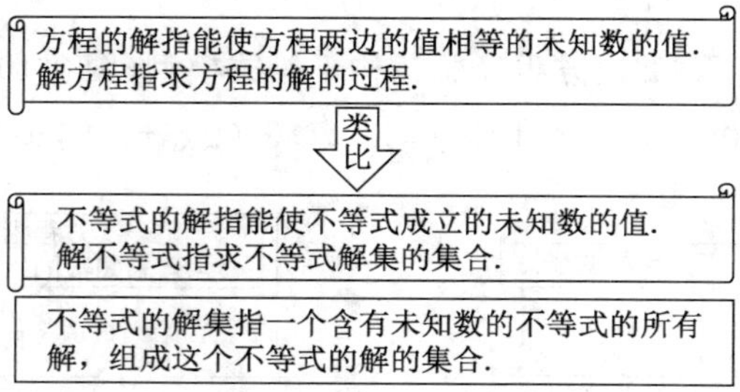

图 7-12

学思融通 2:类比等式的基本性质,建构不等式的基本性质,并尝试运用性质解不等式(图 7-13).

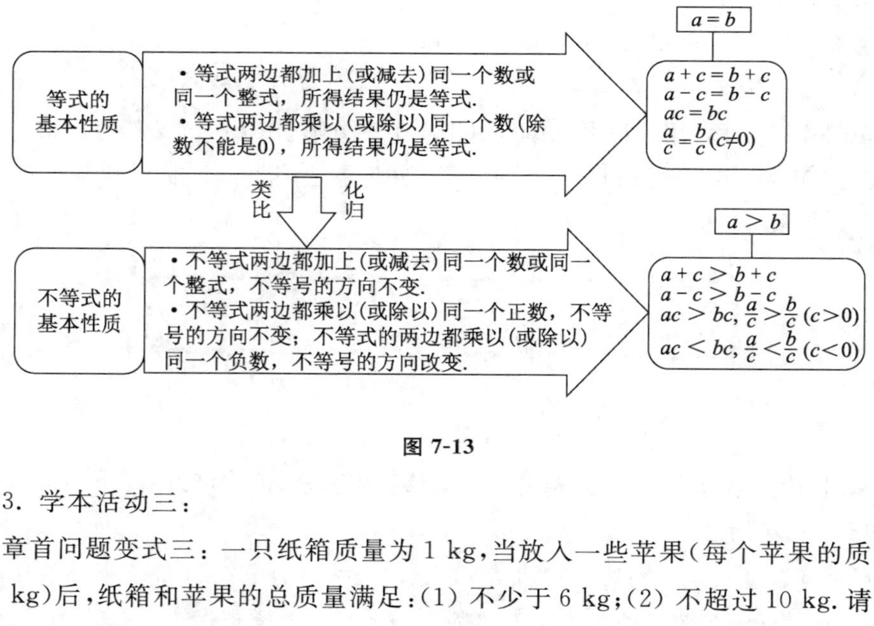

图 7-13

3. 学本活动三:

章首问题变式三:一只纸箱质量为 1 kg,当放入一些苹果(每个苹果的质量为 0.25 kg)后,纸箱和苹果的总质量满足:(1) 不少于 6 kg;(2) 不超过 10 kg.请问纸箱里装了几个苹果?

不等式组的解法:设纸箱里装了 x 个苹果,根据题意得

$$\begin{cases}0.25x+1\geqslant6\\0.25x+1\leqslant10\end{cases}.$$

学思融通 3:类比方程组及其解,建构不等式组及其解集(图 7-14).

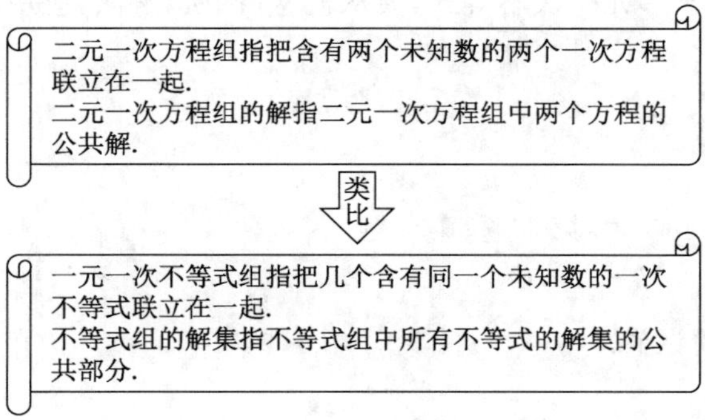

图 7-14

[设计意图] 经过三次学思活动和三次变式训练,让学生在类比化归中建构一元一次不等式的知识脉络,在对一元一次不等式模型的探究中生成体悟,从数到量再到式,从一般到特殊,对生活中的不等关系进行数学建模,发现本质、总结方法,体认其价值旨归.

(六) 学力反思,回归生活

1. 学思活动,体验知识:这节课你学到了哪些新的数学知识、思想和方法呢?

2. 生本活动,体悟章首:生活中处处都有数量之间的不等关系.

3. 学思融通,脉络建构(图 7-15).

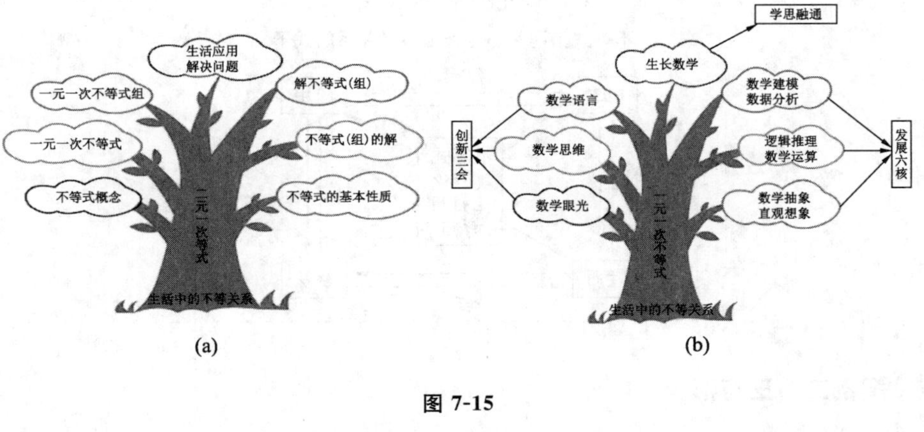

图 7-15

4. 数学史话,体认思想:中国古代衡器、桔槔、著名数学家哈代的著作《不等式》.

[设计意图] 回归生活、回归章首、回归课堂,学习一个数学模型需要掌握模型的本质属性及内在关联,要从单元整体的视角去建构知识脉络,明确为何学、学

什么、怎么学. 对于一元一次不等式,要从概念、性质、解法、应用四个方面去理解.

九、作业评价

1. 自主评价

教材第 139～140 页:第 1 题、第 4 题.

2. 同级评价

见课时日日清试卷.

3. 创新评价

请同学们课后继续思考一元一次不等式组的解法及如何在数轴上表示不等式(组)的解集,并将想法及发现写成一篇数学创作小论文,老师期待你们的创新思考,加油,同学们!

[设计意图] 通过自主、同级、创新评价,进一步加深对一元一次不等式的理解和运用,既能考查一元一次不等式的本质属性,又能加强对“数、量、式”关系的深度理解、思辨、迁移,并依托一元一次不等式模型,建构实际问题的数学化,积累数量之间不等关系的经验,从数感到量感,提升能力和素养.

十、板书设计

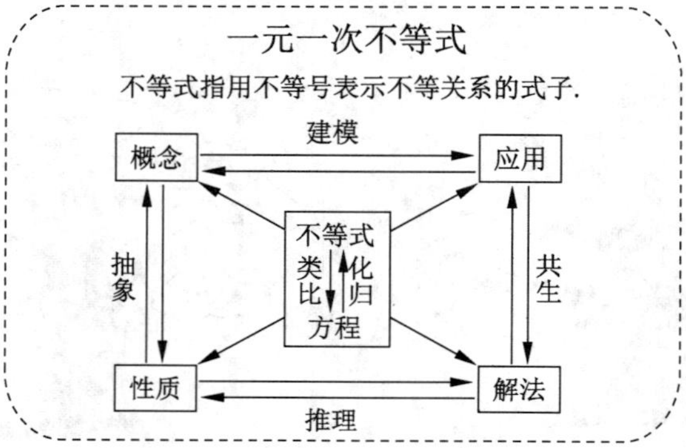

案例二　正方形

一、教材分析

“正方形”是苏科版数学八年级上册第 3 章 3.5 节和苏科版数学九年级上册第

1章1.3节的内容. 四边形是人们日常生活中应用较广的一种几何图形,尤其是平行四边形、矩形、菱形、正方形、梯形等特殊四边形. 正方形既是四边形中的特殊图形,也是“空间与图形”的主要研究对象之一. 近几年中考试卷中经常出现以正方形为背景的各种题型,因此,复习好正方形相关内容对取胜中考有很大的帮助. 通过复习可以帮助学生明晰一些模糊的概念,认识到数学在现实世界中的广泛应用,面对实际问题时能主动尝试从数学角度运用所学知识和方法寻求解决问题的策略,进一步发展学生的思维能力和创新能力,为学好数学做充分的准备.

二、学情分析

2022年中考复习是基于“双减”背景进行的,复习时间与训练容量都是有限的,如何在新形势下全面复习初中三年所学的数学知识,形成基本技能,掌握基本方法,提高解题能力,对学生是一个挑战. 时间紧、任务重、要求高已是学生的共鸣,在这种情况下学生对于数学思想和数学方法的灵活运用就会茫然. 因此,构建平等、民主、合作的复习环境,让学生以愉快轻松的心情去复习,一定会起到事半功倍的效果.

三、中考要求

1. 理解并掌握正方形的定义、性质和判定.
2. 能运用正方形相关知识解决有关问题.

四、教学目标

1. 知识目标:能灵活运用正方形的性质和判定解决有关问题,提高学生分析问题、解决问题的能力.
2. 能力目标:在观察、操作、证明等过程中,发展学生的合情推理能力和演绎推理能力,在解决问题的过程中渗透数形结合、由特殊到一般的数学思想方法.
3. 素养目标:在问题的研究过程中培养学生的探究意识,通过获得成功的体验,增强学好数学的信心.

五、教学重、难点

1. 重点:正方形的性质、判定及其应用.

2. 难点:运用正方形的性质,用运动变化的观点分析问题和解决问题.

六、教学思路

本节课的教学思路如图 7-16 所示.

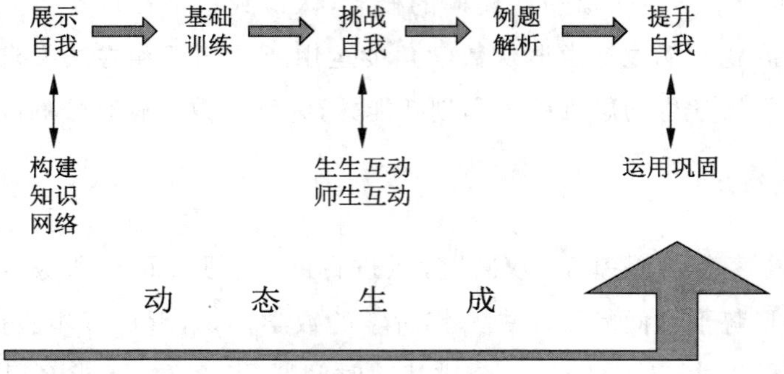

图 7-16

七、教学过程

师:正方形是生活中应用比较广泛的一种图形,近几年中考试卷中经常出现以正方形为背景的各种题型,因此,复习好正方形对取胜中考有很大的帮助. 同学们有没有信心?

生:有!

师:下面请同学们带着信心展示自我.

(一) 展示自我

1. 脉络构建

本节课的知识脉络如图 7-17 所示.

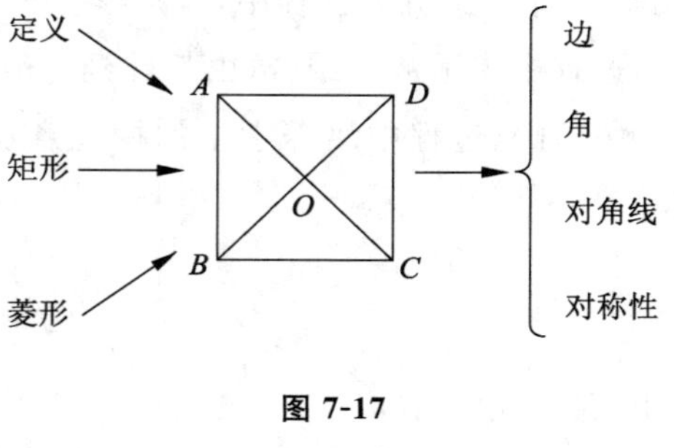

图 7-17

师(提出问题):怎样构建正方形知识网络?

生(边展示实物投影边说):正方形的性质.边:四条边相等;角:四个角都是直角;对角线:互相垂直平分且相等;对称性:既是轴对称图形又是中心对称图形.

师:很好,那么要说明一个平行四边形是正方形,有哪些方法呢?

生:利用定义,先说明它是矩形再说明它是正方形,也可以先说明它是菱形再说明它是正方形.

[设计意图]　引领学生完善正方形的定义、性质、判定的知识网络,让学生形成清晰的概念图,理清知识脉络,完善知识结构.

2. 基础训练

(1) 正方形具有而矩形不一定具有的性质是(　　).

A. 四个角相等　　　　B. 对角线互相垂直

C. 对角互补　　　　　D. 对角线相等

(2) 下列说法正确的是(　　).

A. 有一个角是直角的平行四边形是正方形

B. 两条对角线相等的矩形是正方形

C. 对角线互相垂直的矩形是正方形

D. 四条边都相等的四边形是正方形

(3) 如图,四边形 $ABCD$ 是正方形,两条对角线相交于点 O,$OA=2$,则 $\angle OAB=$________,$BD=$________,$S_{正方形ABCD}=$________.

(4) 如图,菱形 $ABCD$ 的对角线相交于点 O,请添加一个条件:________________,使得该菱形为正方形.

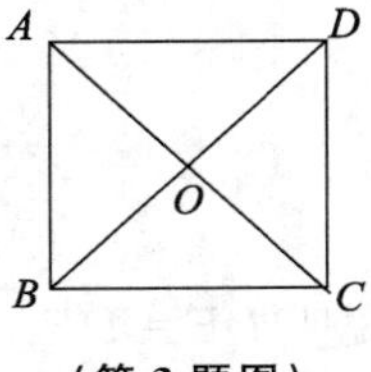

(第 3 题图)

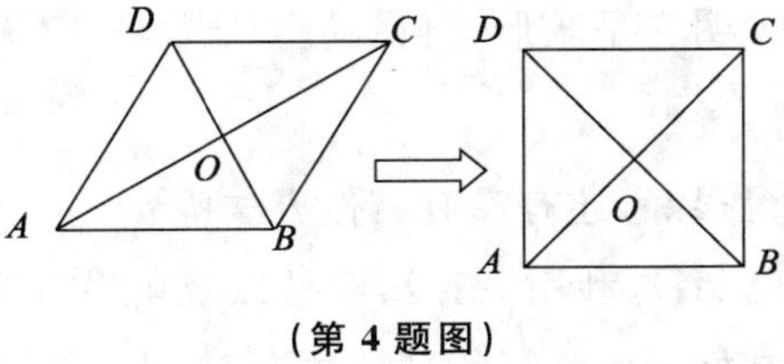

(第 4 题图)

(5) 如图,四边形 $ABCD$ 是正方形,$BE\perp BF$,$BE=BF$,EF 与 BC 交于点 G.

① 求证:$\triangle ABE\cong\triangle CBF$;

② 若 $\angle ABE=50^\circ$,求 $\angle EGC$ 的大小.

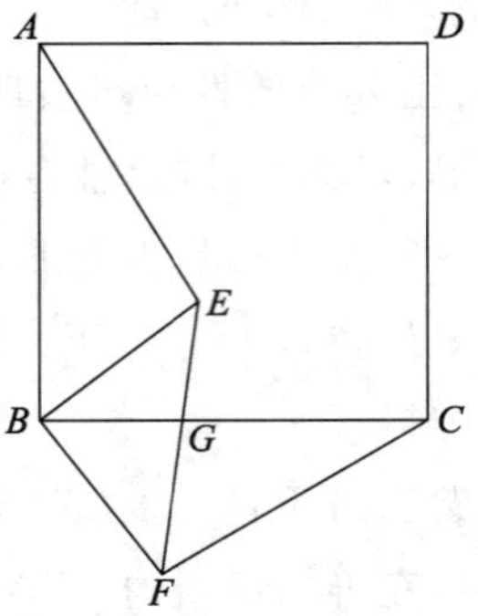

(第 5 题图)

师:同学们展示得都很不错,正方形的性质与判定是解决以正方形为背景的各种题目的重要依据. 具体用哪些性质与判定要因题而异,灵活运用.

[**设计意图**] 问题设计简单,但知识覆盖面较广,重点突出,让学生独立思考完成,达到理顺基础知识和熟练基本技能的双重效果.

(二) 挑战自我

例 1 如图 7-18 所示,已知在$\triangle ABC$中,$AB=AC$,点 D 为 BC 边的中点,过点 D 作 $DE\perp AB$,$DF\perp AC$,垂足分别为点 E,F. 当$\angle A$是多少度时,四边形 $AEDF$ 是正方形?请说明理由.

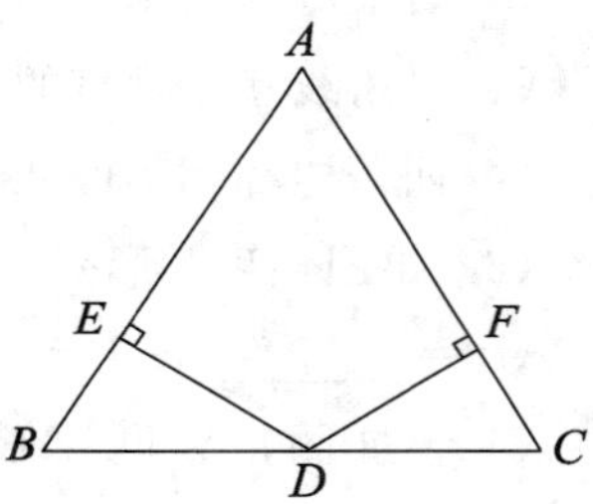

图 7-18

师:请大家将题目读一遍.

(学生齐读题目,思考解答)

师:考虑好的同学请举手回答.

生:先说明它是矩形,再借助$\triangle BED\cong\triangle CFD$说明邻边相等.

师:说得很好,还有没有其他方法呢?

生:连结 AD,利用“三线合一”以及角平分线性质可说明 $DE=DF$.

师:非常好. 例 1 运用了正方形的判定知识. 正方形的性质在日常生活中也有着广泛的运用,下面请看例 2.

[**设计意图**] 让学生通过分析结论,探索条件,完成说理过程,发展学生的推理演绎能力.

例 2 为创建绿色校园,学校决定在一块正方形的空地种植花草,现向学生征集设计图案. 图案要求只能用圆弧在正方形内加以设计，使正方形和所画的圆弧构成的图案既是轴对称图形又是中心对称图形，种植花草部分用阴影表示. 请在图 7-19 空白框中画出三种不同的设计图案.（提示：在两个图案中，只有半径变化而圆心不变的图案属于同一种. 例如：图 7-19a、图 7-19b 只能算一种）

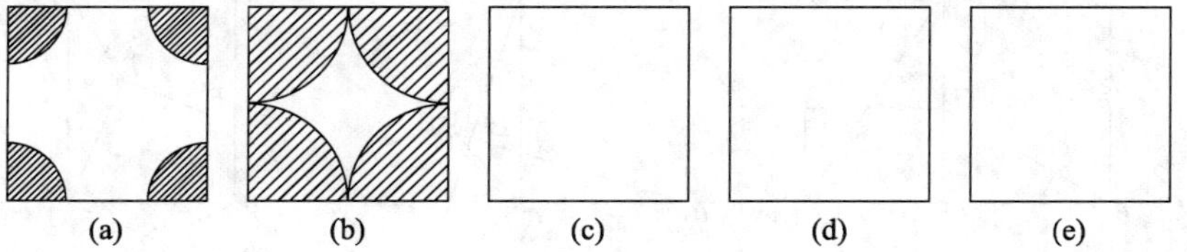

图 7-19

教师读完题目，巡视指导学生画图，过 3 分钟提出：有谁愿意展示一下自己的作品？

（3 位同学边展示作品边说明自己的设计思路）

师：刚才同学们利用正方形的对称性设计了很多美丽的图案，下面再利用正方形的性质来解决一道中考题.

[设计意图]　在知道正方形对称性的基础上进行方案设计是对知识掌握情况的最高层次的反映，旨在进一步深入理解知识并把所学知识运用于实践创作之中，提高学生应用数学的意识，体现知识的拓展与应用.

例 3　如图 7-20 所示，四边形 $ABCD$ 是正方形，点 G 是 CD 边上的一个动点（点 G 与 C，D 不重合），以 CG 为一边在正方形 $ABCD$ 外作正方形 $CEFG$，连结 BG，DE.

(1) 猜想如图 7-20a 中线段 BG 与线段 DE 的数量关系及所在直线的位置关系；

(2) 将图 7-20a 中的正方形 $CEFG$ 绕着点 C 按顺时针方向旋转任意角度 α，得到图 7-20b、图 7-20c 的情形. 请通过观察、测量等方法判断图 7-20a 中得到的结论是否仍然成立，并利用图 7-20b 证明你的判断.

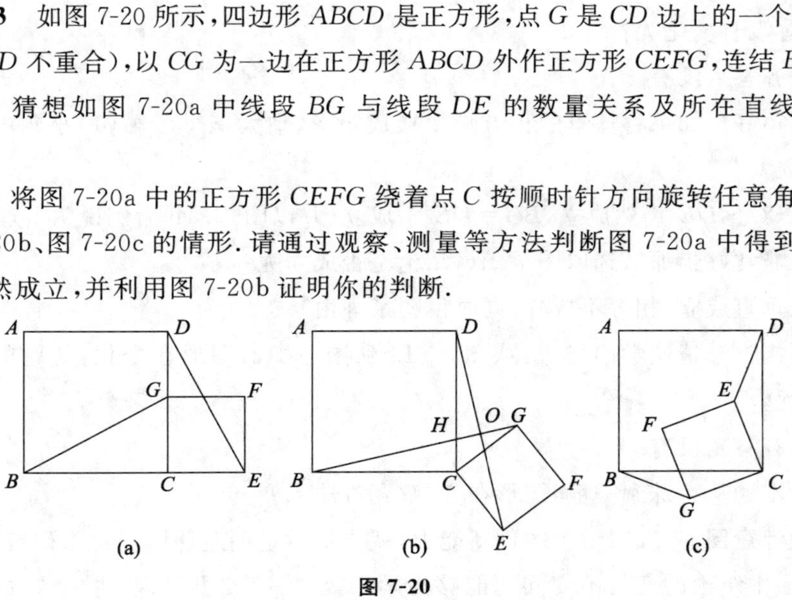

图 7-20

(3) 将原题中的正方形改为矩形(图 7-21),且 $AB=a$,$BC=b$,$CE=ka$,$CG=kb$ $(a\neq b,k>0)$,第(1)题得到的结论中哪些成立,哪些不成立?若成立,以图 7-21b 为例简要说明理由.

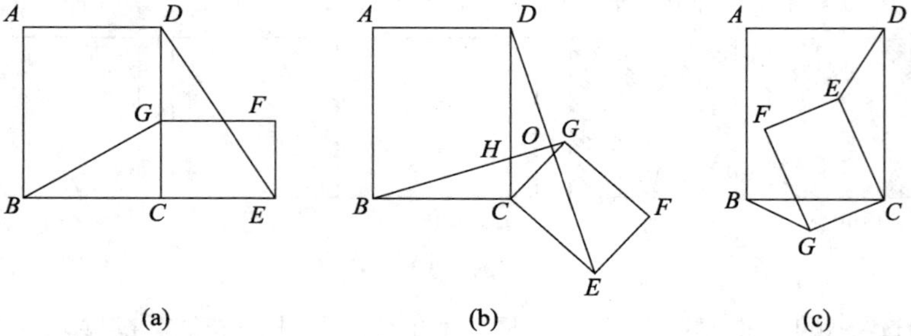

图 7-21

学生读完题目后,过 3 分钟,教师提出:大家猜想图 7-20a 中 BG 与 DE 的数量关系和位置关系是什么?

生:数量关系是相等,位置关系是垂直.

师(用几何画板演示第(2)小题):请大学思考第(1)小题中的结论是否仍然成立.

生:仍然成立(同时板书出说理过程).

师(讲评解题过程):从图 7-20a 到图 7-20c,图形的位置发生了变化,但是解题的方法有没有变化呢?

生(齐答):没有.

师:很好!如果将这里的正方形变换成矩形,请大家思考第(1)小题中的结论是否成立?

生:$BG\perp DE$ 仍然成立,$BG=DE$ 不成立(并以图 7-21b 为例说明了理由).

师:非常好!那么选取图 7-21c,结论是否成立呢?

生:垂直成立,相等不成立(同时说明了理由).

师:接下来请同学们思考:从图 7-21a 到图 7-21c,图形在变化,解题的方法有没有变呢?

生(齐答):没有.

师:本题从特殊到一般,图形在变,解题方法不变.

[设计意图] 发展学生的创新能力,就要给学生创造环境和可供研究的问题.此题图形中结论的变与不变问题能够为学生提供一个"再发现,再创造"的思维空

间,能使学生通过自主参与,主动发现数学知识,促进学生思考、探究能力的养成.

(三) 提升自我

1. 如图,“赵爽弦图”是四个全等的直角三角形与中间一个小正方形拼成的大正方形. 图中阴影部分是“赵爽弦图”飞镖板. 直角三角形的两条直角边的长分别是2和4. 小明同学距飞镖板一定距离向飞镖板投掷飞镖(假设投掷的飞镖均扎在飞镖板上),则投掷一次飞镖扎在中间小正方形区域(含边线)的概率是________.

2. 如图,将边长为8 cm的正方形$ABCD$折叠,使点D落在BC边的中点E处,点A落在F处,折痕为MN,则线段CN的长是( ).

A. 3 cm B. 4 cm C. 5 cm D. 6 cm

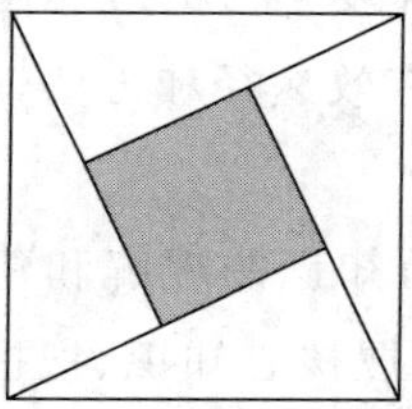

(第1题图)

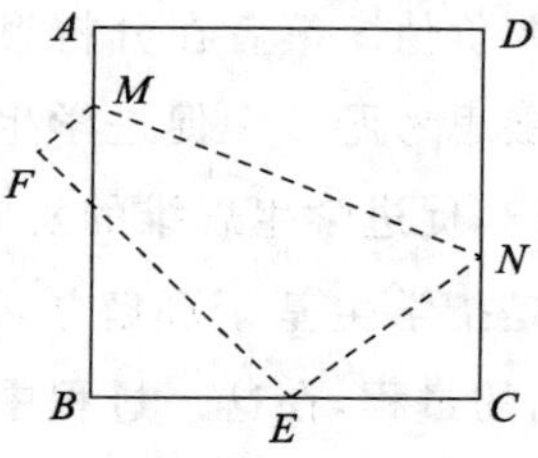

(第2题图)

3. 如图,正方形$ABCD$的边长为4,M,N分别是BC,CD上的两个动点,当点M在BC上运动时,保持AM和MN垂直.

(1) 证明:$\mathrm{Rt}\triangle ABM \backsim \mathrm{Rt}\triangle MCN$.

(2) 设$BM=x$,梯形$ABCN$的面积为y,求y与x之间的函数关系式;当点M运动到什么位置时,四边形$ABCN$的面积最大?求出最大面积.

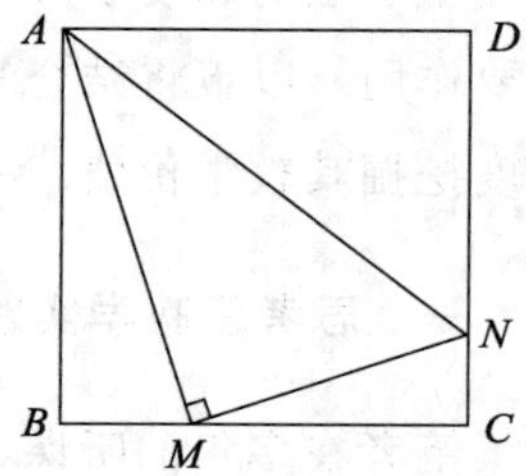

(第3题图)

师:今天复习了正方形.通过本节课的复习,同学们一定要熟练掌握正方形的性质与判定及其应用,同时还要逐步学会用运动变化的观点去分析问题和解决问题.

[**设计意图**] 三道中考试题都源于课本,但又高于课本,一方面让学生知道在复习中不能脱离课本,另一方面来自课本的试题可以调动学生解决问题的兴趣和探索的欲望.

第四节 “深度学习”课堂实践成果

实践成果一 深度学习:提炼初中数学思考题教学的价值旨归①

随着基础教育课程改革的全面深化,一系列教学新理念被提出和应用,为践行立德树人根本任务,促进学生全面发展提供了依据和方法. 深度学习以人工智能网络为架构,对促进学生认知、思维、创新的逐层深入,不断更新知识体系,转变学习方法具有重要价值. 笔者在分析思考题教学与深度学习的理念融通的基础上,提出了通过开展思考题教学促进学生深度学习的有效途径和方法,以实现思考题教学的价值旨归,促进学生思维的发展.

深度学习是指学生基于理解学习的基础,经历知识的理解和建构、整合和迁移、反思和应用的过程,在这一过程中,学生可以掌握核心知识、把握学科本质、形成高阶思维、提升学科素养. 随着教学改革的不断深入,教材中思考题的设计也更加注重学生的深度学习,对促进学生数学学科的关键能力和必备品格的发展具有重要作用. 以下将结合笔者多年来的教学实践,以数学思考题教学为例,探讨如何深度挖掘其教学价值.

一、思考题教学实践现状分析

笔者在多年的听课、研讨、调研中发现,一线数学教师普遍侧重于思考题解法的教学,就题论题,机械总结,虽然突出了显性知识技能的重要地位,但是对于数学思考、问题解决以及情感态度等隐性目标缺乏足够的重视,导致许多学生没有经历“思考”的探索过程,存在较多死记硬背结论和机械解题的情况,抑制了学生的思维发展. 有的教师还将思考题等同于奥数题,盲目夸大其难度,导致学生对思考题产生畏惧心理. 这些现象均偏离了教材的编写意图,阻碍了学生思维能力的发展.《课程标准》指出:“问题的本质能够引导学生多思考、多提问.”因此,把握本质,突破思考题教学现状迫在眉睫.

---

① 王国强. 深度学习:提炼初中数学思考题教学的价值旨归[J]. 基础教育参考,2022(1):62－65.

二、思考题教学实践与深度学习价值理念的融通

数学思考题教学切入点小、思考味浓、问题典型，注重突出“学生为本”、凸显“深度学习”、彰显“数学本质”的回归. 教学中强调以生为本，让学生主动学、灵活学、深度学，通过小组合作交流、个人反思提炼相结合，教师适时、适度、适当引导点拨，力求找出问题真相，高效解决问题. 深度学习基于数学理解的前提，强调学习者对知识的深层加工、深度理解以及深度应用，注重发挥学习者的自主性、主动性、灵动性，力求建构知识、迁移拓展和解决问题. 数学思考题教学与深度学习的价值旨归一致，即通过以教促学、以学定教的深度融合，高效培养和发展学生的必备品格和关键能力.

三、思考题教学实践驱动深度学习的途径

(一) 开展专题教学驱动深度学习

数学思考题是指导学生探究、带领学生体验、鼓励学生思考、驱动学生深度学习的极好资源. 教师要从学生的学情、知识基础、知识背景去开发和设计教学，指导学生在自主探究、亲身体验中深度思考，而不是简单地就题讲题. 一方面，学校应组织力量研发思考题专题课，穿插在日常教学中，在校内教研活动中同课异构，在教研组研讨活动中观摩；另一方面，教师应积极利用各类教研活动，推出思考题精品专题课. 以思维发展为核心，一堂课围绕一道题或者一个主题展开，引导学生在思考中建立观念、形成能力、发展思维，教师适时启迪、点拨、升华，提高学习效益，促进学生深度学习.

(二) 建立专题网络平台驱动深度学习

深度学习品质并非天生，需要通过后天教学干预进行培养，因此每个学生在教师的引领下都有无限发展的可能. 针对学生间的个体差异，教师要创造条件让不同的学生都能根据自己的需要反复学、慢慢学，让每位学生自主发展、创新自我、实现自我. 为此，笔者在亭湖区教师发展中心的支持下，动员全区 100 名数学骨干教师参加了思考题教学研究，设计思考题微视频课例、制作课件，反复研磨、讨论、审核、修改，不断打磨，录制成思考题微课视频，发布在“爱数感”微信公众号上，供学生在线自主学习、反复学习，拓展思考题的学习空间.

四、思考题教学实践驱动深度学习的方法

笔者对苏科版初中数学教材中的思考题进行了全面、深入的研究，初步形成了初中数学思考题教学的基本方法，具体包括知识梳理、思路点拨、学法点睛、问题解决、资源链接五个环节.

(一) 知识梳理，厘清思考题与学习基础的脉络

在思考题教学前，教师首先需要把握与该思考题相关联的知识、解决问题的方法、适宜的切入点等. 找到合适的学习起点，把握思维的切入口，通过梳理铺设新旧知识之间的跳板，建立思维的通道，唤醒已有的知识和经验，铺设方法的台阶. 知识梳理关注迁移，唤醒经验，形成铺垫.

(二) 思路点拨，拨动思考题与思维发展的关键

思路点拨是思考题教学的主要环节，需要重点把握，做到思路清晰、条理分明、全面透彻. 这一环节要坚持四个原则：一是要重视直观，依托示意图、表格、实物、场景、动画等，建构思维拔节的阶梯；二是要突破难点，把题目讲清楚，不在核心问题四周转圈子；三是要促进思考，启迪学生追问质疑，引发新探索新思维；四是要以生为本，深研教与学，深思障碍、困惑、需求等.

(三) 学法点睛，点击思考题中思想方法的本质

追问蕴含在思考题中的数学思想方法，扩点拓面、究根探底、概括提炼，从而启迪思维. 通过学法点睛环节，在解决问题的基础上发展学生的思维能力、表达能力、实践能力、创新能力；发展学生从现象中提取本质、从大量信息中发现内在规律、从繁杂中寻求简洁等数学思想方法；着力培养学生的问题意识，增强学生学习数学的内驱力，切实转变教学方式和学习方式，为学生提供科学可行的学法指导，让学生感受数学的意义和魅力，体会学好数学的价值和需要.

(四) 问题解决，体味思考题对实际问题的价值

结合所学的思考题，设计变式题例，使复杂问题简单化，促使学生活化思维、简化问题、优化路径，找寻问题解决的对策与方法，深度体会思考题在实际生活中的应用价值和意图旨归，提升解决实际问题的能力和素养，在生活化、情景化、实验化的创新思维驱动下有效解决相关问题.

(五) 资源链接，联通思考题与数学文化的桥梁

每次思考题专题教学后，教师要引导学生搜集与之相关的数学常识、数学史、

数学原理、数学典型问题或数学家的故事等，帮助学生开阔视野，通过思考题学习在发现、发明、发展中生长数学思维能力.

五、思考题教学实践驱动深度学习的策略

数学思考题教学以思考为路径，以问题为载体. 为实现学生的深度学习，可从想、探、说、疑、悟五个方面开展相关教学.

一是引导学生充分“想”. 让学生拥有自己的思考是一个缓慢的过程，只有在不断的尝试过程中，学生才能学会思考. 因此，教师要在数学课堂上不断创造让学生充分思考的条件，拓展学生思维的深度和广度，促进学生思维品质的提升.

二是引导学生自由“探”. 即让学生在面对一个数学问题或数学情境时，能够运用自己已有的知识、方法、思想主动地寻求解决方法，通过自主探究、自主发现、自主验证等一系列研学体验，实现思维突破，促进思维品质的全面提升.

三是引导学生从容“说”. 由于学生的学习能力存在差异，有些学生思考问题较快，而有些学生思考问题较慢. 为此，可采用小组合作学习的方式，让学生先在小组间粗略交换自己的原始观点，在模仿驱动中逐步形成自己的思维力，然后进行思考题教学. 实践证明，这一方法是切实可行的.

四是引导学生大胆“疑”. “学”源于“思”，“思”起于“疑”. “疑”是一个新的思考的起点，更是思考走向深入的必由之路. 教师应创新思考题教学方法，力求在游戏中、思考中、思想中激活学生思维. 初中生正处于人生的探索阶段，好奇心旺盛. 但随着年级的升高，学生发现的问题却越来越少. 究其原因，主要是教师缺少对学生问题意识和方法的引导. 思考题教学既关注“让学”，又注重“引思”，突出问题解决、实践感知、提炼反思，引导学生在感性思考的基础上发现问题，在理性思考的基础上提出问题，在深入思考的基础上分析问题，在深入反思的基础上解决问题.

五是引导学生慢体“悟”. 史宁中教授指出：对数学思想的感悟是非常隐性的东西，是悟出来的东西，不是听出来的东西，光靠老师讲是不行的，必须自己感悟. 悟又分为“顿悟”和“渐悟”. 很显然，数学思想的“悟”属于后者. 事实上，在九年级的数学教学中，数学思想的渗透已经很到位，特别是方程思想、转化思想、数形结合思想等. 学生在回答问题时，有时会表达出“要求什么，可以转化为先求什么”或者是“解决这个问题，要先找等量关系”等想法，这就是“悟”的体现.

综上，教师可以在教学实践中不断探究总结思考题中蕴含的数学问题和数学

思想，探寻其背后的数学本质，提炼思考题的价值旨归. 从问题解决的角度展开教学研究，引领学生深入思考、拓展、创新、实践，改进教学方法，推进深度学习，提高学生解决问题的能力，改善学生的学习方法，提升学生的思维水平.

实践成果二　精选原型，增删取舍：数学把关题命制与思考

——以两道九年级上学期期末数学综合题为例①

县（区）域每学期期末往往组织学业质量检测，命题工作都是教研室（现多称“教师发展中心”）作为主导. 作为全卷关键位置的把关题常常最费时间，一般要经历选定“原型”、深入钻研、变式拓展，最后还要根据全卷知识点分布、题型呈现、难度预设等综合考虑，增删取舍，形成考题. 现以本地区两道九年级上学期期末数学综合题为例，给出命题解读，并对初中阶段的把关题命制提出一些个性化思考，以供研讨.

一、两道九年级上学期期末综合题的命制解读

考题 1　如图 7-22 所示，$\triangle ABC$ 的角平分线 $BD=1$，$\angle ABC=120^\circ$，$\angle A$，$\angle C$ 所对的边分别记为 a，c.

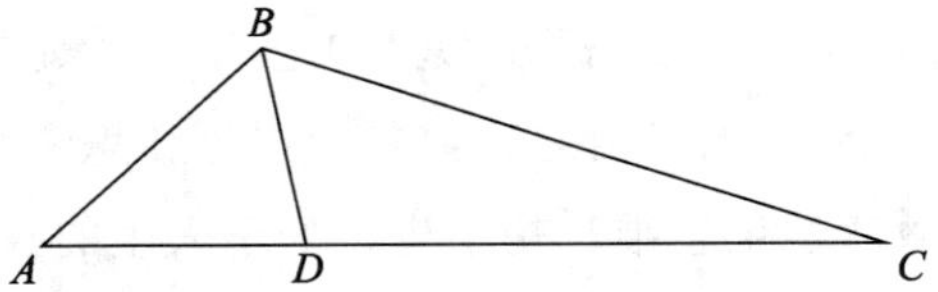

图 7-22

(1) 当 $c=2$ 时，求 a 的值；

(2) 求 $\triangle ABC$ 的面积（用含 a，c 的式子表示即可）；

(3) 求证：a，c 之和等于 a，c 之积.

简要解答：(1) $a=2$.

(2) 答案不唯一，$S_{\triangle ABC}=\frac{\sqrt{3}}{4}c+\frac{\sqrt{3}}{4}a$ 或 $\frac{\sqrt{3}}{4}ac$.

(3) 证法不唯一，通过两种面积表示方法可直接得解.

考题原型为 2018 年江苏高考卷第 13 题. 在 $\triangle ABC$ 中，内角 $\angle A$，$\angle B$，$\angle C$ 所

① 王国强. 精选原型，增删取舍：数学把关题命制与思考[J]. 中学数学（初中版），2020(10)：66－68.

对的边分别是 a,b,c，$\angle ABC=120°$，$\angle ABC$ 的平分线交 AC 于点 D，且 $BD=1$，则 $4a+c$ 的最小值为________.

改编初稿：(定义)在$\triangle ABC$ 中，点 D 在边 BC 上，连结 BD. 当$\dfrac{AD}{CD}=\dfrac{AB}{BC}$时，称线段 BD 为$\triangle ABC$ 的好线.

已知，如图 7-23 所示，BD 为$\triangle ABC$ 的好线，$\angle ABC=120°$，且 $BD=1$.

(1) 当点 D 恰为 AC 的中点时，求$\triangle ABC$ 的周长.

(2) $\triangle ABC$ 中，记内角$\angle A$，$\angle C$ 所对的边分别是 a,c.

① 求证：a,c 之和等于 a,c 之积；

② 求 $a+c$ 的最小值.

简要解答：(1)当点 D 恰为 AC 的中点时，根据好线的定义有$\dfrac{AD}{CD}=\dfrac{AB}{BC}=1$，有 $AB=BC$. 由三线合一得，BD 平分$\angle ABC$，$BD\perp AC$. 所以，$\triangle ABD$ 中，$AB=2$，$AD=\sqrt{3}$，即$\triangle ABC$ 的周长为 $4+2\sqrt{3}$.

(2) ① 过点 C 作 $CE/\!/AB$，交 BD 的延长线于点 E.

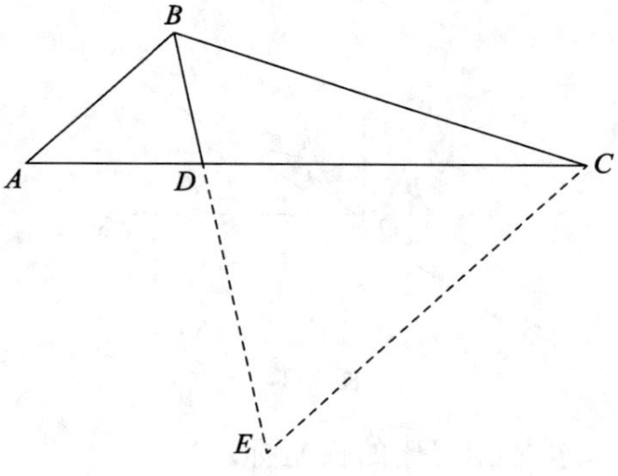

图 7-23

由$\triangle CDE\backsim\triangle ADB$，得$\dfrac{AD}{CD}=\dfrac{AB}{CE}$，由好线的定义知$\dfrac{AD}{CD}=\dfrac{AB}{BC}$，所以 $BC=CE$，$\angle CBE=\angle CEB$. 又由 $CE/\!/AB$ 得$\angle ABE=\angle CEB$，则$\angle ABE=\angle CBE=60°$，即$\triangle BCE$ 为等边三角形，$BE=EC=BC=a$，于是 $DE=a-1$. 由$\triangle CDE\backsim\triangle ADB$，得$\dfrac{BD}{DE}=\dfrac{AB}{CE}$，即$\dfrac{1}{a-1}=\dfrac{c}{a}$，整理可得 $a+c=ac$.

② 由①得$\frac{1}{a-1}=\frac{c}{a}$，则 $c=\frac{a}{a-1}$，$a+c=a+\frac{a}{a-1}=\frac{a^2}{a-1}=a-1+\frac{1}{a-1}+2$.

因为 $a-1>0$，设 $a-1=x>0$，则 $x+\frac{1}{x}=\left(\sqrt{x}-\sqrt{\frac{1}{x}}\right)^2+2$，即 $x+\frac{1}{x}\geqslant 2$，所以当 $x=1$ 时，$x+\frac{1}{x}$有最小值 2.

所以 $a-1+\frac{1}{a-1}\geqslant 2$，当 $a=2$，$c=2$ 时，$a-1+\frac{1}{a-1}+2$ 取得最小值 4，即当 $a=2$，$c=2$ 时，$a+c$ 取得最小值 4.

初稿打磨：初稿最后一问本质上涉及高中阶段的“基本不等式性质”，难度过大，所以在打磨过程中放弃. 另外，初稿以新定义“好线”包装问题呈现，而全卷最后一题（见下文“考题 2”）也是以新定义呈现，考虑题型呈现的多样性，简化了包装，直接呈现问题条件，形成“考题 1”.

考题 2　如图 7-24 所示，点 P 在直线 $y=x-1$ 上，设过点 P 的直线交抛物线 $y=x^2$ 于 $A(a,a^2)$，$B(b,b^2)$两点，当满足 $PA=AB$ 时，称点 P 为“优点”.

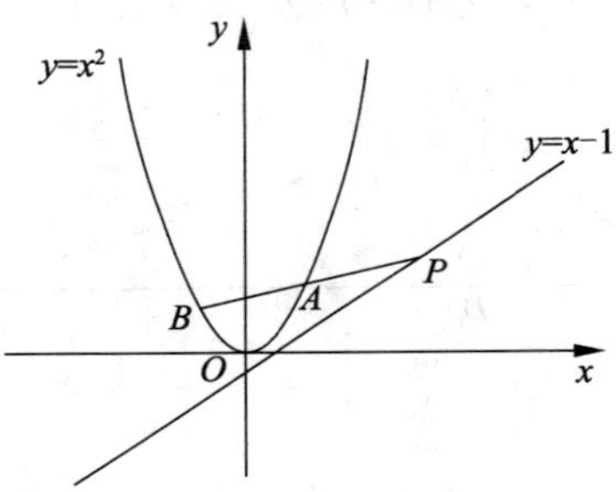

图 7-24

(1) 当 $a+b=0$ 时，求“优点”P 的横坐标.

(2) 若“优点”P 的横坐标为 3，求 $18a-9b$ 的值.

(3) 小慧演算发现：直线 $y=x-1$ 上的所有点都是“优点”. 请判断小慧的发现是否正确？如果正确，请说明理由；如果不正确，请举出反例.

说明：张海华老师在《明辨主无防控错漏，积极践行“化错教学”——对二道期末把关题的阅卷与思考》一文中已对该题的解法进行了深入探讨，这里不再详说. 下面给出命制该题的原型.

考题原型：（2009 年北京高考理科卷，第 6 题）如图 7-24 所示，点 P 在直线 $y=$

$x-1$ 上，若存在过点 P 的直线交抛物线 $y=x^2$ 于 A,B 两点，且 $PA=AB$，则称 P 为“ζ 点”，那么下列结论中正确的是（　　）.

A. 直线 $y=x-1$ 上的所有点都是“ζ 点”

B. 直线 $y=x-1$ 上仅有有限个点是“ζ 点”

C. 直线 $y=x-1$ 上的所有点都不是“ζ 点”

D. 直线 $y=x-1$ 上有无穷多个点（不是所有的点）是“ζ 点”

改编打磨：这道选择题直接解答有难度，所以考虑增设两个铺垫式问题，让考生在解决铺垫问题之后，对抛物线和直线的位置关系、中点带来的数量关系有所熟悉，再迎难而上，挑战难题，也通过考题 2 第（3）问实现全卷的区分功能.

二、命题立意的进一步阐释

（一）初中把关题命制可以恰当化用高考题素材

这份试卷最后两道大题均选用了高考题素材进行改编，但不是高中阶段知识或考题的简单下放，而是基于初中命题与教学现状做出的一种区域性命题导向与教学引领. 具体来说，当前初中阶段各级命题在平面几何深挖洞，特别是使用几何画板进行一些动态几何变换后，奇异性质的探究让绝大多数学生对数学敬而远之；还有一些地区在把关题的设计上简单摘抄全国各地中考试卷中的繁、杂、难题，把广大备考师生带向题海深渊. 而位于全卷关键位置的把关题，除了承担区分选拔功能，还具有教学导向功能. 因为选材源自高考题，所以广大教师要适当关注高考. 毕竟中学数学是一个整体，高考的方向与指挥棒效应也值得初中教师适当关注. 有能力挑战把关题的考生通常都会升入普通高中进一步学习高中数学，因此让他们提前关注高考方向也是为他们高中阶段的学习“蓄势”.

（二）把关题命制既要探究拓展又要步步相关

把关题相对来说计算量大、思维量大、辅助线多、综合性强、难度和区分度大. 把关题的命制主旨就是区分学生的水平和能力，最大限度地激发学生潜能. 几乎每一道复杂或困难问题的求解都会经历探索、尝试、猜想等过程. 为了吸引学生不断探究和尝试，一道好的把关题需要给考生预留多角度思维的空间，入口宽，解题途径多. 要考查学生对基本知识的掌握情况，应把试题难度调整到与考生水平相匹配的程度. 适切的问题容易激发学生思考和探究的欲望，进而对把关题进行拓展延伸，引领学生的思维向纵深发展. 例如考题 1 和考题 2 第（1）问都是从简单和直观的情况入手，让学生动手操作，在学生取得初步成功后，进行更深一步的探究，也就是第(2)问. 略加思索后，再进行有难度和深度的拓展，也就是第(3)问. 通过这种由特殊到一般的问题设置和命制方式，最终探究出具有普适性的结论. 此外，一道好的把关题，应该从易到难、循序渐进、渐入佳境，学生通过简单题的突破增强了信心，每一步都在前一步的基础上进步，最终翻越高峰. 比如考题 1 和考题 2，如果一开始就做第(3)问，大部分学生估计会无从下手：墙太高了，翻不过去. 顺着台阶一步步攀登，能力不知不觉得到提升，最终翻过了原来不可能翻越的高墙，通过步步相关的探究拓展使学生综合素养得到提升，思维品质和创新精神得以发展.

(三) 把关题命制既要深入钻研又要能果断放弃

经常参与地区命题的教师都有这样的感觉：把关题命制是一项系统工程，在命题最初阶段需要对一个原型问题展开深入钻研，包括多角度、全方位的探究，往往能得出丰富多样的结论或性质，但是组合到试卷中时还要兼顾全卷不同考题的知识点分布、解题方法的多样及题型呈现方式的不同，等等. 这也是上文提及“考题 1”的初稿中曾以新定义形式呈现，并“求 $a+c$ 的最小值”，但是考虑到它与全卷最后一题之间形成题型“冲突”以及解法超标后，只能忍痛割爱、果断放弃. 我们有时见到的一些繁难试题、分类讨论“无度失控”的试题，常常就是命题组把深入钻研后的“全部心血”“深刻结果”“奇异性质”全盘奉上，但是考生在限时独立的考场上缺少的总是时间. 关于全卷把关题的命制，笔者曾提出一个所谓“命题者的情怀”的观点，即命题者在设计较难题时要基于日常课堂教学追问的场景出发，针对每一个设问后的学情有精准的研判. 试卷虽然不具有双向互动性，但是命题者要从区域全样本学情的研判出发，预设某一小问有多大比例的学生能挑战成功，然后进行恰当删减或增设铺垫式问题.

(四) 把关题命制既要德智融合又要能创新求真

立德树人是当前教育教学改革的重要目标，学生的全面发展离不开德育的渗透. 把关题的命制视角也应该审视学科德育，从观念、价值、发展的角度进行理性思考、理性求真，彰显德育与数学的关系，深度挖掘德智融合背景下把关题的命制理念、命制思路、命制创新. 从学生发展的角度看，把关题的命制要顺应时代需求，切合当前大数据、“互联网＋”、人工智能等 5G 智能时代带来的新挑战、新机遇，与时俱进、变异求新. 从学材编写的角度来看，把关题的命制要顺应课标需求，切合问题体验、价值体悟、创新体认的目标追求，跨界融合、优化求真. 从学情现状的角度看，把关题的命制要顺应课改需求，切合“做中思、会中悟、求真知”的创新思维，新趣活实、求真求美. 上面的“考题 2”中提及的“优点”是基于高考原型题的改编创新，切合初中生的考查视点，从多元化、情趣化、灵性化进行打磨，有效衔接初、高中数学知识，渗透数学德育，让学生体会数学美和数学趣，感受数学文化的德智氛围，在学思共生中融合创新，学会思维、悟化求解. 初中数学把关题的命制是一个艺术创新的过程，是对知识载体的深加工、细打磨、巧设计的过程，旨在使学生逐步学会用数学的眼光观察问题，用数学的思维思考问题，用数学的语言表达问题，有效达成德智融合、创新求真.

（五）全卷关键位置试题要坚决抵制“网红题”

“减负”这个口号从 20 世纪末开始长喊不衰，然而，学生的负担仍然很重，这背后有复杂的背景和成因. 其中有一个不容忽略的“变量”，就是各级试卷中反复引用网上流传、泛滥成灾的“网红题”. 这类试题在教材中没有出现过，但因为在有些地区的中考试题或所谓名校试卷中出现过，就被一些网站转载，作为精品资源发布出来，进而广为传播，被学校编入各级考卷，被教辅书商编入教辅资料（有时还贴上所谓的名校考题的标签），“规模学校”在设计“导学案”时，也能很方便地凭借“学校高级用户”的账号从相关网站下载到这些“网红题”，于是学生书包里的“课本”被闲置，“离开课本学数学”的现状不在少数. 笔者认为，区域质量监测的命题、处于全卷关键位置的试题要坚决抵制“网红题”. 要引导广大师生回归教材，关注经典问题，关注学生将来高中学习可持续发展的能力，而不能让优秀学生在一些细枝末节的习题无度训练中“深挖洞”，或者打着熟能生巧的口号，使优秀学生在反复操练中“空转”，让简约深刻、值得回味的数学变得无趣、乏味，面目可憎.

学科育人是教育教学的根本使命，是学生成长的风向标. 为此，作为考查学生综合能力和素养的把关题应凸显育人本质，彰显育人价值，从思原型、改新型、磨题型、变真型的理性创生中体会学科本质，探寻问题真相，理解知识本源；从再抽象、再推理、再建模、再反思的磨合体验中活化考查形式、深化考查要求、悟化考查能力，进而充分发挥把关题的功能作用，从根本上促进人的生命成长，助力学生在发现、发明、发展中学思原点、学思变点、学思新点.

实践成果三　数学反思:拓展初中生数感的思维深度①

数学家费赖登塔尔指出:“反思是数学思维活动的核心和动力.”这句话表明,对数学知识的理解一定要弄清楚本质,知其然且知其所以然. 数学反思是思维活动的重要途径,对于践行立德树人根本任务、促进学生全面发展有着很大的作用,这就要求我们一定要在不断的数学反思中感悟数学本质、数学原理、数学思想. 当前数学新课程改革的核心就是以生为本,高扬学生的主体性,倡导自主学习进而学会学习,养成良好的数学素养,从而促使学生获得可持续发展. 数学反思是学生对知识深入理解的一种方法与思维,通过反思例证疑点和不确定的数学事实,让问题可视化、让学习高效化、让知识明确化、让验证常态化.它可以让学生在自主的前提下对数学知识的本质理解更加深入,对数与数量关系的感悟更加深刻,对运算与估算的体悟更加深切,对数、式、形之间的通性通法领悟更加深刻,从而有效培养学生的数感,促进学生的思维发展和素养发展.

一、初中生数学反思及数感能力培养现状

数学课堂教学改革至今,教师多偏重于研究“教”的方法,而忽视了对“学”的过程指导. 在自主探究、小组合作、实践操作等主流学习方式的研究中,也经常“无视”学习主体的内在反思和感悟体会. 主体性反思的缺失,终将成为学习主体自主建构的软肋,从而使得我们不得不面对这样的现状:学生不善于寻找自己的认知错误,不善于拓宽自己的思维深度,不善于或不愿意检验自己的思维过程,不善于反思自己的学习策略和情感体验;“自主建构”异化成教师牵制下的“被动参与”,“自主学习”也转化成教师引领下的“形式活动”,最终导致学生数感能力较差,学习效果不佳. 在教学过程中,我们时常会碰到这样的例子:在学习“有理数与无理数”时,有这样一道题目:“在 -1.2, $\frac{4}{3}$, $-\frac{5\pi}{6}$, 7.01001000100001 中,分数有____________.”大多数学生认为 $-\frac{5\pi}{6}$ 是分数,认为 7.01001000100001 是无理数,只有极少数同学经过反思,对分数、有理数、无理数的本质进行探索,从数的源点认清其内涵与本质,思辨其功能与作用,在真探究、真思考、真实践、真反思中深度理

① 王国强.数学反思:拓展初中生数感的思维深度[J].中学数学,2021(6):79－81.

解这些数之间的区别与联系，立足知识本质、反思错例真相、提升数感素养．又如，在学习“认识三角形”时，等腰三角形的两边长为1和2，那么周长是多少？近一半的学生都回答是4和5，这是因为没有对三角形三边关系进行认真反思，导致1，1，2这种不符合“三角形任意两边之和大于第三边”的关系的错误发生．造成学生这一错误的根本原因还是学生缺乏数学反思能力，没有养成对于问题的结果进行验证的习惯，从而导致错误解的出现．再如，在学习“方差”时，求一组数据40.0，40.2，39.8，40.1，39.9，40.1，39.9，40.2，39.8，40.0的方差．本题涉及三级运算数据的平均数、差的平方、差的平方的平均数，部分学生由于没有形成良好的分级习惯与反思习惯，因此不知所措、缺少章法，进而在每一级运算中都会出现错误解．学生的各种错误频频发生，直接导致计算方差的结果准确性大打折扣．

诸如此类的教学现象不胜枚举，学生没有经过反思，直接凭自己的感觉说出结果、臆断结论，而忽略对于结果正确性与合理性的验证评价，进而导致学生对数与数量关系、运算与估算、数与式的通性通法等理解不到位、体会不深刻、感悟不深刻，数学反思能力、理解能力、思维能力低．《课程标准》指出：“在问题解决的过程中要初步形成评价和反思的意识．”但从上面的例证中不难发现，部分学生数学反思能力、数据感悟能力、自我监控能力较差，很难做到及时检查错解、反思关键问题、调整学习方法、提升数感思维，对自己的学习结果不能科学、合理地进行自我质疑、自我验证、自我评价、自我反思和自我校正，过度依赖教师的评价，从而导致“一错再错”，循环发生．由此可见，“数学反思”是“数学学习”的本质回归、助力支架、活力支撑，教师在教学中一定要让“数学反思”成为“数学学习”的新动力、新效力、新能力，成为学生成长的必备品格，成为数感培养的助力支撑，成为有效课堂的应然追求．

二、初中生数学反思及数感能力的培养途径

（一）多角度解题比较，整理反思过程——悟化数感

有些学生在解题时，习惯性犯“速度错误”，很少进行反思，误解、错解、漏解现象频繁出现．有人甚至将问题复杂化、混淆化、迷思化，为了完成任务而快速解题，重结果轻反思．久而久之，他们的解题思维受到限制，思考问题的宽度、广度、深度不够，直接导致问题解决准确率不高，数据运算估算总有缺憾，科学合理的数感思维能力不能得到很好的锻炼．比如，在教学“二次根式”时，提出问题：“$\sqrt{16}$的算术

平方根是多少?”好多学生脱口而出“是4”,他们根本没有注意读题和审题,只是看到问题速成结果.事实上,本题属于两级运算题.此时教师可以让说出“4”的学生先讨论自己的思考方法,这时有部分学生已经发现自己犯了知识性的错误,然后教师顺势引导,引领学生总结出自己犯错误的根源,$\sqrt{16}$表示求16的算术平方根,为此必须先求出16的算术平方根,再根据题意求这个算术平方根的算术平方根.这样看来,本题中学生脱口而出的结果“4”是学生没有经过反思而得出的错误结果,教师应引领学生思辨分析错解,并提出一定要学会多角度思考问题,整理悟化思维过程,使自己的数学思维、数感能力、反思品质清晰化、合理化、精准化,从而明白“欲速则不达”的数学道理.

(二)合宜的问题设计,渗透反思策略——转化数感

学生在学习数学的过程中,往往受到问题情境的影响而直接确定解题方法,因此数感思维不能得到很好的转化,起不到迁移拓展的目的,更谈不上灵活解题、举一反三、触类旁通.教师在设计问题时,应该把握好度,选择合宜的设计策略,由浅入深、循序渐进、难易得当,立足“四基”提升“四能”,以培养学生思维的逆向思考为主,以发展学生数感思维品质为重.在教学时,适时、适度、适当地加以合理引导、创设机会、强化梯度,引导学生思考,并注重渗透反思、逐步深入、螺旋递进的原则,逐步引领学生在数学反思中探寻问题的本质和规律,培养学生形成良好的数学反思能力.比如在教学“特殊角的锐角三角函数”时,对于30°,45°,60°的三角函数值的探讨问题设计,教师切忌直接将30°,45°,60°的三角函数值以结论的形式直接抛给学生,让学生死记硬背,一定要注意结合直角三角形边长的特殊值,让学生在观察、思考、反思中习得知识,理解特殊角的三角函数的本质内涵,这样学生在应用环节才能灵活自如、融会贯通,同时教师应该引领学生反思为什么这三个特殊角的三角函数值是这样确定的,有没有其他方法或确定值的存在……进而在师生合作中深度理解这三个特殊角的三角函数值之间的本质联系与区别,这样的设计有利于学生在合宜的问题设计中逐步渗透反思策略,有效提升学生的数感思维能力.

(三)推敲问题的结论,体会反思价值——深化数感

初中生对于问题结论的推敲很少能够做到面面俱到,有时候由于粗心大意、缺乏经验、忙于解题等因素的影响,直接忽略了“推敲结论”这一重要环节,对于问题的结论不能做到及时推敲、及时验证、及时反思,致使自己的验错习惯、验错思维、验错能力下降,最终造成简单计算、简单解答、简单检查等不良后果,从而直接导致

数据出错、思路出错、结论出错等现象，尤其是“前后失联”高频出错现象比较严重. 比如，在学习“有理数的混合运算”时，对于$\left(-\frac{1}{4}-\frac{5}{6}+\frac{8}{9}\right)\div\left(-\frac{1}{6}\right)^2+(-2)^2\times(-14)$的计算，学生的错误率很高. 回看学生的计算过程发现，共性问题都是没有反复推敲结论，分级运算没有落到实处，对每一次的分级运算没有进行及时反思. 为此，教师在教学时为了避免不必要的问题发生，应该合理运用计算方法，对每一次分级计算应该做到及时反思检验，只有这样才能将错误率降到最低；通过数学反思体会验错的价值功能，回归教学的原点，回归知识的本质，回归反思的焦点，从反思的视角深化学生的数感能力，在解决问题的找错、思错、融错聚焦中逐步掌握科学的学习方法.

(四) 引导学习后延伸，拓展反思深度——活化数感

当前，学生的数学新课教学、作业讲评、试卷订正、考试考查等都压缩在白天的上课中，课后学生要完成一系列的配套训练、同步提升、拓展延伸，根本就没有空闲时间去反思问题、拓展问题、深研问题. 久而久之，学生的惰性思维逐渐形成，对错题的反思理解成为盲点，错题整理完全是形式，一错再错循环发生，严重背离了教学常态. 学生数感思维能力、建构知识能力、延伸知识能力、反思知识能力脱离正常发展轨道，学生的数感思维成了“无源之水，无本之木”. 比如，在教学“函数”时，教师在情境中已经预设了运动变化过程中蕴含量的变化，从圆形水波、汽车行程、票房收入、绳子构图等生活实例引入常量和变量. 学生上课时通过比对、化归对“变化”“对应”“唯一确定”的函数关系已有了解，并能够通过数学抽象提炼出函数的概念，思考其本质内涵，尝试从文字、图形、符号三个层面进行数学表达，但由于课后没有及时反思，拓宽研学广度、深度，对函数概念的理解还是处于浅层、表象，没有真正掌握函数的本质. 为此，作为一线数学教师，我们一定要注重引导学生在乐学、学会、会学中真学数学，引领学生在思中拓展、思中悟道、思中通透，力求实现在真反思、真实践、真感悟中提升学习能力、悟化知识、活化数感、深度反思.

(五) 组织多形式反思，培养反思习惯——优化数感

现如今，初中生的反思习惯、反思方法、反思能力令人担忧，加之学生受到网络等的影响，思想、行为和心理都发生了质的改变，抗挫折能力、心理健康意识等都很脆弱，容易钻牛角尖. 基于这些情况，教师应开展多元化、多角度、多方位的教学干预，为学生提供科学反思的平台、支架、场域，同时依托一系列的心理疏导活动，让他们在战胜心理障碍的前提下，提升自尊心、自信心，重新树立正确的人生观、价值

观、世界观，在新的起点下审视自我、发现自我、发展自我，进而从多角度、多层面、多维度培养学生良好的反思习惯，鼓励学生反思问题的本源点、生长点、创新点，在快乐的数学反思中感悟数量变化、数式变化、数形变化的关系，提炼数学变化关系中的本质规律，找到适合自己的学习方法，改变不良习惯，发展数学素养，适应“互联网＋”、大数据、人工智能带来的时代变革，从各种社会问题中定位自己的生活坐标、学习坐标、人生坐标，从而在幸福、快乐的心境中通过多形式的数学反思，领悟数学之美、数学之趣、数学之魅、数学之魂，在发现自我、悦纳自我、提升自我中形成良好的数学反思习惯，优化创生数感思维.

随着5G智能时代的快速发展，为了推动立德树人的真正落地，实现学科育人的价值旨归，培养社会发展的时代新人，教师一定要逐步引领学生学会反思、学会思辨、学会感悟，唯有这样，才能促进学生的全面发展和可持续发展. 思之则明、思明则新、思新则进. 数学反思是拓展初中生数感的动力源、生长点、思维域，因此，课前、课中、课后学生的数学反思一定要落到实处，助力学生真学、真思、真悟，引领学生在“思”中前行、在“思”中悟道、在“思”中学术，力促学生在“学思共生”中生长数学、创生数感、提升素养.

第八章

数感培养之“数学实验”

第一节 “数学实验”理论溯源探析

《课程标准》将“双基”增加到“四基”——提出基本数学思想、数学基本活动经验，从“两能”发展为“四能”——提出培养学生发现问题、提出问题的能力．数学活动经验的积累是提高学生数学素养的重要标志．帮助学生积累数学活动经验是数学教学的重要目标，是学生不断经历、体验各种数学活动过程的结果．数学活动经验需要在“做”的过程和“思考”的过程中积淀，是在数学学习活动过程中逐步积累的．

《基础教育课程改革指导纲要》指出：新课程的基本理念是“以学生发展为本”，同时倡导学生乐于研究、主动参与、勤于动手，要求改变以往过于强调死记硬背、接受学习、机械训练的状况．《课程标准》指出：学生学习应当是一个生动活泼的、主动的和富有个性的过程．学习数学的重要方式有积极思考、认真听讲、合作交流、动手实践等．学生应该有足够的时间和空间来经历观察、猜想、实验、计算、推理、验证等活动过程．数学实验是通过动手动脑“做”数学的一种学习活动，是学生运用剪刀、纸张、测量工具、作图工具、计算机、模型等有关工具，在数学思维活动的参与下进行的一种以学生都能参与的实际操作为特征的数学验证或探究活动．数学实验让学生学习数学的方法有了变化，它注重操作与实践，将“听数学”变成“做数学”，将“看老师演示”变成“学生动手操作”，将“学生机械地接受知识”变成“学生主动地探究知识”．学生在数学实验活动中，主体意识得到了发展，体验到发现知识的乐趣，思维能力得到了提升，拥有了创新的机会．

学生可以通过数学实验来体验数学的发现和创造的历程．数学有很多美妙之处，发现数学结论的过程更让人有神秘感．教师有时过于直接地处理较为抽象的数学知识，导致学生头脑中的知识印象很快消失，这样的学习过程是不成功的．因为数学实验能够避开抽象的数学定理、定义的推导证明，仅用有限的操作程序就可替代复杂的公式和方程，从而得到我们需要的各种数值结果，可以让学生在很短的时间内感受发现数学和创造数学的快乐，而用传统的计算方法可能需要花费几倍甚至十几倍的时间才能得到需要的结果．我们可以利用数学实验很快地对难点进行突破，进一步理解相关的概念、知识；我们可以利用数学实验对概念本质进行揭示，呈现知识的发生、发展过程，有利于学生形成正确的数学观．

在中学开展数学实验的价值主要体现在以下方面：从教学的角度看，数学实验改变了传统教学的“三个一”（一张纸、一支笔、一个脑袋），增强了实验操作性，提高了推理或演算能力，更有利于学生智力的开发；将数学与实际联系，更有利于培养学生应用数学的能力．一方面，数学实验的开展，既能够提高学生的学习主动性、创造性和协作精神，又能够改变学生的学习方式，进一步提高学生对数学学习的兴趣；另一方面，利用数学实验的方式传授数学知识，既能够对传统的数学教学方式进行补充，又能够减轻教师的工作负担，既丰富了教师的数学教学理念，又丰富了教师的素质教育和创新教育理论．借助数学实验能够展示数学的思想方法，能够培养学生的创新能力，能够突破传统教学中的教学难点，还能够培养学生运用数学的能力．

第二节　“数学实验”创造数感培养

一、数学实验与数感培养

“数学实验”是学生通过动手动脑，以“做”为支架的数学教与学的活动方式，是在教师的引导下，学生运用有关工具，通过实际操作，在认知与非认知因素参与下进行的一种发现数学结论、理解数学知识、验证数学结论的思维活动．在数学实验教学过程中，学生在“做数学”的过程中发现知识，这种学习方式变“先学后做”为“先做后学”，促进了学生内在的思维提升，提高了学生“带得走”的能力和素养，真正实现了数学学科的育人价值．“数感培养”是学生通过一定的教与学的方式，获得个性发展和生命成长的关键能力和必备品格．“数感”作为数学学科的基本素养，是学生学好数学的根本，只有具备良好数感的学生，才能更好地在思维与问题的驱动下深度学习数学，领悟数学与生活的关系，进行抽象、推理、建模．数学实验与数感培养之间有着密切的关联，学生在“做数学”中可以更好地对生活现象进行数学化的表达，从而提高学生对数的感悟与认知，进而发展数感，在“做”中形成对“数”的体验，积累操作经验，促进理性认数、知数、感数，通过“实验逻辑”走向“数感逻辑”，在“做数学”的过程中，以感官去感知、体验与操作，以思维去分析、思考与探究，以语言去描述、表达与交流．“数学实验”与“数感培养”是互融互通的，学生在“做数学”的过程中可以“学思数”，通过设计激发认知冲突的问题，设计联系旧知、建构新知的问题，设计利用已知探索未知的问题，设计从特殊到一般探索规律的问题，绽放个性化思维，激励跨界性思维，促进融通性思维，学生在“活思维”中生成“数量感”，在“好玩：引发‘玩’的兴趣；放玩：经历‘玩’的过程；会玩：感悟‘玩’的规律；慧玩：创新‘玩’的方式”中积极体验、做思数学、融生数感．

二、“数学实验”的意义

(一) 数学实验可以激发学生的学习兴趣

数学实验是指在典型的环境或特定的条件下，为了获得某种数学理论、形成或检验某个数学猜想、解决某类数学问题，实验者借助一定的物质手段，在数学思维活动的参与下进行的研究、探索的活动．首先通过实际尝试产生猜想或假设，然后进行验证，最后形成解决问题的思路或者是有待于进一步严密论证的数学实验命题，这是数学实验活动的特征．思维始于问题，问题既是数学实验的心脏，又是思维的发动机．教学过程本身就是一个不断提出问题、分析问题和解决问题的过程．借助解决问题学习数学实验早已成为现今各个国家中学数学实验教学改革的一种指导思想．通过提出问题与解决问题进行数学教学，能够激发学生学习数学实验的兴趣，促进创造性思维能力的培养．数学实验教学不但把问题的解决当作一种数学实验活动，还把它落实到数学实验课程中，让学生在数学实验课程中能够独立分析问题、解决问题，并获取知识，以期数学实验中的创新意识、数学实验知识、创新能力都能得到增长．

美国著名数学家波利亚指出:“学习任何东西,最好的途径是自己去发现.”数学实验的学习过程是从感性推向理性的过程,学生在原来知识的基础上得到新的知识,这样的知识生成过程是一种主动的探索过程. 计算、操作等实验活动不但可以使新的知识找到牢固的支撑点,还可以在探索中发展认知结构. 在这个过程中,学生能真切地感受到怎样实现数学实验知识的“再发现”,体验怎样“做数学实验”,并从中感受到数学实验无穷的力量. 作为数学教师,我们应在学生的认知发展规律的前提下,创设出能够让学生得到足够的亲身体验、发现数学实验的情境和感性认识,从而理解知识.

《课程标准》指出:数学实验教学活动必须建立在学生的认知发展水平和已有的知识经验基础之上. 教师应激发学生的学习积极性,向学生提供充分从事数学实验活动的机会,帮助他们在自主探索和合作交流的过程中真正理解和掌握基本的数学实验知识与技能、数学实验思想和方法,获得广泛的数学实验活动经验. 因此,除了接受性的学习以外,自主探索和动手实践都是数学实验学习的重要方式. 教师可以给学生一定的时间和空间,让他们经历观察、猜测、实验、计算、推理、验证等活动过程,让他们发现问题、提出猜想、验证猜想和创造性地解决问题. 数学实验可以激发学生的学习兴趣,提高学生学习数学的积极性,提高数学实验的应用意识,培养学生探究和解决问题的能力.

(二) 数学实验可以培养学生的创新能力

数学实验是为了探究数学实验知识、检验数学实验结论(或假设)而进行的某种操作和思维的活动. 数学实验教学是指合理地利用数学实验来进行创设问题情景,引导学生积极地参与到实践中,通过合作交流与自主探索,进一步完成发现问题、提出猜想、验证猜想并且创造性地解决问题的教学活动.《基础教育课程改革纲要(试行)》要求教学活动要逐步实现师生活动方式的改革,实现学生学习方式、教学内容的呈现方式、教师的教学方式的改革,为学生的学习创设丰富多彩的教学情景,从而更加激发学生学习的积极性与主动性,改变过于注重接受式的学习、死记硬背,改变机械式的训练状况,提倡学生乐于探究、主动参与、勤于动手的习惯,培养学生获取新知识的能力、收集和处理信息的能力、交流与合作的能力,以及分析和解决问题的能力. 学生在数学实验的教学活动中,通过问题情景的创设自主探索,合作交流,亲身经历从直观的现象到发现、猜想、给出验证和理论证明的数学实验建构过程,用主动参与的学习心态和合作研究的学习方式构建新的认知结构.

(三) 数学实验可以培养学生应用数学实验的能力

在承认学生之间存在差异的同时,教师应该允许一部分理解能力非常好的学生冒尖,合理地听取他们的意见,并且努力发挥学生之间的互补作用,促进他们共同发展. 基于前面几年的学习基础和已经具有的丰富生活经验,有些学生已经有了很高的起点. 他们不仅会有序地用枚举的方法来解决问题,而且领悟到了计算的方法. 因此,教师要根据学生的认知起点布置教学任务,让他们既考虑到“一共有哪些搭配的方法”,又“不遗漏、不重复”,这样就避免了教学活动的低层次开展. 从学生的研究成果可以发现,绝大部分学生能够“有序地进行思考”,没有规律的、随意的搭配方法也不再出现. 很明显,这是教师找准了学生的认知起点及任务布置时有效引导的结果. 教师既要借助学生的内在动力驱使,也要重视外在动力机制来完成学习活动. 激励机制是将外在的动力因素激发转化为内在的动力因素,如果能利用好激励机制,那么就能从根本上抓住调动学生积极性的关键点. 在教学管理的过程中,教师在什么时机运用激励机制,采用什么方式方法使用激励机制,是教学管理艺术很重要的一个方面. 比如,抓住学生的“闪光点”,尤其是抓后进生的“闪光点”,洞察他们哪怕一点一滴的进步,用“错中找对”“差中找好”的辩证艺术来调整他们的心态,使他们变落后为先进,变自卑为自信. 又如,选择合适的时间组织小组进行一项或多项学习竞赛来激励集体,利用集体中方法上的差异或意见的分歧来激发学生探究知识的兴趣. 再如,不同的学生有着不同的起点,为了使他们在学习时处于兴奋状态,教师可以为他们设置不同的近期目标,激励他们实现目标. 如果能够让每一位学生都获得成功的喜悦,那么教师的管理与组织就是非常成功的. 如果教师善于把学生带进一种努力后就能达到的成功的脑力劳动中,那么就连那些调皮的学生也能专心致志地、勤奋地学习.

(四) 数学实验可以突破传统教学中的教学难点

在选择方法时,应考虑下列基本要求:① 教法要与教学目标相适应,教学目标不同,其教学方法也应有所差异;② 教法要与教学内容相适应,教学内容是制约教学方法的重要条件,不同的教学内容决定了不同的教学方法;③ 教法要与学生的认知水平和心理特征相适应,从学生实际出发,针对不同学生的差异,选择不同的教学方法. 对教师来说,选择合适的教学方法,引导学生进行有效学习是一个重要的实际问题．能否在初中生数学实验学习过程深入认识的基础上形成一个统一的有效教学方式呢？这种想法是不可能实现的．英国的“科克罗夫特报告”出版后，有些教师希望调查委员会提出一种固定的数学实验教学方式，但是该会认为这是不可能的，因为教师需要根据学生和教师本身的经验和能力、教学单元的性质来决定使用哪些教学方法．学生学习的实际情况是设计教学中很重要的一个方面．任何一种教学方法都体现了一种教育思想．在教法上，注入式与启发式两种对立的指导思想一直存在着．注入式教学忽视了能力的培养，它只注重知识的积累和再现，把教学过程当成一种“灌注”“填鸭”的过程，把学生当作消极地、被动地接受知识的容器，它的目的是要学生获得现成的知识．启发式教学提出，学生是学习的主体，是学习的内因，教师的教要通过学生的学才能起到作用．采用启发式教学，就是把培养能力、发展智力和传授知识有机地结合起来，通过启发学生积极地思考，不仅让学生在掌握知识的同时融会贯通，而且发挥了他们的聪明与智慧．教师是初中数学实验课堂教学过程中推进素质教育的关键．培养有创新意识的学生需要教师有新的教学观念．教学方法的选择主要从下面两个方面考虑：第一，如何更新初中数学实验的教学观念？我们提出了十个方面的思考，这些方面都是目前我国初中数学实验课堂教学中迫切需要研究的课题．第二，如何根据实际情况选择初中数学实验教学方法？广大教师可以根据实际情况进行创造性的研究，不断创造经验，推进初中数学实验课堂中的素质教育．

三、数学实验教学与传统课堂教学

数学实验与化学实验、物理实验都属于科学实验的范畴，数学实验还具备科学实验的特有性质．数学实验属于模拟实验的范围，它所包含的思维特征大大超过了生物、化学、物理实验．究竟什么是数学实验？至今仍然没有一个权威性的定义，总结各家说法，大致有以下几种：

1．数学实验是为了获得某种数学理论、检验某个数学猜想、解决某类问题，实验者运用一定的物质手段，在数学思维活动的参与下，在特定的实验环境下进行的探索、研究活动．

2．数学实验是在一定的数学（学习、研究、发现）目标的指导下，对具有一定数学意义的模型、实物、事物，以及数学符号、数字、式子、图形、题目等，进行观察、制作、变换、求解、演示以获取数字信息与感性认识的活动.

3. 数学实验是运用各种不同的实验工具,如绘图工具、实物模型、计算机技术、计算工具等,创设问题情境,引导学生合作交流、自主探索、发现问题、观察问题,产生归纳假设并不断尝试修改、分析、验证猜想,从而为探究问题提供探究假说与认知体验的教学活动.

一般认为,数学实验是为获得某种数学理论、检验某个数学猜想、解决某类数学问题,实验者运用一定的物质手段,在数学思维活动的参与下,在典型的实验环境中或特定的实验条件下进行的一种数学探索活动. 与科学研究中的数学实验及大学数学实验微型科研模拟的数学实验相比,初中数学实验在大多数意义下是一种教学上的数学实验. 教师通过创设问题情境(可来自生活实际与数学本身,可以是一个开放的问题,也可以是电脑构建的问题空间),引导学生操作、实践、实验,从而进行探索学习.

(一) 数学实验教学与传统数学课堂教学的出发点不同

在新课程背景下,初中数学实验教师要教好数学实验课,做好数学实验的课堂教学设计,既需要对数学实验教学有正确的教学理念,又要有正确的教学理念的全新认识. 教师的教学理念不但影响他们对教学策略的选择,而且影响与制约他们对教学目标、教学过程、教学原则的认识,同时决定教师的教育价值取向. 也就是说,教师的课堂教学理念对其课堂教学实际与课堂教学设计有着很大的影响. 因此,在新课程背景下,既需要教师在具体实施中贯彻这些理念,又需要教师熟悉、理解《课程标准》.

那么,教师在具体课堂教学设计中,贯彻数学实验的现状如何? 理解《课程标准》的情况又如何? 根据上面的情况,笔者首先设计了问卷调查来调查教师对《课程标准》理念的理解与运用的现状,其中设置了“我能很好地将课标理念贯彻于课堂教学设计之中”与“进行课堂教学设计时,有时我很难理解课标理念”. 为了考查教师的教学理念,在问卷调查中也设置了教师对课堂教学设计时使用的教学理念这一项评价.

(二) 数学实验教学与传统数学课堂教学的侧重点不同

虽然《课程标准》只是强调有条件的学校使用,但还是有很多教材的内容在具体呈现上结合了信息技术的使用,这在某种程度上让无此教学设备的教师无法进行相应的教学设计. 本次课程改革是在科技化与社会信息化的背景下进行的,《课程标准》指出,要创造出适合不同类型的学习者需求的教学模式,需要教师借助先进的教育技术,建构便于获取、多元传媒的、信息丰富的教学环境. 然而在现行的教学条件下,大多数学实验在很多学校尤其是边远学校无法保证. 改革是必需的,但《课程标准》的理念的设置是否顾及了教师和学生的需要呢? 在数学实验的设置上,是否考虑到了学校的实际办学条件呢?

(三) 学生在数学实验教学与传统数学课堂教学中获取知识、方法、活动经验的途径与方式不同

在学习过程中,学生首先主动地对科学知识进行思考、分析与检验,进而逐步转化为自己的观点,学生的学习过程可以看成学生运用自己的思想积极、主动地参与到对知识的探索当中然后解决问题的过程. 而"学习观"是指学生怎样理解学习任务和实质,即学习到底是什么,是干什么的. 如果一个学生具有积极的学习观,就会表现出积极的、主动的学习行为,特别是在遇到困难时,这样的学习观有助于其坚持不懈地完成任务. 如果一个学生具有消极的学习观,那么其在学习中会表现出被动应付的行为. 有调查数据显示,在有关"思维是否跟得上"的调查中,认为自己在学习的时候"思维有时跟得上,有时跟不上" 的学生占调查人数的 23.2%,"思维跟不上"的学生占调查人数的 18.4%. 这在一定程度上关系到学生的学习动机. 如果学生总觉得在学习中"思维有时跟得上,有时跟不上"或者"思维跟不上",那么该学生的学习态度往往会变得消极、被动,给学生的学习积极性带来负面的影响. 相反,如果学生是因为自身的学习兴趣而自愿学习的,那么他们既坚信自己可以通过努力学好数学实验的课程,又可以自发地对数学实验的知识进行探索,更加主动地学习.

(四) 数学实验教学与传统的数学课堂教学的教学模式与取材不同

在进行数学实验之前,学生需要有一定的数学实验知识作为基础. 初中数学实验自主学习的过程是一个循序渐进的学习过程,是由简单到复杂、不断积累的过程. 原有的数学实验知识对新知识的理解和学习有支持与帮助的作用,同时也具有一定的选择作用. 首先在原有经验的基础上建构新知识,其次经历同化与顺应过程,最后完成任务. 原有的数学实验知识为新知识提供了"生长点",可以帮助学生灵活运用数学实验的学习策略. 因此,学生已经掌握的数学实验知识数量的多少、质量的高低,也会对学生数学实验自主学习能力的水平产生直接的影响.

第三节 “数学实验”典型教学案例

案例一 数格点 求面积

一、教材内容

《数学实验手册》八年级下册实验 15“数格点 求面积”.

二、活动目标

通过画图、列表、分析数据、寻找规律，发现并验证皮克定理；学生在“做”中学，通过实际操作获得亲身体验，积累直接经验. 强化学生在数学学习过程中的主体地位，发挥学生的积极性、主动性和创造性，自主地投入活动；通过动手操作、观察类比、分析归纳、合作交流等一系列探究活动，了解解决问题的过程和方法；经历从特殊到一般的过程，体验“在解决多变量问题中采用变量控制法”的科学思维方法.

三、活动重点

经历实践活动的过程，学会寻找思考问题的着眼点，掌握解决问题的方法，领悟数学思想.

四、活动难点

格点多边形的面积与图形内部及它边上格点数之间关系的探究.

五、活动过程

这是一个出土文物的模型，如何将残缺的文物复原呢？科学家探究发现碎片质量之间存在一定的数量关系，从而将复杂的文物复原.

人们往往通过特殊的现象探究出一般的规律. 比如数学中欧拉公式、勾股定理的发现等. 下面我们一起走进实验室，再次感受数学真谛的魅力.

我们把图 8-1 所示的花瓶放到网格中.不妨设每个网格的边长为 1,网格纸上画着纵、横两组平行线,相邻的平行线之间的距离都相等,这样两组平行线的交点称为格点.如果一个多边形的顶点都在格点上,那么这种多边形叫作格点多边形.

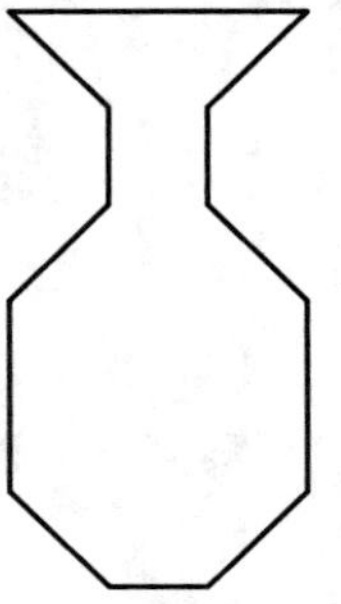

图 8-1

如图 8-2 所示,这是一个十二边形,如何求花瓶的截面积呢?一般可以通过割或补的方法.还有没有其他方法呢?

如图 8-3 所示,这个格点多边形的内部有格点,数数有几个?(6 个)

这个格点多边形的边上也有格点,数数有几个?(16 个)

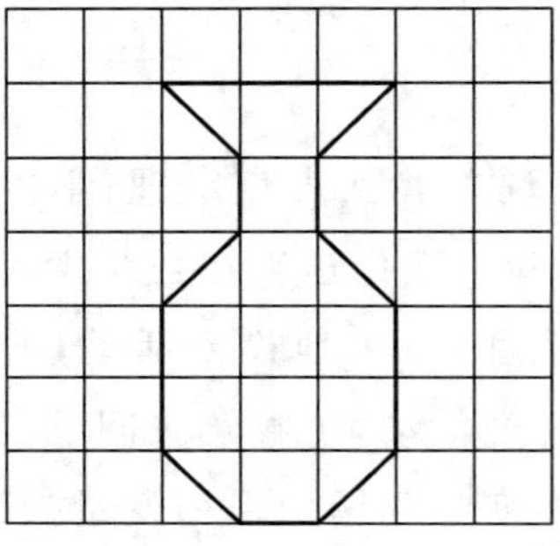

图 8-2

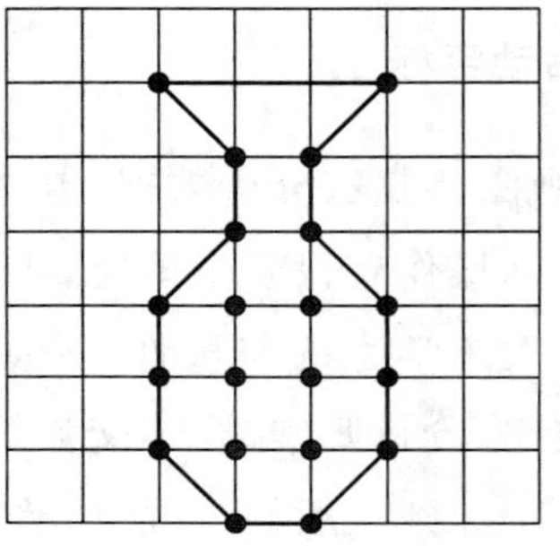

图 8-3

活动一:自主创作

设格点多边形的面积为 S,内部的格点数为 N,边上的格点数为 L,下面我们来探究 S,N,L 三者之间的关系.

每个小组在网格纸上画面积为 2 的格点多边形,画好后,派一名代表到展示台前展示,其余同学给出评判.

活动二:步步为营

同学们根据自己创作的图,数一数图形边上的格点数以及内部的格点数.

观察图形(图 8-4)并填写表 8-1.

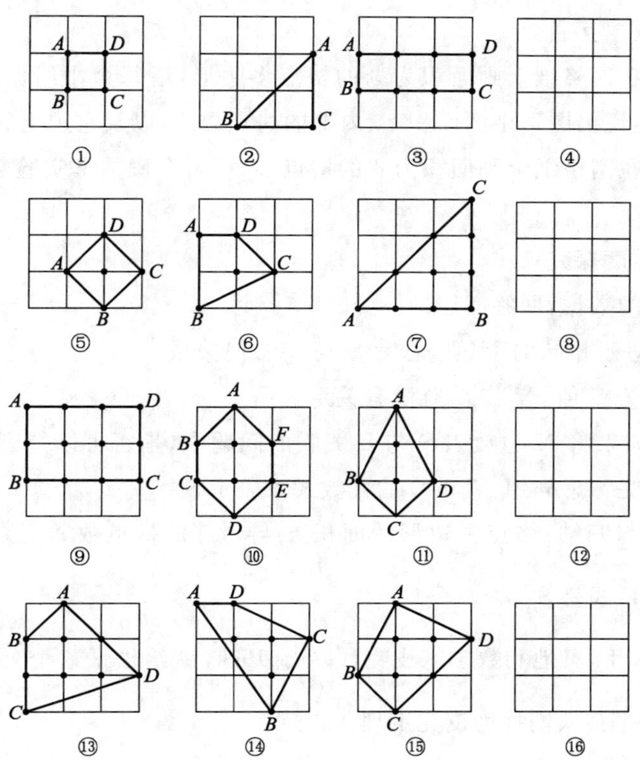

图 8-4

表 8-1

图形序号	S	N	L
①			
②			
③			
④			
⑤			
⑥			
⑦			
⑧			
…			

活动三：数据互通

每个小组在网格纸上画面积为3的格点多边形，请每个小组派代表展示所画的图形．请学生说出图形中的面积S、内部的格点数N以及它边上的格点数L．

每个小组在网格纸上画面积为4的格点多边形，全班共享实验数据，完成相应的表格．

活动四：深度探究

观察得到的数据，回答问题．

问题1　对于相同的N值，思考S与L有何关系？

对于相同的S值，N与L有没有关系？

问题2　如果将N也放入S与L关联的问题中，是否可以得到一个将S，N，L统一的式子呢？怎样用N和L的代数式来表示S？

综合分析与归纳：格点多边形的面积S与内部的格点数N、边上的格点数L之间的数量关系式是$S=N+\frac{1}{2}L-1$．

早在1899年，奥地利数学家皮克（Georg Pick）就给出了这个公式．所以，公式$S=N+\frac{1}{2}L-1$被人们称为皮克定理．

通常我们需要计算的图形并不都是格点多边形．因此，在实际应用时，仍需要用割补的方法，将需要计算的图形转化为面积相等的格点多边形，然后用皮克定理进行计算．

验证公式：我们前面已经计算过花瓶的面积$S=13$，内部格点数$N=6$，边上的格点数$L=16$，将它们代入皮克定理，关系式$S=N+\frac{1}{2}L-1$也是成立的．有人称这个花瓶为皮克花瓶．你能再画一些图形来验证这个结论吗？

牛顿从苹果落地的现象中发现了万有引力，皮克从数格点、算面积的过程中发现了皮克定理．人们通过探索不断认识自然、改造自然，用数学的眼光看世界，用探究得到的规律服务生活，我们的生活将更美好．

六、数学思考

我们得到的公式是对凸多边形而言的，它对凹多边形还成立吗？如果将方格变成矩形格，皮克定理还成立吗？将方格变成等边三角形格，皮克定理还成立吗？

七、设计说明

在以上探究皮克定理的经验的基础上，改变格点多边形的图形或网格的形状，让学生探讨皮克定理在不同情况下是否成立，对问题的探究从课内到课外，引发学生深度思考.

案例二　数学活动：拼图·公式

一、教材内容

苏科版数学七年级下册第 9 章数学活动“拼图·公式”.

二、活动目标

通过丰富有趣的拼图活动，经历观察、比较、拼图、计算、推理、交流等过程，经历从具体问题抽象出“数学问题—建立模型—综合运用已有知识解决问题”的过程，获得一些研究问题与合作交流的方法与经验，发展空间观念和有条理地思考与表达的能力. 通过获得成功的体验和克服困难的经历，增进数学学习的信心；通过丰富有趣的拼图活动，增强数学学习的兴趣.

三、活动准备

每个学生准备小正方形、长方形、大正方形硬纸片各 4 张.

教师准备磁铁 80 个.

四、活动流程

活动一：预学检测

1. 请用 1 张 A 型纸片、2 张 B 型纸片、1 张 C 型纸片拼成一个正方形(图 8-5).

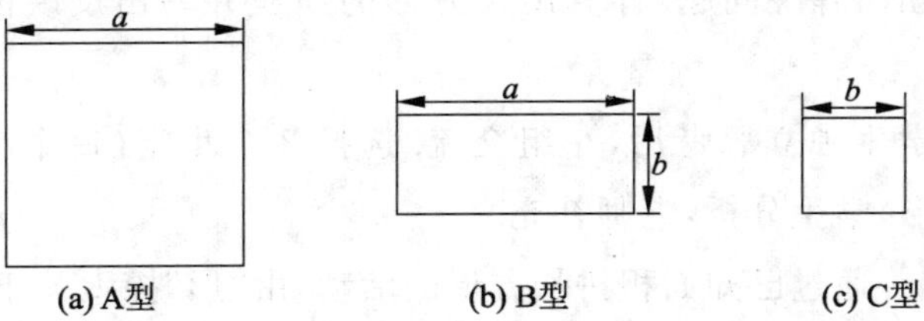

(a) A型　(b) B型　(c) C型

图 8-5

师生、生生互动解决问题：

(1) 你能发现图中所隐藏的等式吗？

(2) 请结合图形解释你所得到的等式.

活动形式：学生分析，老师补充.

2. 请用 1 张 A 型纸片、4 张 B 型纸片、3 张 C 型纸片拼成一个长方形. 用不同的方法表示这个长方形的面积.

师生、生生互动解决问题：

(1) 你能发现图中所隐藏的等式吗？

(2) 请结合图形解释你所得到的等式.

活动形式：学生独立思考后，小组交流.

选择 1 个小组(每个小组选择 2 名代表)将作品贴在黑板上，学生分析，老师补充.

[设计意图] 利用给定的三种不同类型的纸片拼正方形、长方形，用不同的方法表示面积，理解图形与所得等式的联系，经历由“形”到“数”的过程.

3. 请用若干块这样的三种硬纸片拼成一个长为$(a+2b)$、宽为$(a+b)$的长方形.

师生、生生互动解决问题：

(1) 你能发现图中所隐藏的等式吗？

(2) 请结合图形解释你所得到的等式.

活动形式：学生独立思考后，小组交流.

选择 1 个小组(每个小组选择 2 名代表)将作品贴在黑板上，学生分析，老师补充.

[设计意图] 通过已知边长拼长方形的活动，由“形”探索关于“数”的结论，感悟数量关系与图形性质的相互转化.

活动二：由形到数

任意选取若干块这三种形状的硬纸片，尝试拼成一个长方形.

师生、生生互动解决问题：计算出长方形的面积并写出反映因式分解过程的等式.

活动形式：学生独立思考后，小组交流. 选择 2 个小组(每个小组选择 2 名代表)展示所拼图形，学生分析，老师补充.

[设计意图] 通过已知面积拼长方形的活动，由“形”探索关于“数”的结论，感悟数量关系与图形性质的相互转化.

活动三：数形结合

你能用拼长方形的方法将二次三项式分解因式吗？

请你任意写出一个关于 a，b 的二次三项式，能否用拼长方形的方法把这个二次多项式分解因式.

师生、生生互动解决问题：

(1) 任意写出一个关于 a，b 的二次三项式.

(2) 思考能否用拼长方形的方法，使得用 A 型纸片、B 型纸片、C 型纸片的张数和 a^2 项、ab 项、b^2 项的系数相等.

(3) 利用所拼长方形对二次三项式因式分解.

(4) 小组交流写出的二次三项式是否都能表示一个长方形的面积.

(5) 你认为具备什么条件的二次三项式可以表示一个长方形的面积？

[设计意图]　利用拼长方形的活动，对一些二次三项式因式分解（部分二次三项式不能因式分解）. 由“数”到“形”，感悟数量关系与图形性质的相互转化.

活动四：分享收获

拼图活动能引发你的哪些思考？

学生畅所欲言，教师对学生的感受和想法多肯定、多鼓励. 在课堂上，学生通过动手操作，能感受到数学的趣味性，也能体会到凭借小组合作可以获得有价值的数学方法.

[设计意图]　通过师生、生生之间的思维碰撞，产生许多智慧的火花，学生的逆向思维得到发展. 最初，学生在教师的带领下无意识地拼图，得到他们熟悉的反映多项式乘法的公式. 在教师的引导下，学生意识到将所得到的等式“倒一倒”，也可以由同一个图形得到反映多项式因式分解的等式. 最后学生能有技巧地拼图，有意识地通过拼图、画图进行因式分解，获得因式分解的方法.

案例三　制作无盖的长方体纸盒

一、教学内容解析

“制作无盖的长方体纸盒”是苏科版数学七年级上册课题内容. 本节课是课题学习课，主要的教学内容是教学生制作无盖的长方体纸盒.

本节内容属于研究性学习领域的数学探究活动，是基于学生已有生活经验开展的以课题为单位的数学探究活动,“制作无盖的长方体纸盒”课题学习素材的选取,贴合学生的生活,拉近了学生与数学探究之间的距离,使学生在综合运用所学知识解决实际问题的同时能真正感受到数学就在日常生活中.这样的课题学习以数学探究的方式展开,不仅易于学生理解长方体的本质内涵,还可以让学生在探究过程中系统地掌握相关知识,整体认识长方体的结构组成,有助于学生增强空间观念,为今后学习几何图形、几何形体积累经验、打好基础.

教学重点:如何用一张正方形的硬纸板制作无盖的长方体纸盒.

突出重点的手段:通过分组讨论及动手操作,收集一些数据,得到结论,体验探究的过程,感受数量之间相依变化的状态和趋势,体会分割逼近和从特殊到一般的探究方法.

二、教学目标设置

《课程标准》中关于本节教学内容的目标要求是:结合实际情境,经历设计解决具体问题的方案,并加以实施的过程,体验建立模型、解决问题的过程,并在此过程中,尝试发现和提出新问题.

结合对《课程标准》的理解及教学实际,确立本节内容的教学目标如下:

1. 通过观察、猜测、操作、抽象、交流、合作、推理与反思等一系列活动,感受从“实际问题抽象出数学问题—建立数学模型—综合应用已有的知识解决问题”的过程,在解决问题的过程中进一步丰富空间观念与符号感.

2. 通过借助已有的信息推断事物变化趋势的活动,发展推理能力,在解决问题的过程中体验数学知识之间的内在联系,初步体验数学是一个整体,获得一些研究问题的方法和经验.

3. 通过参与数学活动,体会数学活动中的探究与创造过程;通过获得成功的体验和克服困难的经历,增强应用数学的自信心.

三、学生学情分析

七年级学生在小学阶段已经学习过长方体的相关知识,有了一定的学习经验.本节课是学生初中阶段第一次进行相关课题学习,学生对简单几何体的侧面展开图、列代数式、代数式的求值、统计图的画法等知识已具有一定的认知水平.在本学期的数学学习过程中,他们已经经历了多次探索性学习,也具备了一定的探索、研究能力，基本能适应自主学习、小组合作学习等学习方式，因此学生的学习积极性高，为学习本节课打下了一定的知识以及能力基础. 通过设计一个尽可能大的无盖长方体盒子，从实际问题抽象出数学模型，建立模型，综合已有知识解决问题，有助于学生发展几何图形和空间观念，有助于学生自主探究能力的形成与发展，为今后深入学习几何形体知识做铺垫.

教学难点：怎样制作才能使无盖的长方体纸盒容积尽可能大？

突破难点的策略：引导学生知道用数学知识解决实际问题需要建模，会用函数式表达变量之间的关系，使学生经历长方体展开图的剪接过程，在活动中培养学生的动手操作能力、小组合作意识，研究问题的一般思路，以及分类思想、逼近思想、从特殊到一般的思想.

四、教学过程设计

(一) 情境引入

1. 图片赏析(图 8-6)

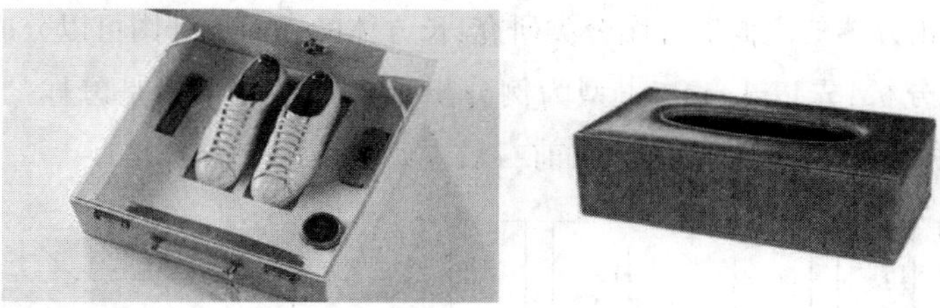

图 8-6

2. 观察思考

如图 8-7 所示，观察作为参考物的包装盒.

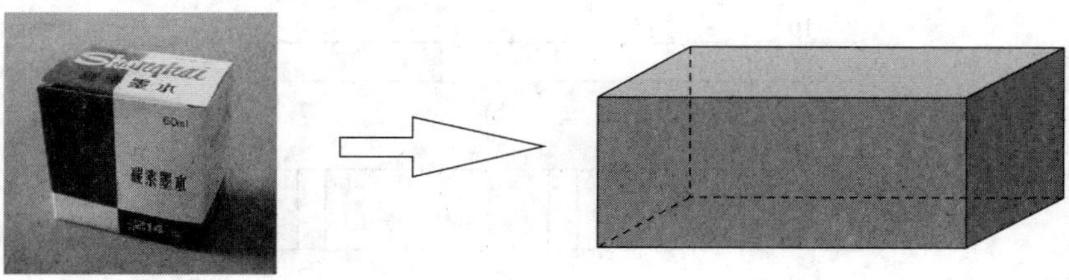

图 8-7

(1) 长方体是由几个面、几条棱、几个顶点组成的呢？

(2) 长方体的 6 个面是平面图形还是立体图形，分别是什么形状？

3. 回顾检查

(1) 展示学生课前制作的长方体.

(2) 正方体的表面展开图有11种,可分为4种类型:1—4—1型;2—3—1型;3—3型;2—2—2型.(投影回顾)

(3) 长方体的表面展开图有多少种呢?(板书课题)

[设计意图] 通过生活图片赏析、长方体墨水盒的观察思考、知识回顾检查等背景引入,唤醒学生对长方体的知识储备,激发学生对长方体的学习兴趣.

(二) 活动探究

1. 活动一:有盖的长方体纸盒展开后得到怎样的平面图形?

(1) 剪一剪:请同学们拿出事先准备好的长方体,在小组内尽可能采用不同的剪法,把它展开成平面图形.(剪完之后,投影展示)

(2) 想一想:① 要得到长方体的表面展开图,需要剪开多少条棱? ② 长方体的表面展开图和正方体的表面展开图一样多吗?

(3) 理性分析:长方体的表面展开图究竟有多少种? 你是如何研究的?

① 模仿正方体的表面展开图分类研究:长方体的表面展开图可以分成哪些类型?

② 具体分析:先以1—4—1型为例分析,其中的“4”可以是怎样的4个面?

可分三种情形讨论:前上后下、前右后左、上右下左(图8-8).

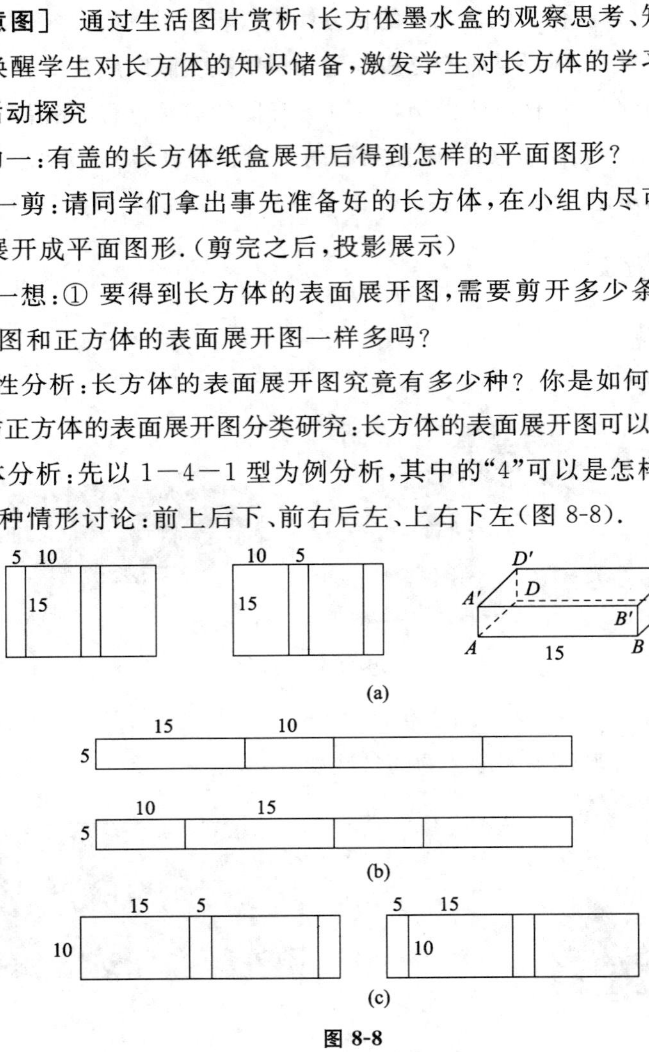

图 8-8

③ 深入研究:对1—4—1型“前上后下”的展开方式进行深入研究.

下面还剩下两个侧面,如何摆放这两个侧面可以使剪好的图形成为长方体的表面展开图？

如果上面的 5×10 放在图 8-9 所示的①号位置，那么另一个 5×10 可以放在①、②、③、④号位置，这样可以形成 4 种不同的展开图（图 8-9）.

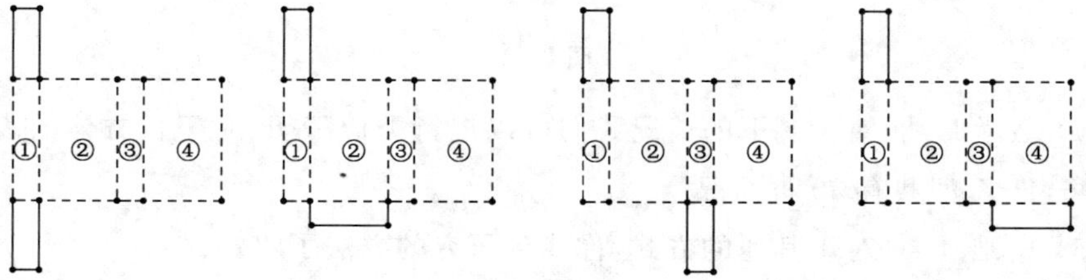

图 8-9

如果上面的 5×10 放在②号位置，那么另一个 5×10 可以放在②、③、④号位置，这样可以形成 3 种不同的展开图（图 8-10）.

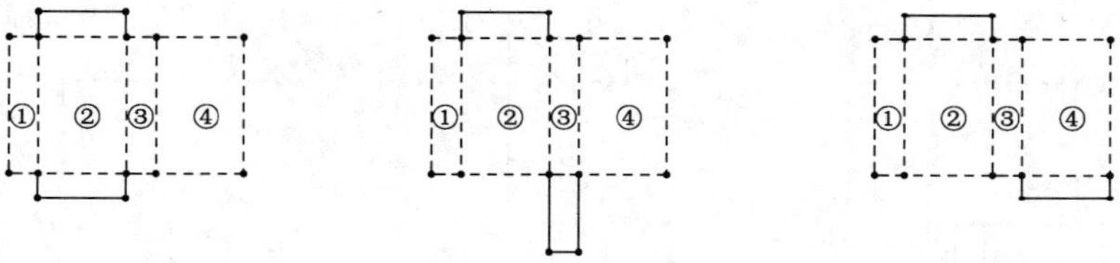

图 8-10

如果上面的 5×10 放在③号位置，那么另一个 5×10 可以放在③、④号位置，这样可以形成 2 种不同的展开图（图 8-11）.

图 8-11

如果上面的 5×10 放在④号位置，那么另一个 5×10 可以放在④号位置，这样可以形成 1 种展开图（图 8-12）.

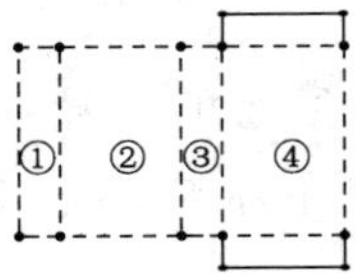

图 8-12

(4) 数学归纳:对于剩下的情况我们可以进行类似猜想:对于长方体的表面展开图 1—4—1 型共有 30 种情况.

(5) 思维延伸:对于其他的方式,你找到研究的方法了吗?

① 2—3—1 型共有以下 18 种情况(相邻三个面只有 3 种情况,以下只展示了一类 6 种情况,如图 8-13 所示).

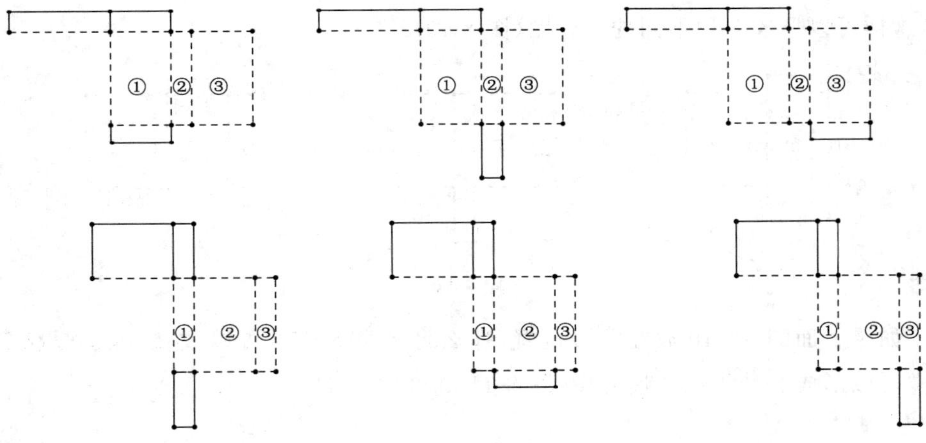

图 8-13

② 2—2—2 型共有 3 种情况(中间两个面只有 3 种情况,如图 8-14 所示).

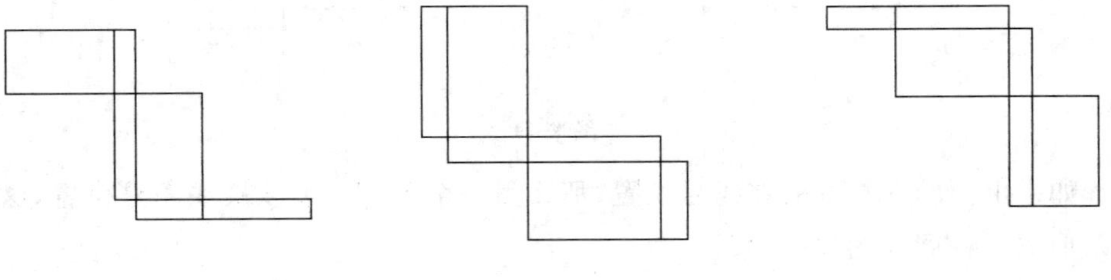

图 8-14

③ 3—3 型共有 3 种情况(相邻三个面只有 3 种情况,如图 8-15 所示).

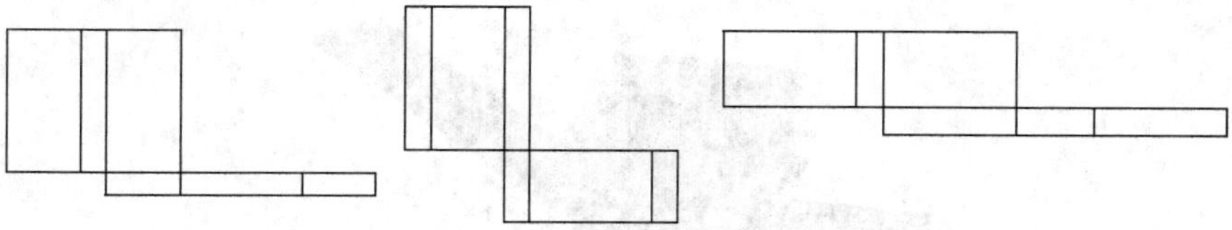

图 8-15

于是,有盖长方体的侧面展开图(同一个顶点的三条邻边不相等)共有 54 种.

[设计意图]　通过有盖长方体纸盒侧面展开图的剖析、探索、发现,积累现实经验,为探究无盖长方体纸盒侧面展开图打基础、做准备.

2. 活动二:无盖的长方体纸盒展开后得到怎样的平面图形?

(1) 师生合作:如图 8-16 所示,在有盖的展开图上剪去一个面,观察并展示交流. 再找出展开图中对应长方体各面、棱的相应部分,体会它们之间的关系.

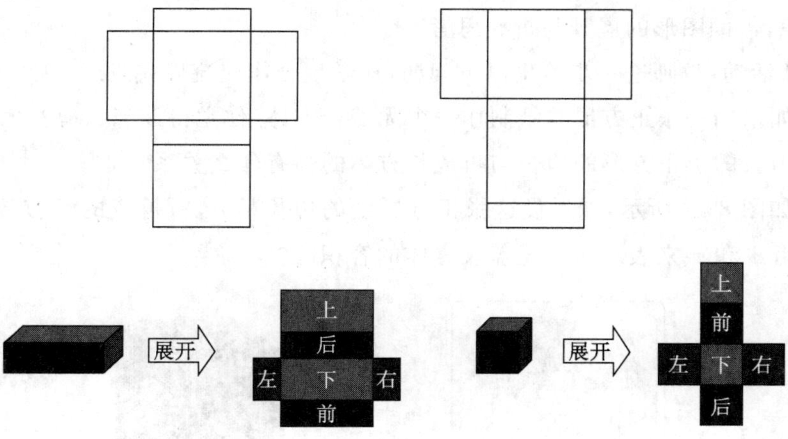

图 8-16

(2) 作品展示:用一张正方形的纸怎样才能制作成一个无盖长方体纸盒? 你是怎样剪的,怎样折的? 将你的作品展示出来与大家分享交流.

学生展示、交流、讲解自己制作、剪拼、折叠的经过,并分享相关经验.

教师动态演示无盖长方体纸盒的展开情况(图 8-17),让学生结合自己的思考,深度体会长方体展开图中蕴含的数学本质.

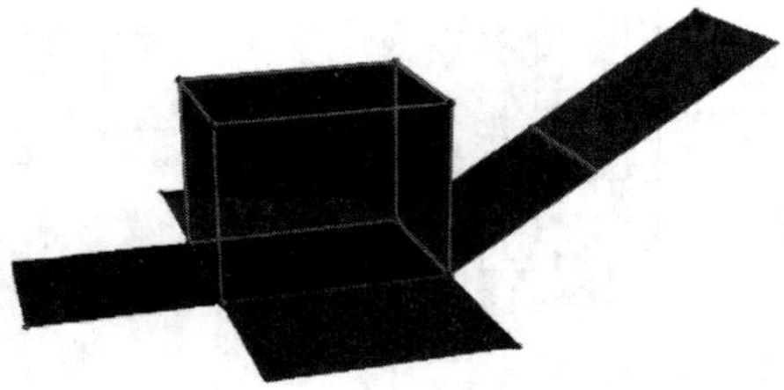

图 8-17

［设计意图］ 通过操作，探究展开无盖长方体纸盒后会得到怎样的平面图形，让学生探知长方体的平面图形模型，同时借助展示、交流活动体悟展开图的操作方法，最后在动态形成的深层感悟中体会长方体纸盒的真实样貌.

3. 活动三：怎样用一张正方形的硬纸板制作无盖长方体纸盒？

(1) 学生活动：采用小组合作的方式，4 人一组，事先准备好正方形纸，联系学过的知识，借助图形的展开与折叠思考.

教师活动：教师进一步给出以下问题，让学生合作交流后完成.

① 如果用一张正方形的纸制作一个无盖长方体，你觉得该怎么剪？怎么折？

② 剪去的小正方形的边长与折成长方体的高有什么关系？

③ 如图 8-18 所示，如果设这张正方形纸的边长是 a，所折成的长方体的高是 x，你能用 a 和 x 来表示这个无盖长方体的容积吗？

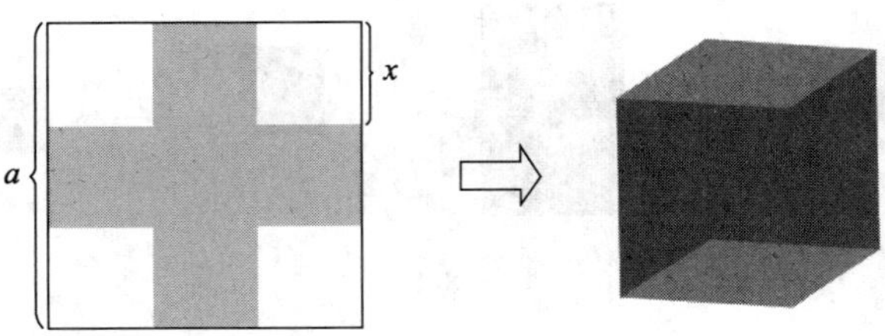

图 8-18

(2) 学生试验：给你一个正方形纸片，你能制作出尽可能大的无盖长方体纸盒吗？

试验一：探究边长为 20 cm 的正方形纸制成的无盖长方体容积的变化情况，填入表 8-2.

表 8-2

剪去小正方形的边长 x/cm	无盖长方体的容积 $(20-2x)^2x$/cm^3
1	324
2	512
3	588
4	576
5	500
6	384
7	252
8	128
9	36
10	0

学生活动：学生观察自己完成的表格数据后发现数据变化的规律：

① 当小正方形的边长 x 开始增大时，无盖长方体的容积也在增大；

② 当 x 增大到 3 以后，x 继续增大，无盖长方体的容积却在变小；

③ 当剪去小正方形的边长 $x=3$ cm 时，所得无盖长方体的容积最大，最大容积 $V=588$ cm^3.

教师提出问题：当剪去小正方形的边长 $x=3$ cm 时，所得无盖长方体的容积最大，最大容积 $V=588$ cm^3. 而要让体积尽可能大，588 cm^3 是最大值吗？

学生活动：讨论发现，问题的根源在 x 的取值上.

试验二：前面 x 只取整数值，$x=3$ 时，V 最大；如果 x 取不是整数的值时，结果又如何呢？完成表 8-3.

表 8-3

剪去小正方形的边长 x/cm	无盖长方体的容积 $(20-2x)^2x$/cm^3
2.5	562.500
2.6	569.500
2.7	575.500
2.8	580.610
2.9	584.760
3.0	588.000

续表

剪去小正方形的边长 x/cm	无盖长方体的容积$(20-2x)^2x$/cm^3
3.1	590.364
3.2	591.872
3.3	592.550
3.4	592.416
3.5	591.500

学生活动:学生观察自己完成的表格数据后,发现数据变化的规律:

① 当剪去小正方形的边长 x 从 2.5 cm 开始增大时,无盖长方体的容积也在增大;

② 当 x 增大到 3.3 cm 时,所得无盖长方体的容积达到最大,即当 $x=3.3$ cm 时,$V=592.550$ cm^3;

③ 当 x 继续增大时,无盖长方体的容积却在变小.

因此,从统计表中发现,当 $x=3.3$ cm 时,$V=592.550$ cm^3,无盖长方体的容积达到最大值.

借助计算器继续探讨边长 x 在 3.25 到 3.35 间隔距离减小时,V 的最大值.

我们发现:V 的值随着 x 的值先增大再减小,当 $a=3.33$ 时,V 有最大值 592.592.

试验三:当大正方形边长为 12 cm 时,小正方形边长 x 与盒子容积 V 的值见表 8-4.

表 8-4

x	1	3	4	5
V	100	108	64	20

当大正方形边长为 18 cm 时,小正方形边长 x 与盒子容积 V 的值见表 8-5.

表 8-5

x	1	2	3	4	5	6	7	8
V	256	396	432	400	320	216	112	32

当大正方形边长为 24 cm 时，小正方形边长 x 与盒子容积 V 的大小见表 8-6.

表 8-6

x	1	2	3	4	5	6	7	8	9	10	11
V	484	800	972	1024	980	864	700	512	324	160	44

当大正方形边长为 30 cm 时，小正方形边长 x 与盒子容积 V 的大小见表 8-7.

表 8-7

x	1	2	3	4	5	6	7	8	9	10	11	12	13	14
V	784	1352	1728	1936	2000	1944	1792	1568	1089	1000	704	432	208	56

教师引导小组合作，共同探究，得出结论：若正方形纸的边长为 a，则当 $x=\frac{a}{6}$ 时，盒子的容积 V 最大，最大值为 $\frac{2a^3}{27}$.

教师提问：要使无盖长方体做得尽可能大，有没有别的方法呢？

学生讨论交流后得出：可以考虑尽可能地不浪费小正方形.

[设计意图] 让学生通过画、剪、折等动手操作活动，感受纸盒的长、宽、高和原来纸片的边长以及剪去的小正方形的边长之间的关系，让学生在分割逼近思想的驱动下把问题一般化、结论一般化，体会探究学习的思想方法.

(三) 巩固应用

1. 请用边长为 20 cm 的正方形硬纸板制作容积更大的无盖长方体纸盒.

2. 如图 8-19 所示，一只小蚂蚁从长方体顶点 A 处，沿长方体表面爬到 B 处. 小蚂蚁非常聪明，总是能按照最短的路线爬行，你能找到最短的路线吗？最短路线有几条？为什么？

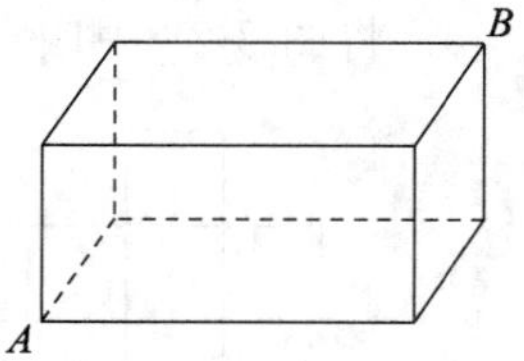

图 8-19

[设计意图] 通过巩固应用训练，强化对制作无盖长方体纸盒的经验拓展，提高学生综合应用知识解决问题的能力.

(四) 总结拓展

用一句话说说你的收获.

化归：数学思想方法（图 8-20）.

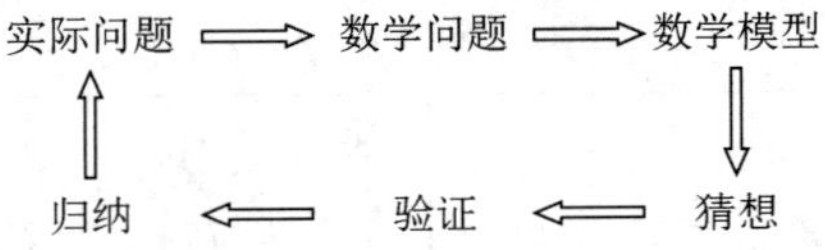

图 8-20

反思：拓展改进策略（图 8-21）.

日期：__________

姓名：__________

所涉及的数学知识：__________

收获最大的地方：__________

还需要进一步理解的地方：__________

所学的内容能否应用在日常生活中，举例说明.

图 8-21

［设计意图］ 通过总结拓展，梳理制作无盖长方体纸盒的活动经验，同时明确今后深入探究的课题延续方向.

五、目标检测设计

1. 将图 8-22 中四个图形折叠，你能说出这些多面体的名称吗？

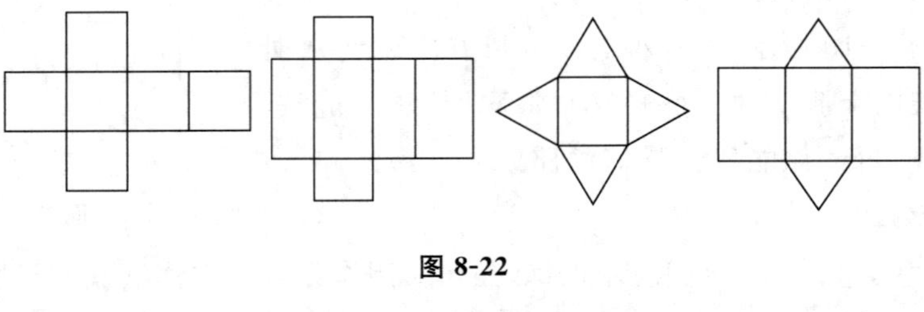

图 8-22

2. 利用图 8-23 中的正方形纸片，你还能用其他的方法制作出无盖的长方体纸盒吗？

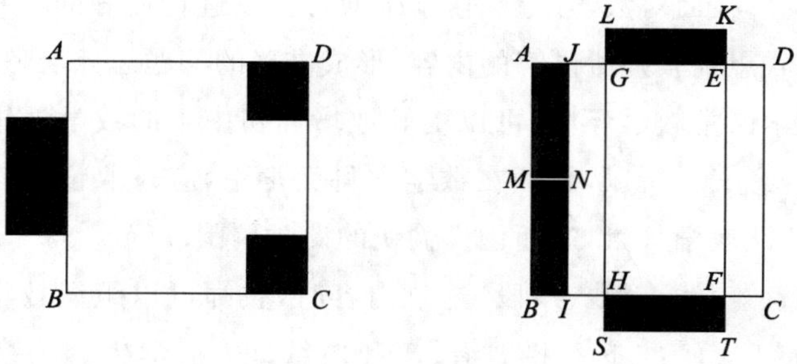

图 8-23

3. 给你一张长 20 cm、宽 15 cm 的长方形，你能制作一个尽可能大的无盖长方体吗？

[设计意图]　通过解决实际问题，考查学生对制作无盖的长方体纸盒的掌握情况.

第四节　“数学实验”课堂实践成果

实践成果一　初中数学实验教学中培养学生数感的认识与实践①

数感属于人对数及其运算的常规理解与感受，能够帮助学生采取灵活的办法处理烦琐的问题并提出有效的措施. 数感的表现如下：理解数的含义；可以用多种方式代表数；可以在实际情境中掌握数的相对大小关系；可以用数描述与沟通信息；可以为处理问题而选取合适的算法；可以估算结果，且解释结果的科学性. 将数与学生的现实生活关联起来，既可以让学生在潜移默化中领会数学的真谛，学会以数学思维模式观察与认知世界，又能让学生在开放的资料中进一步丰富自身对数的了解，感受数学的魅力，获取良好的数学情感.

一、营造开放、愉快的教学氛围

初中生对数学的认识与意识已有了基本积累与存储，对于数感的基本素质也

① 陆丽萍. 初中数学实验教学中培养学生数感的认识与实践[J]. 中学数学，2021(12)：36－37.

有了良好的基础. 在面对数学问题时,学生通常可以进行良好的自我剖析与理解,在答题时,能够联想到教师所讲解的内容,形成准确的答题思路与答题思维. 营造开放、愉快的数学课堂教学环境,可以更好地培养初中生的数学思维及逻辑,对数学学习有着显著意义. 所以,教师在数学学科教学中,应采取情境教学模式、合作教学方式等来活跃教学气氛,进而创设愉快的课堂氛围.

比如,在讲解"直线、射线、线段"这节内容时,教师可以组织教学活动,具体活动安排及操作如下:① 准备一些细绳、笔和白纸;② 把学生分为多个小组,每组5～6人;③ 需要学生用手上的细绳展示出直线、射线及线段,可以是抽象的,也可以是具体的,然后基于细绳的表示方式,用笔在白纸上描绘出直线、射线及线段;④ 指引学生展开互动交流.

基于这种教学活动,不仅让初中生认识到直线、射线及线段之间的不同点和相同点,还使初中生的个性获得发展与培养. 基于自由性的教学活动,数学教学气氛更加活跃,这种开放性的课堂有助于培养初中生的数感.

二、培养初中生主动学习、自主探究的习惯,从思想方面培养初中生的数感

初中生在自我管控、自我约束方面相对于小学生有了明显的增强. 主动学习、自我探究有利于初中生形成优良的学习习惯. 学习知识时依靠教师组织教学设计与教学反思是不合理的,初中生是课堂的主体,唯有形成优良的学习习惯,方可取得更好的学习成果. 所以,教师在数学课堂上要时刻提醒学生养成主动学习、自我探究的优良习惯,基于练习题与测试来检验自己的学习成果,由此巩固自身所学习的数学内容,在做题时,养成良好的数感. 在此基础上,教师还要重视培养初中生主动学习的技巧,教会学生怎样进行课后习题训练与测试,可以采用专题训练的方法. 比如,在讲解"一元一次方程"知识点时,教师可以提出如下习题要求学生练习:

(1) $7(2x-1)-3(4x-1)=4(3x+2)-1$;

(2) $3(20-y)=6y-4(y-11)$;

(3) $20\%+(1-20\%)(320-x)=320\times40\%$;

(4) $2(x-2)-3(4x-1)=9(1-x)$.

基于专题训练的方法教给学生一种自主学习的方式,使之在主动学习期间知道怎样主动学习、自我探究. 另外,教师还可以依靠各种优秀思想进行指引,促使初中生养成主动学习的习惯,如慎独等.

三、联系生活实际中的数和数量，培养数感

数学教材里数和数量的建立对初中生而言较为抽象，如“绝对数”的概念中，“$-a$”为何能够表示正数．初中生之所以难以理解，是因为他们头脑中无法形成良好的表象，因此对部分数和量自然就缺少“感觉”与“感悟”．在数学课堂上，教师需要指引初中生在实际生活中发现有关数和数量的原型，帮助他们更好地理解数的含义，形成数的概念，这是提高初中生数感的第一步．

比如，在讲解“数怎么不够用了”这节内容时，先让学生计算 4 个代表队的最终得分，并说明是如何表示的．学生在计算过程中发觉“不够减了”，出现了负数，体会引入负数的重要性和负数的现实作用．接着教材给出“正数”与“负数”的两种描述性含义：5，1.3，1/2，…为正数，均大于 0；在正数之前添加“－”的数即为负数，如－9，－4，…．教学过程中，教师需要让学生联系现实生活，举例表示生活里的“正数”和“负数”．通过举例，指引学生加强数学和现实生活的联系，让抽象化的内容变得具体，依靠具体的事物给予数和数量明确的概念，学生可以以自己的方法更好地理解与形成数感．

四、采取课堂提问，鼓励学生学着质疑

质疑是一种技能．爱因斯坦曾表示：“提出一个疑问通常比处理一个问题更关键．”有质疑才具备创新能力，方可有效增强学生的数感．质疑不仅能够发散学生的思维，培养他们的学习兴趣，还能够激发他们的创新思维，有助于培养初中生的数感．所以，在培养初中生的数感时，教师可以通过培养学生提问能力与勇气的途径实现．比如，教师在讲解“二元一次方程”时，要积极鼓励学生提出心里的疑问与看法，有些学生基于未知数的个数表述自己的疑问，此时，教师要对学生的提问、质疑和勇气给予赞扬，鼓励学生融入教学实践，让学生在学会质疑的基础上增强自己的数感．

五、组织小组合作沟通，增强数感

小组合作沟通是新课标提倡的关键学习模式．基于小组合作沟通，学生思维碰撞，彼此启发，体会数能够用于表达与沟通信息，在沟通对数的感知的基础上，拓展思维，提高自身对数感的认知与理解，既开发了学生的学习潜力，又培养了学生的合作

精神和竞争思想，所有学生都能够感受成功的快乐，进而促使数感的养成和提高.

比如，在讲解“数据的波动”时，基于一个现实问题的情境与图示，先使学生直观地预估从 A、B 两厂获取的10个鸡腿的平均质量，再让学生自己估计、思索，且基于小组合作沟通，指引学生自主发现：尽管两组信息的“平均水平”类似，但在现实问题中的具体含义却不同. 因此，需要探究“数据的波动”状况，最后经过分析几组信息的差别，逐渐抽象出表示“数据波动”现象的几种量度，即极差、方差与标准差. 如此一来，学生在沟通和处理问题时，整体提升了对“方差”的认识，并且在沟通中知道“方差”与“标准差”的数字含义及价值，更好地了解统计思想，掌握统计方法，提高统计意识，增强（针对极差、方差以及标准差）数感.

六、结束语

新课标已把数感作为当下数学教学的核心内容，这充分体现了数感对学生学习数学的重要性. 所以，在初中数学课堂上，教师要进行全面考虑与实践，从初中生学习数学方面着手，指引初中生经过观察、质疑、思索、处理问题等教学活动，重点培养初中生的数感.

实践成果二　注重意义建构　夯实数感基础①

2020年9月，笔者所在学校数学教研组就七年级“有理数”教学开展了一次研讨活动. 一位教师在活动中进行了课堂教学展示，课题为苏科版数学七年级上册第2章2.5节“有理数的减法”. 在课后研讨环节中，教研组教师结合课例谈自己对有理数运算教学的认识，无意中引出一个关于初中生数感培养的讨论话题. 研讨活动结束之后，笔者意犹未尽，结合自己的教学实践对此继续进行研究，并有所收获.

一、课例研讨及其引发的思考

（一）课例概述

环节1：类比引入

教师首先引导学生回顾前几节课学习的“有理数加法”，然后自然引导学生：在学会了有理数的加法运算之后，我们接下来应该研究什么？学生类比小学阶段的

---

① 王国强. 注重意义建构　夯实数感基础[J]. 中学数学教学参考，2021(20)：8－10.

学习经历,立即想到接下来应该研究有理数的减法运算.

环节 2:结果探究

引入减法之后,教师举了几个例子:5－(－3),0－(－2),…,然后引导学生回顾减法与加法之间的互逆关系. 比如,5－(－3)就是"寻找一个数,使它与－3 的和为 5",由加法的学习经验知 8＋(－3)＝5,于是 5－(－3)＝8.

环节 3:法则归纳

用上述方法获得了几个例题的答案之后,教师引导学生观察其中的规律,进而归纳得到这样的运算法则:减去一个数,等于加上这个数的相反数.

环节 4:尝试运用

得出运算法则之后,教师用两个例题示范减法法则的直接运用,然后给出一组习题让学生练习. 学生练习之后,教师对练习情况进行小结.

接下来进入当堂巩固(课堂作业)环节(略).

(二) 观点碰撞

课后研讨时,教研组教师首先聚焦有理数减法的引入方式. A 教师认为,本节课应该从具体的现实情境中引入有理数的减法,帮助学生在具体情境中理解减法的意义,获得对有理数之间运算关系的感悟,进而发展学生的数感. 这个观点随即引发争论,B 教师提出不同的观点:虽然《课程标准》中提出发展学生的"数感",但是学生数感的培养主要在小学低年级阶段(第一学段)进行,初中阶段(第三学段)的教学重点应该是发展学生的运算能力和符号意识. 具体到有理数的运算教学中,教师应该努力提升学生的具体运算能力,为后续的代数运算打基础,在提升运算能力的过程中,学生对有理数的数感会自然而然地得到提升……

两种观点的碰撞,引发了笔者的思考:初中阶段是否需要关注学生的数感培养? 数感对于后续的数学学习有着怎样的影响? 具体到有理数的运算教学中,如何进一步促进学生的数感发展?

二、问题分析

单纯从有理数减法的引入方式来说,笔者认为上述课例教师所采用的"类比引入"没有不妥. 在数域扩充(从小学阶段的非负有理数扩充到有理数)之后,自然地思考原数域下的运算法则是否适用,体现了数学研究的"基本套路". 但是,就初中生数感培养这个话题来说,笔者不赞同 B 教师的观点.

(一) 数感需要在多个学段逐步提升

什么是数感?《课程标准》把“数感”作为十个核心概念之首,但是在“课程内容”中对“数感”只进行了粗略地描述:“数感主要是指关于数与数量、数量关系、运算结果估计等方面的感悟.”这样的描述使得很多初中教师对数感存在片面的认识,较为典型的就是仅仅将数感理解为对具体数量大小的感知和对运算结果的估计能力,进而认为数感可以在小学的基础上“自然而然地得到提升”. 美国数学教育家麦景图提出数感的三成分结构模型,认为数感是由数、运算、情境三种基本成分组成的. 其中,数包括数的顺序、数的表征和数的大小三个方面的内容;运算并不是指传统的纸笔计算,而是指在理解运算对数字的意义和影响的基础上,能对运算结果的合理性作出判断;情境指的是理解问题情境中的数量关系,能选择有效的表示方式来表述问题情境中的数量关系,并能判断问题解决结果的精确性和合理性. 从“三成分结构”上理解数感,容易发现,数感需要在数系扩充的过程中逐步提升,而不可能在任何一个学段“一劳永逸”,因为数系的每一次扩充都必然引发“三成分结构”的同化或顺应.

(二) 数感对代数思维具有重要影响

数感对于后续代数学习具有重要的影响. 关于这一点,笔者作为一名多年从事毕业班教学的初中数学教师,体会尤为深刻. 在九年级“二次函数”内容的教学中,有这样一道题目:

例 如图 8-24 所示,平面直角坐标系中,抛物线 $y=-x^2-2x+3$ 与 x 轴交于 A,B 两点(点 A 位于点 B 左侧),与 y 轴交于点 C.

(1) 求直线 AC 的解析式;

(2) 若点 P 是位于第二象限抛物线上的一点,当$\triangle PAC$ 的面积最大时,求点 P 的坐标.

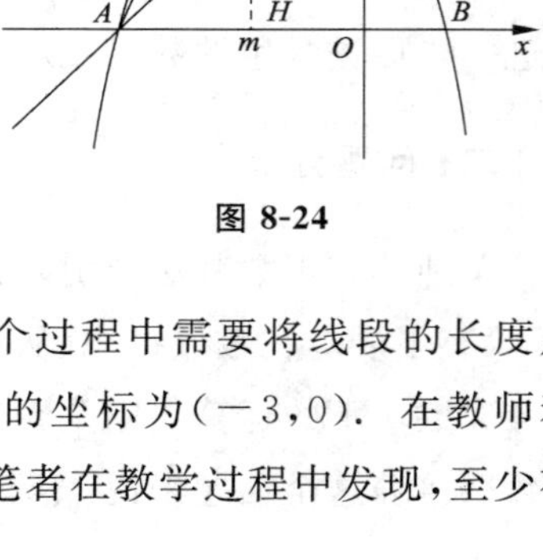

图 8-24

本题第(2)问的常规解法是设点 P 的横坐标为 m,则可将点 P 的坐标表示为$(m, -m^2-2m+3)$,由此将$\triangle PAC$ 的面积表示为 m 的函数(二次函数),然后通过研究函数的最值来求解. 这个过程中需要将线段的长度用含 m 的代数式表示. 点 H 的坐标为$(m,0)$,点 A 的坐标为$(-3,0)$. 在教师看来,线段的长度显然可以表示为 $m-(-3)$. 然而,笔者在教学过程中发现,至少有七成学生将线段表示为 $3-m$. 经提醒之后，才有很少一部分学生想到将线段表示为 $3-(-m)$. 全班 50 名学生中，仅有 3 名学生写出 $m-(-3)$ 或直接写出 $m+3$. 由此可见，很多学生到九年级的时候仍然没有领会这些基本的有理数运算的几何意义，比如“用较大的数减去较小的数即可获得数轴上对应两点之间的距离”，学生在非负有理数范围内几乎都有这样的认识，但是到有理数范围内（比如两个数都是负数），这个认识就欠缺或表现得很不坚定.

上述例题属于代数问题，学生的解题过程曲折，所犯错误的根源在于对具体数和它们之间运算关系缺乏认识，至少说明学生对非负有理数运算意义的认识没有推广到整个有理数域. 代数思维本质上就是具体算术思维的抽象化. 因此，代数运算过程中出现的问题，往往对应着具体运算阶段的认识欠缺. 也就是说，学生在有理数概念及运算学习过程中积累的数感，对于后续代数学习具有重要而又直接的影响. 很多教师对某些核心概念（数感、符号意识、运算能力等）的内涵存在片面、模糊的认识，即使遇到这样的情况也没有意识到其根源在于学生数感的欠缺.

（三）运算能力对数感的促进作用不大

数感包含运算成分，但是单纯提升运算能力对于数感的促进作用不大. 数感是一种主动地、自觉地或自动化地理解数和运用数的态度与意识. 它是建立明确的数概念和有效地进行计算等数学活动的基础，是将数学与现实问题建立联系的桥梁. 这就是说，数感中的运算成分主要体现了主体对数的意义的理解与运用，集中表现为数和数量关系与具体情境之间的关联和对应. 我们平常所说的“运算能力”，显然没有涉及这些方面. 运算能力主要指根据法则和运算律正确地进行运算的能力. 脱离具体情境（现实应用情境或数学问题情境）的数学运算，其实只是在运算法则和运算律的框架下进行形式运演，能积累推理经验（运算的本质是推理）和运算技巧，却无助于数感的提升. 有学者通过实证研究发现，计算能力高的学生在应对具体情境的时候，往往会按照运算法则作出判断. 这说明数感并不是随着计算能力的提高而发展的，所以应该对学生的数感进行专门的培养.

综上所述，虽然数感发展可能存在一定的关键时期（比如小学低年级），但是这不代表数感培养在初中阶段就不重要. 作为一种较为内隐的数学能力，数感对于学生的符号意识、模型思想、应用意识等能力的形成和发展都具有直接的影响. 随着数系的不断扩充，数的概念及数量关系的意义越来越抽象，相应的数感培养难度也逐渐增大. 教师应该在充分认识数感概念内涵的基础上，结合具体教学内容有目的、有计划地提升学生的数感，为后续学习代数夯实数感基础．在这方面寄希望于“自然而然地得到提升”，很可能是教师在“什么是数感”和“如何培养数感”两个方面存在狭隘的理解和片面的认识．

三、对数感培养的几点感悟

（一）教师应该使数感培养成为“有意识的行为”

前文的分析使笔者坚信这样一个认识：“数感不仅是学生学习的重要课程内容，而且是形成和发展其他数学能力的基础．”初中阶段教师应该使数感培养成为提升学生数学素养的有意识行为．这里所说的“有意识行为”包含两层含义：其一，教师应该在结构分析的基础上认识数感对于后续数学学习的促进作用，这是对数感培养必要性的认识；其二，教师应该结合具体教学内容分析提升学生数感的路径与方法，这主要是对数感培养的可能性的认识．这两方面的提升，前提都是对“数感”概念的内涵和外延有较为清晰的认识．为此，教师对数感概念的认知不能局限于课标中的粗线条描述，还应该通过适当的延伸阅读来提升自己对核心概念的认识层次，避免目标的虚化和路径的偏离．

（二）数系扩充是数感培养过程中的“关键事件”

基于对数感的“三成分结构模型”的认识，笔者认为，数系扩充是数感培养过程中的“关键事件”，因为数系扩充涉及新的数概念的建构、运算的重新定义或再认识，由此带来数的意义（数量意义、计数意义）、数的关系（大小关系、序列关系）、数的表征（数字、图形、数轴以及它们之间的相互转换）等一系列数感组成元素的更新或升级．如果数系扩充阶段的数感培养滞后或缺失，那么很难通过后续学习中的学习内容来弥补．初中阶段需要经历两次数系扩充：第一次是在非负有理数知识的基础上扩充有理数的范围（引入负数），第二次是从有理数扩充到实数（引入无理数）．就第一次扩充来说，单纯的负数概念建构难度不大，但是由负数引入带来的数感层面的系统性拓展和升级（如比较数的大小、运算的意义、负号与减号的统一认识等）难度非常大．由此，回看上述课例亦可发现，“有理数的减法”这节内容作为数系扩充的重要组成部分，对于学生数感提升的关键作用不容忽视．

（三）以情境促进意义建构是数感培养的有效策略

数感作为一种数学素养，应该更多地体现在一定情境中对现实问题的数学化反应上．事实上，数感在情境中体现，也在情境中生成．在数和运算的意义建构过程中，情境发挥着不可替代的作用．就数的意义来说，把抽象的数概念与现实情境联系起来，为学生提供多样化的理解方式，可以让学生更具体、更深刻地把握数概念；就运算的意义来说，把运算与具体的现实应用情境或数学应用情境对应起来，有助于学生理解运算的来龙去脉，进而充分认识运算对结果的影响、运算结果的范围（指向估算能力）与合理性．反观上述课例可以发现，课例执教者在有理数减法教学中仅仅着眼于减法的“系统内意义”（这里指减法与加法的互逆关系）的建构，对于减法在现实情境下的数量意义（两个量之差）和几何背景下的度量意义（比如数轴上两点之间的距离）完全没有顾及，这样的运算教学不利于数感的培养．有理数的运算教学当然需要提升学生的运算能力，但是数感培养对于后续学习的重要作用亦不容忽视．就这个方面来说，课后研讨环节中 A 教师的观点是值得肯定的，通过情境来促进意义的多元建构的确是数感培养的有效策略．

实践成果三　开放式课堂：创新初中数学课堂精彩生成①

随着 5G 智能时代的快速发展，以及大数据、“互联网＋”、新媒体等网络资源的深度开发，为践行立德树人根本任务，顺应新时代的机遇与挑战，建构开放式课堂，融通课内课外、时空资源，开放课程内容、学习方式、课堂结构、课堂评价，依托“让学引思”促进学生全面发展，创新初中数学课堂的精彩生成．

《课程标准》提出：“数学是最重要的交际工具，是人类文化的重要组成部分．工具性与科学性的统一，是数学课程的基本特点．”数学是社会交际的工具，数学课融通课内课外，深度挖掘社会、生活和时空资源，拓展学生的全面发展空间，增强学生数学开放活动的实践和创新能力，使学生在广阔的大数据背景下学数学、用数学，让数学课堂变得开放而有活力．开放式课堂是以课堂为载体，开放时间、空间、环境、课程、资源等教学活动体验，体现学生自学不放手、自主不放纵、自由不放任的融合性、智慧性的课堂教学方式．那么，如何建构开放式的数学课堂呢？下面就初中数学教学实践中开放式课堂的建构策略进行一些探讨．

---

① 王国强．开放式课堂：创新初中数学课堂精彩生成[C]//江苏省教育学会．2020 学术年会报告文集，2021：257－261．

一、研发课程资源，开放课程内容

（一）“百度”网络资源

随着5G智能时代的快速发展，新媒体、“互联网＋”等网络资源成为数学教师突破备课瓶颈的应然选择，也成为学生学习的有效背景．笔者在教学苏科版数学九年级上册“圆”的内容时遇到了如下疑问：章首图中对于战国时期《墨经》记载的“圜，一中同长也”的解释有点难度，如何让学生自然接受呢？为了解决这一疑问，笔者和学生在百度上收集了一些材料，通过材料的介绍知道了古代的圜即圆，章首图中的这句话是对圆的概念的抽象概括，指圆是从中心到周边各点距离相等的图形．学生从文言文角度和数学角度对于圆的内涵与本质有了新认识，对于章首图的辨识有了新突破．网络资源的运用，可以高效引领学生对于跨时代、跨领域、跨学科知识的融通理解与运用，从而让学生消除时间与空间上的学习障碍，更加深入地挖掘资源，形成技能．

（二）引入生活资源

史宁中教授说过，要引领学生逐步学会用数学的眼光观察生活．在数学的课堂教学中，传统的单元复习课对于公式、法则、概念、定理、规律的回忆占较大比重，殊不知，对于学生而言，复习最大的困难不在于知识的回顾，而在于学习技能的积累与提炼——“巧妇难为无米之炊”说的就是这样的窘况．在单元复习教学时，如果能有效开挖“生活”之泉，复习的灵感自会源源不断．笔者自从在复习教学中渗透生活问题后，就发现了不少鲜活的校园生活素材可植入课堂教学：有学生在过红绿灯时目睹众人“争分夺秒”难抵闯红灯的诱惑时，用“概率与频率”诠释变化中的红绿灯；有学生从自己在数学阅读中总要借助工具书，感悟到知识的积累在“等可能性”中的辩证思想；还有学生关注环境变化，针对全球化气候变暖的大数据，深度体会“函数”中的常量与变量．

（三）整合教材资源

现行的苏科版数学教材以不同社会、生活、文化内容为主题，分为不同板块，组成不同单元，这种教材架构体系充分体现了丰富生活、自由灵活、活化思维的“选材、用材、学材”理念．但若从“跨界融合”的角度考虑，这种教材结构体系不利于学生系统地了解不同知识领域、不同学科内容的特点和要求．因此，在涉及重点知识或重要学科时，笔者有意识地让学生拓展延伸，融合学习．比如在教学七年级上册

"生活数学"的内容时，通过引领学生对多领域、多学科生活资源的整合，使学生灵活掌握生活中的数学与各学科之间的直接和间接关系，从文字和图形中体验生活中处处有数学，生活中离不开数学，创新精神和实践能力得到进一步发展，综合素养得到有效提升. 从综合跨界的领域整合教材资源，打破教材体系，拓宽教材空间，丰富教材内容，可以让我们的数学课程更具张力，让数学课堂更具活力，让数学资源更具合力.

二、突出学生个性，开放学习方式

为顺应新一轮基础教育课程改革的要求，盐城市通过"让学引思"课堂教学改革的有效尝试，践行立德树人根本任务，促进学生全面发展，努力实现教师"真让会引"，学生"真学善思"，把课堂的主动权还给学生，使学生变主学为主导，力求实现教师教学方式和学生学习方式的真正转变，以适应不断变化的智能时代发展需求.《课程标准》把"积极倡导自主、合作、探究的学习方式"作为数学课程改革的基本理念之一，这种学习方式是在教师的启迪和引领下，突出学生主体地位，发挥集体智慧、小组合作的作用，在深度交流与合作中创新学习方式，拓宽时空界限，彰显学生个性特点，实践探究学习思维，提升学生关键能力和勇于创新的精神.

(一) 引导合作学习

在盐城市"让学引思"课堂教学的改革推进过程中，笔者尝试在课堂中转变学生的学习方式，真正成为学生的合作伙伴，引领学生进行协作学习.

1. 座位形式科学化

改变传统的"条田式"座位为"圆桌式"座位，形成 4～6 人小组，依次编号 1～6 号，并让学生根据自身特长自主选择推荐本组的组长、副组长、记录员、观察员、汇报员、资料员，让学生自主选择、角色分工、明确职责，让每一位同学都能感受到自己的价值，体会价值感和幸福感. 这样的座位形式有助于学生个性的发展，有助于学生小组的讨论，有助于学生问题的生成，有助于学生能力的提升.

2. 讨论形式多样化

小组讨论是合作学习的重要环节，"互动式"的小组合作学习在进行小组讨论时，可以灵活运用多种讨论模式. 例如，可采用"组长统筹安排讨论—组员发言记录—汇总展示"的形式，也可采用"观察员先发言—汇报员和记录员发言—档案员和组长归纳汇总"的形式，还可采用"推荐代表先发言—其他代表自由发言”的形式．但无论是哪种讨论形式，都打破了传统教学方式，体现了形式化、多样化、多元化的特点，真正让小组讨论落到实处，让每个学生都能参与，让每个学生都动起来．

3．教师讲授精简化

在推行课改的实践中，有些教师总是有所顾虑：如果在数学课堂上真正做到完全放手让学生小组合作讨论，教师可能会无法调控学生，学生的答案有错误或超出课堂预设怎么办？学生的语言表达不到位怎么办？学生解答问题的角度不准确怎么办？有上述担心的教师往往会在小组合作学习时浅尝辄止，很难发现学生解决问题的方式有时会出乎意料．其实，教师完全低估了学生的能力．以九年级上册“圆锥的侧面积”新授课教学为例，学生在探究侧面展开图特征时，经历小组合作学习中的互通有无，不仅掌握了圆锥的侧面展开图是扇形，还注意到了容易忽略的“圆锥母线”与“扇形半径”之间的关系．分工合作研学时，学生在小组内的表现会更加突出，他们会注重自己在同伴面前的表现，更会注重对于知识探究的科学性和准确性．在这样的学习过程中，教师对于圆锥侧面积的计算方法的讲授完全可以精简，无须一一讲解，只需启迪学生生疑、纠错．

4．学习时间经济化

数学课堂上让学生小组讨论会浪费时间吗？在很多人的观念中，答案是肯定的．其实不然，以数学起始课为例，教师可以放手让学生在课堂上查阅有关资料，了解重点概念的意思，利用手头的工具书、参考资料帮助理解概念，在小组合作讨论中，学生会主动对概念的不同理解达成共识，或汇合本组成员意见提出疑问并梳理新的解决路径，同时进行深度思辨，如果仍然不能有效解决问题，那就提交到全班进行讨论．教师在起始课教学中，完全不必再像从前一样串讲灌输，只需遇“愤”而“启”，闻“悱”而“发”，一节起始课的时间大大缩短，学习效率大大提高．

（二）鼓励质疑问难

问题是学习的发动机．数学课堂学习，不应仅靠教师不停发问、追问，学生被动应答，而应放手让学生自己思考，大胆质疑．笔者在教学“用计算器求方差”时引导学生提出自己初学时的疑问，有学生对计算器显示的结果与通过公式计算的结果存在差异感到不解，也有学生在计算器的操作流程中存在困难，还有学生对于计算类型和功能模式的设定之间如何转换表示困惑．这些疑问的提出，从学材的立意和目标层面表达了学生的学习需求. 尊重学生计算器求方差时的“初体验”,顺着学生的疑问教学,教师在课堂中就能省却“步步为营”的烦琐预设,想学生所想,解学生所惑,达到教与学互长的理想境界.

(三) 开设丰富活动

“问、猜、探、思”是数学学习中最重要的活动形式. 在数学课堂教学中,不应该仅仅对教材内容解读,也不应该仅仅对问题题目审读与构思,而应该有更多贴近学生实际、满足学生需要的开放式活动. 笔者在数学教学中,曾经开设过“新年接力会”“速算会”“数学实验比赛”“数学辩论赛”“自主命题周记擂台赛”等活动. 以“数学活动‘算 24’”主题辩论会为例,教师事先征集并确定辩论主题“利用数学运算快速准确算出 24”,然后全班学生自主选择正反方立场,根据要求抢答. 评委会成员公开评审后,从中选择 8 名学生分别代表正反方参加决赛,辩论赛的规则和程序由大家共同制定. 辩论会上,正方选手立足于巧算,反方选手立足于快算,各有特色,从不同的角度进行角逐,针锋相对,各不相让,最终以平局结束. 毫无疑问,在这样的活动过程中,学生搜集资料的能力、论述能力、思辨能力、质疑能力、语言表达能力(技巧)、团队合作能力都得到了极大的提升,从而实现了在真实的思维环境中,高效组织学生进行数学活动、努力提高学生数学能力、创新培养学生数学品格的新思路.

三、注重有效生成,开放课堂结构

(一) 突破封闭预设

后现代主义课程论的代表人物多尔提出:课程要随时考虑到流动、变化等因素的存在和影响. 因此,在课堂教学中教师和学生都应该成为课程的预设者和创新者,对于教学目标、教学内容、教学组织的预设都应该有科学合理的思路,用变化中的灵动改变传统中的沉闷,让课堂充满活力,让教师教得轻松、学生学得快乐. 传统的数学课堂教学,从结构设计上说,注重精巧的预设,注重知识的灌输,注重练习的反复,缺乏变中求异、灵动改变,课堂预设处于封闭状态,不能应对随时发生的课堂变化. 其实教学本身是预设与生成相互作用的过程,课程预设是师生共同研学新知识的创生过程,主张失衡、关联、情景化的课程结构应注重多元、多变,全方位考虑学生的认知规律和年龄特点,用详尽的预设应对敏感的变化问题,激发学生的学习动机与兴趣,助力课堂预设的精彩生成.

(二)注重有效生成

在具体的课堂教学过程中,要想高效达成课前预设的目标,还需要纳入开放的直接经验、弹性灵活的成分以及始料未及的体验. 笔者在教学“解二元一次方程组”时,有学生提问:代入法和加减法是不是所有方程组都可以用?围绕这个即兴生成的问题,笔者顺势利导,与学生讨论代入法和加减法的特征,总结出未知数系数有“1”且数据简单时可以用代入法、加减法适用于所有方程组、检验解是否正确时应该代入原方程组等结论. 师生互动中的即兴创造,往往会超越目标预设的要求,有效生成深度思维. 为此,数学课堂教学必须建构开放的课堂结构——一种学生主动参与的、突出学生发展的、个性化的教学氛围,力求实现课堂目标的有效达成.

四、关注生成体验,开放课堂评价

课堂评价是对课堂活动的定性评估,是促进课堂高效发展的必备环节. 开放式的课堂评价,应突出评价的整体性,贯穿教学全程,注重评价目标多元、评价手段多样、评价方式灵活,关注学习过程,关注学习实践,关注学生生长,关注学生体验.

(一)评价目标多元

对数学教学的评价应注重过程、体现多元、突出开放,可以从活动、实验、思维等不同角度进行审视,创新评价方式,从多层面、多角度、多方位进行科学合理的评价,不定时随机进行评价,对于各种类别的评价应力求公开、公平、公正,彰显价值功能,提升教学效果.

(二)评价手段多样

课堂评价应注重形式的多样化,促使课堂灵性发展.对于小组活动的评价可以依托趣味情境,激发学生的探究热情,引领学生的实践活动.教师借助启迪的方式及时开展评价,在活动中学生思维创新的评价可由学生自主选择方式,配上动作表情等体态语言,以表演的形式进行.

(三)评价方式灵活

课堂评价结果一般由生生评价、师生评价互补融合. 在评价过程中力求体现科学激励,方式灵活多变,对于学生有争议的评价可以暂缓评价,不必刻意评价,让所有学生都能感受成功的快乐. 评价结果可用分数显示,也可采用“跟帖留言”的形式,肯定优点,纠正不足.

综上所述，开放式数学课堂是充满活力的数学课堂教学，构建开放式的数学课堂，有利于打破传统课堂时空和教学内容的封闭，还数学以本来面目，开放是手段，发展才是目的．开放式的数学课堂，强调发挥学生的主体性，促进学生的潜能得到唤醒、开掘和提升，实现其自主发展；强调促进学生知识、情感、智能的提升，实现其多元发展；强调提高学生终身学习的能力，实现其可持续发展．

第九章 数感培养之“三生一创”

第一节 “三生一创”理论溯源探析

一、研究缘起

随着盐城市“三生一创”生本课堂教学改革的深入，以及数学学科核心素养教学目标的确立和落实，为了适应学生全面发展的要求，凸显“生活逻辑”在“学科育人”中的功能价值，研究团队经过无数次的教材培训、听课、教学研讨和调研发现，一线数学教师对于“生活·生成·生长”有种“朦胧”的感觉，稍加追问，明显底气不足，心理层面的认可与认知层面的不足带来教学实践的偏颇，影响课程目标的落实，因此有必要对“生活·生成·生长”三者的融通创新实践进行更加深入的探讨.

为了弄清学生的数学学习现状，研究团队调查了江苏省各市县城镇初中和农村初中，通过问卷、访谈、测验、数据比对等方式，发现初中生学习现状并不乐观，具体体现在以下几个方面：① 学生生活体验不丰富，城乡差异较大；② 学生课堂活力彰显不足，投入动力较低；③ 学生综合实践不活跃，解决问题滞后；④ 学生操作体验不精准，机械模仿严重；⑤ 学生数学实验不熟练，抽象感知较少；⑥ 家庭教育不到位，缺位缺失严重；⑦ 教师育人目标不明确，教学方式单一；⑧ 教师课堂艺术不精湛，个人魅力不足；⑨ 教师内驱力不足，自主发展滞后. 针对学生、家庭和教师教学现状，为了提高学生综合实践能力，突出个性和发展，构建完善的“生活·生成·生长——创造有意义的学习经历”教学体系迫在眉睫.

综合上述课改、现状需求，结合盐城市乃至江苏省初中生数学学习的现状，为落实立德树人根本任务，践行数学学科育人价值，凸显从学科逻辑到生活逻辑的实践创新，针对初中数学教学中普遍存在的教师课堂影响力不够强大、学生的投入和活力不够彰显、难以获得终身受益的价值等问题，我们提出了"生活·生成·生长——创造有意义的学习经历"（以下简称"三生一创"，图 9-1）教改主张，旨在解决一个长期存在的根本性问题，即"以生为本"问题．同时，解决如何在初中生数学学习中有效落实"立德树人"这一教育的根本任务，进而提升学生的数学学科素养．

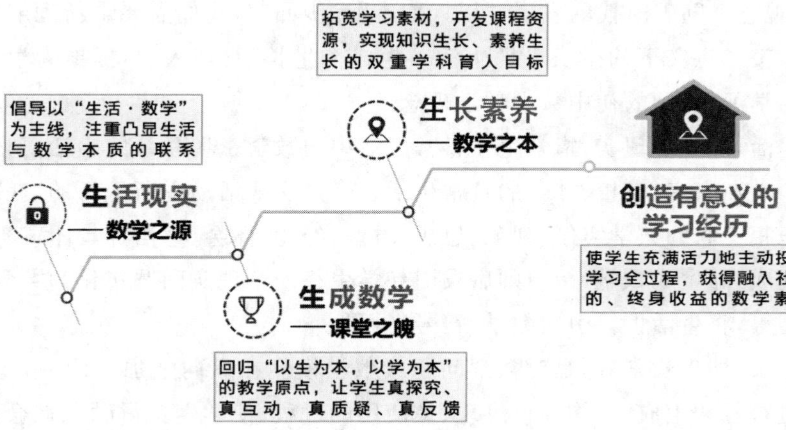

图 9-1

二、研究问题

1．从初中数学教学目标看，如何体现"以生为本"的宗旨，关注学生全方位、个性化、可持续的发展，让学习经历变得有意义，使学生获得更有价值的发展，是当前教育教学研究的重点问题．

2．从初中数学教学理念看，教育家迪·芬克提出了"教学应为学生创造有意义的学习经历"的教学思想（表 9-1）．在一种具有强大影响力的学习经历中，学生会投入自己的学习中去．

表 9-1

维度	特点
过程	① 投入：学生投入学习中去；② 活力：课堂里充满活力
结果、影响和成果	① 有意义的、持续的变化：课程学习给学生带来有意义的变化，这种变化在课程结束后，甚至在学生毕业后还将继续下去； ② 生活价值：学生所学的知识在课程结束后还将在他们的生活中具有价值，提升他们的生活价值，使他们做好进入不同社会群体或进入工作领域的准备

3. 从初中数学教学方式看,需要探索为学生提供"创造有意义的学习经历"的学习资源与范式;需要转变教师传统的教学范式,创新教法、创新标尺、创新实践.

三、三生一创

杜威在倡导"教育即生活"的理论研究与实践探索的过程中,提出了"教育即生长"的观念. 随着时代的发展,"以人为本"逐步回归,我们需要重新理解"生长",探讨数学教育意义下的生长,以"生活·生成·生长"为切入口,提出为学生"创造有意义的学习经历"的初中数学教学理念.

生活,即生活现实,指学生在日常生活中与数学密切联系的生活要素. 这些要素是学生在家庭、学校、社会的日常生活、学习、实践活动中所经历的、获得的、与数学知识相关联的数学实例、现象、思想、方法、经验、体会、感悟等具体事实.

生成,即生成数学,指教师启发引导学生将一个现实问题转化为数学问题或数学模型等,将生活世界引向数学(符号)世界.

生长,即生长素养,是对数学问题或数学模型在纵向上加以深入,是在数学世界里对符号的生成、重构和再发现、被使用的过程,使学生获得融入社会的、终身受益的数学素养,有效地促进学生的进步和发展.

创造有意义的学习经历. 迪·芬克在《创造有意义的学习经历——综合性大学设计原则》中首次明确提出了"教学应为学生创造有意义的学习经历"的教学观,并分析了"有意义的学习经历"的内涵. 他认为,"有意义的学习经历"具有过程和结果两个维度,这两个维度各有两个特点. 其中,过程包括:① 投入:学生投入学习中去;② 活力:课堂里充满活力. 结果包括:① 有意义的、持续的变化:课程学习给学生带来有意义的变化,这种变化在课程结束后,甚至在学生毕业后还将继续下去;② 生活价值:学生所学的知识在课程结束后还将在他们的生活中具有价值,提升他们的生活价值,使他们做好进入不同社会群体或进入工作领域的准备.

第二节 "三生一创"创融数感培养

一、"三生一创"与"数感培养"

"三生一创"的核心要义:生活现实——数学之源,倡导以"生活·数学"为主线,注重凸显生活与数学本质的联系，发展学生会用数学的眼光观察世界的素养；生成数学——课堂之魂，回归“以生为本、以学为本”的教学原点；让学生真探究、真互动、真质疑、真反馈，不断迸发生成的火花，丰富生成资源，发展学生会用数学的语言描述世界的素养．生长素养——教学之本，拓宽数学学习素材，开发数学课程资源，发展学生会用数学的思维思考世界的素养．“三生一创”为学生创造“有意义的学习经历”，使学生充满活力地主动投入学习的全过程，有效地促进学生的进步和发展．

“数感培养”的核心要义：一个人对数与数量、数量关系、运算结果估计等方面的感悟，培养数感有助于学生理解现实生活中数的意义，理解或表述具体情境中的数量关系．“数感培养”立足于学生的现实生活，生成于学生的学思课堂，生长于学生的核心素养，与“三生一创”教学主张的核心理念不谋而合，互为补充、互相促进、互为前提，助力学生全面发展、可持续发展．

“三生一创”与“数感培养”的融合教学在实践中探明实施路径，聚焦前瞻理念，建构实践模型，彰显实验效能，坚持生活导向，凸显灵动生成，其主要特征表现在现实性、建构性、应用性、综合性、发展性等方面．通过优化教学设计，创造“有意义的学习经历”．重新审视“生活”，既注重从现实生活出发，又重视数学教学的严格性与结构化；既注重经验的归纳，又注重概念的推导，创新教学、创新标尺、创新育人．“三生一创”与“数感培养”的融合教学顺应“学科育人”的价值指向，在教学实践中创新育人，注重“生活化—数学化—生活化”的融通突破，为数学教育改革厘清了任务，为知识生成明确了路径，为融合育人指明了方向．

二、“三生一创”创造“数感培养”

（一）解决的主要问题

1．课程建设方面，从注重学科逻辑到更多关注生活逻辑，改变了当前初中生数感培养脱离生活实际、过分强调以学科知识为中心的普遍现象．从学生成长和现实生活需求的角度深度开发校本特色的教材，创造获得更有生活价值的学习经历，是当前课程改革研究的重点问题．

2．课程实施方面，从注重数感技能到更多关注生活数感，解决了课堂单向的“我讲你听、我说你练”的程序载体式教学问题．回归“以生为本”的教学原点，打造“五真”课堂，创造获得更有科学价值的学习经历，是当前教学方式变革的中心问题．

3．课程价值方面，从注重数感素养定势到更多关注数感素养生长，改变了学生数感能力发展不均衡、过分强调以解题“技巧”为中心的普遍现象. 注重“五育”并举,构建学科育人培养模式,创造获得生命价值的学习经历,是当前学科育人探索的重要问题.

(二) 建构的主要内容

1. 构建“三生一创”教学框架体系. 以“生活逻辑—生成数学—生长素养”为主线,依托“知识明线、方法暗线、素养眼线”,创造“有意义的学习经历”,获取终身受益的数感素养,促进学生生命自觉成长. “三生一创”教学框架体系如图 9-2 所示.

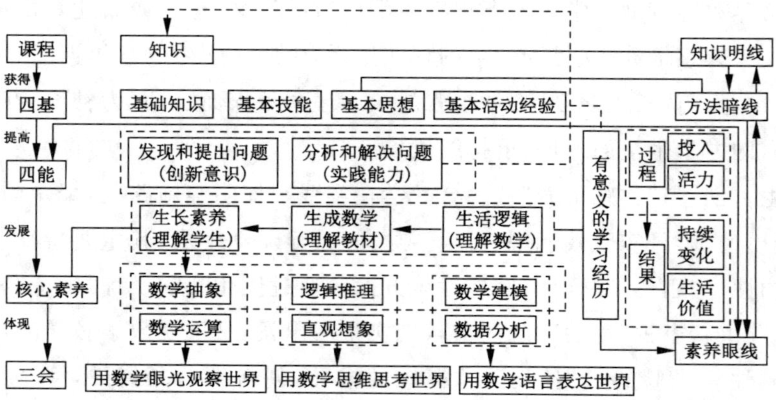

图 9-2

2. 推行“三生一创”教学方式变革. 改进教师课堂教学样态,促进学生回归生活,创设深度学习的真实情境,加强数感本位的单元设计,探索问题解决的进阶测评,丰富“有意义的学习经历”资源. “三生一创”教学方式变革如图 9-3 所示.

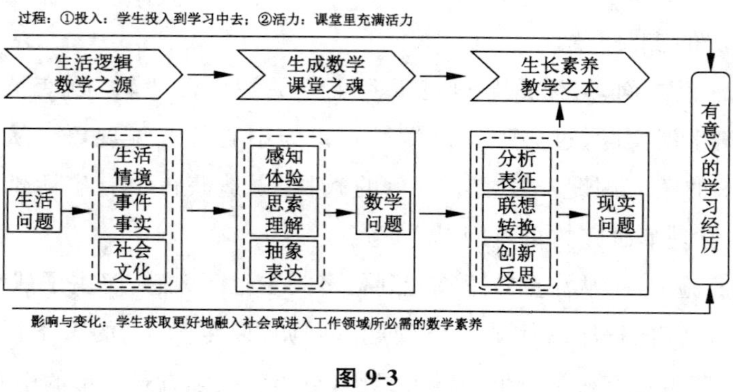

图 9-3

3. 厚植“三生一创”教学成果基因. 建设“三生 · 归真”省初中数学课程基地,

打造“三生·归质”市“四有”好教师团队，成立“三生·归实”市领航名师工作室，项目引领教师素养提升．“三生一创”教学成果基因如图 9-4 所示．

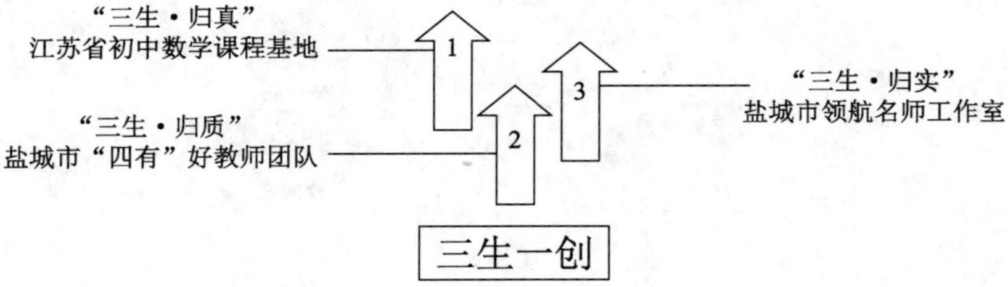

图 9-4

4．优化“三生一创”教学范式．“三生一创”特征表现在现实性、建构性、应用性、综合性、发展性等方面．通过优化教学设计，创造“有意义的学习经历”．重新审视“生活逻辑”，既注重从现实生活出发，又重视数感培养的逻辑性与结构化；既注重经验的化归，又注重概念的抽象．“三生一创”依托创新数学活动，注重学习迁移，优化教学方式，有效地促进学生的进步和发展．“三生一创”教学范式如图 9-5 所示．

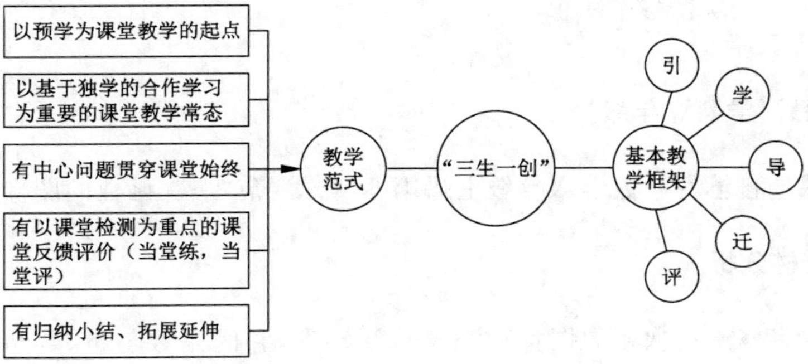

图 9-5

5．创新校本教研新机制．以“三生一创”为主题，依据研究项目，开展区域集体备课教研、课堂教研、主题教研，保证研得清、研得明、研得透．“三生一创”教·学·研格局如图 9-6 所示．

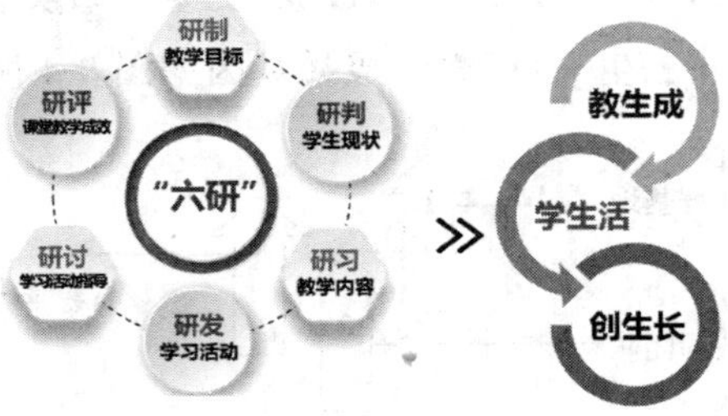

图 9-6

通过“三生一创”教学主张的凝练与实践，探索校本教研范式，优化课堂质态，参编省实验教材，着力课题研究，锤炼教师能力，开发校本课程，挖掘隐性素材，从而培养学生素养，促进数感培养.

第三节 “三生一创”典型教学案例

案例一　一次函数的图像

一、课题(学科和年级)

本节课选自苏科版数学八年级上册第 6 章 6.3 节“一次函数的图像”.

二、教材分析

本节内容属于一次函数图像模型建构活动课，它既是数与量、数与式、数与形关系进一步学习的需要，也是后续学习一元二次方程、反比例函数和二次函数的必备知识.

函数图像是直观呈现现实生活中变量关系的数学模型，一次函数的图像是直观呈现生活实际、生活经验、生活体验等变量关系最基本的数学模型，是联系生活和数学的桥梁和纽带，是中考数学的重要考查内容. 一次函数图像的数学本质、数形结合思想、模型价值有助于学生深度体会一次函数，有助于学生对一次函数全方位、立体化、多维度的整体结构化理解，有助于学生在生活线、知识线、数学线中融合共生数学学科素养.

三、学情分析

八年级学生在小学阶段已经对生活中变量关系有了初步了解，在初中阶段学生又进一步学习了函数、方程、不等式等知识，积累了一些数与量、数与式、数与形关系的基本经验，能从生活情境中抽象提炼变量关系并建构一次函数模型．基于此，引领学生对生活中的变量关系进行数学化、符号化、结构化思辨，为进一步学习函数知识做准备，也为高中阶段深入学习函数、方程、不等式等知识打基础．

四、教学目标

1．通过对生活中的变量关系的感觉、感受、感悟，了解一次函数图像的意义、内涵、价值，初步体会一次函数图像是直观呈现生活中变量关系的有效模型．

2．经历“生活—实验—猜想—抽象—推理—建模”的学思融通，对一次函数的图像进一步数学化、结构化、模型化，让学生在对比与类比中爱学、学会、会学．

3．引导学生从多角度、多方位、多层面提出问题、分析问题、解决问题，在发现、生发、发展中生长数学，提升数学抽象、逻辑关联、数学建模等学科素养．

五、教学重、难点

1．重点：理解一次函数图像的本质，依托数形结合，探索建构数学模型．

2．难点：从生活体验中抽象一次函数图像模型，学会用数学建模表征一次函数图像．

六、设计思路与理念

1．设计思路：回归生活、回归学材、回归实验，注重学思融通，努力构建生本课堂和学本课堂，用“生活线—知识线—数学线”串联课堂，梯次拔节，生长思维．具体流程如图 9-7 所示．

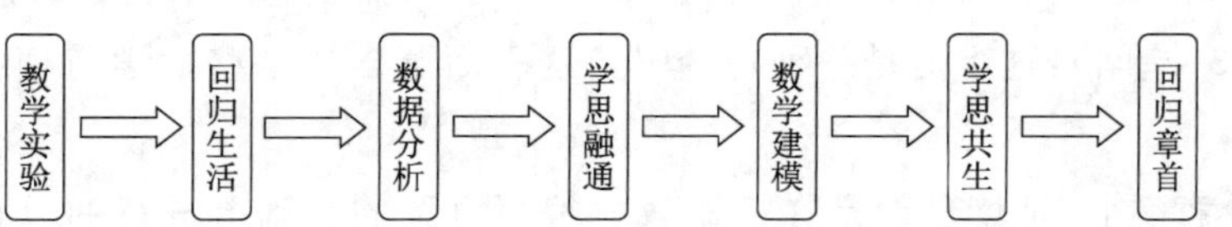

图 9-7

2．设计理念：一次函数的图像是刻画现实生活中变量关系的数学模型，是学生学习其他相关知识的重要基础. 本设计主要从生活源点出发,借助数学实验组织教学,突出三方面的教学主旨:体现学生主体意识、体现学生思维层次、渗透数形结合思想. 让学生在“引悟—感悟—顿悟—慧悟”中生成一次函数的图像,依托问题驱动、操作驱动、学思驱动,在显性资源、隐性资源的抽象提炼中凸显生活化、符号化、数学化,在学思融通中共生学本、生本、学力课堂,培养学生理解、建构一次函数图像思维模型的能力,发展学科素养.

七、教学方法

师生合作法、生生合作法、小组合作法、数形结合思想、从特殊到一般思想等.

八、教学过程

(一) 数学实验,生本活动

情境 1:同时点燃高度为 16 cm 的五炷香(图 9-8),每隔 5 min 熄灭一炷,测量并记录香的剩余长度.

(a)

(b)

图 9-8

情境 2:观察实验微视频现象,你有哪些发现?(播放课前录制好的微视频)

情境 3(追问):这难道是一种巧合吗? 这里面蕴含了哪些数学道理呢?(板书课题)

[**设计意图**] 情境创设是在遵循教材编写意图的基础上进行的设计,数学实验的活动体验有效实现了探寻数学知识的源点,唤醒学生的知识储备与已有经验,让学生在“做”中动手、动口、动脑,发现一次函数图像的雏形,激发学习源动力.

（二）回归生活，学本活动

1. 如图 9-9 所示，把一根木条固定在墙上最少要用________根钉子，依据的数学原理是____________________.

2. 如图 9-10 所示，植树时为了使同一行树坑在同一条直线上，只需定出________个树坑的位置，其中的数学原理是____________________.

图 9-9

图 9-10

［设计意图］　数学来源于生活，又服务于生活. 回归生活实际，让学生在熟悉的情境中唤醒知识经验“两点确定一条直线”，并明白其中的数学道理，为建构一次函数的图像模型做支架.

（三）回归课本，学力活动

教师提问：前几节课你已经学过函数、一次函数方面的哪些知识？

生本活动：

1. 如图 9-11 所示，在平面直角坐标系中，把以函数自变量的值为横坐标、相应的函数值为纵坐标的点所组成的图形叫作这个函数的图像.

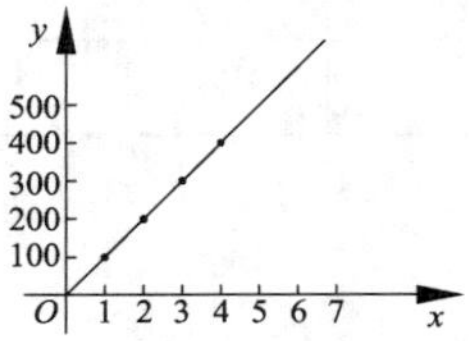

(a)

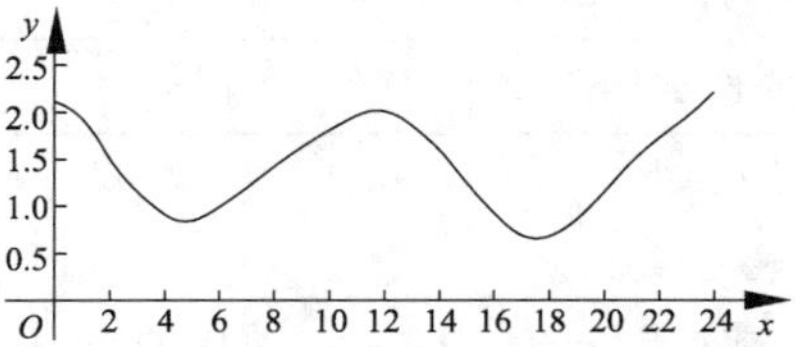

(b)

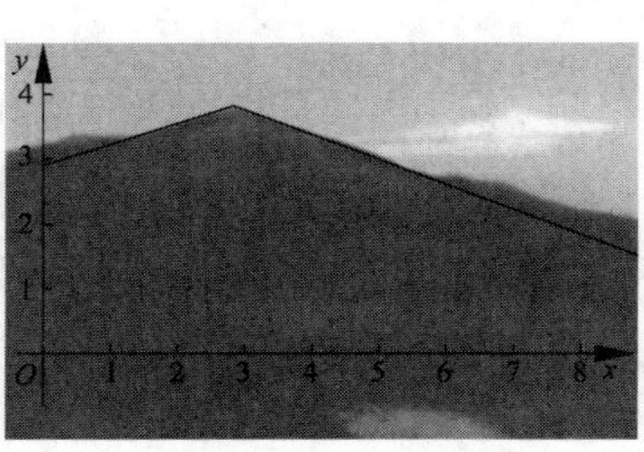

(c)

图 9-11

2. 一般地，形如 $y=kx+b$(k，b 为常数，且 $k\neq0$)的函数叫作一次函数，其中 x 是自变量，y 是 x 的函数. 特别地，当 $b=0$ 时，$y=kx$(k 为常数，且 $k\neq0$)，此时 y 是 x 的正比例函数.

[设计意图] 让学生通过回归课本，回忆学过的函数、一次函数方面的相关知识，为进一步探究一次函数的图像做铺垫，并依托函数图像形象直观的特征，让学生明白为什么要学习一次函数的图像，以及学习一次函数图像的必要性和重要性.

(四) 回归实验，学思融通

1. 列表法

根据图 9-12 列表(表 9-2).

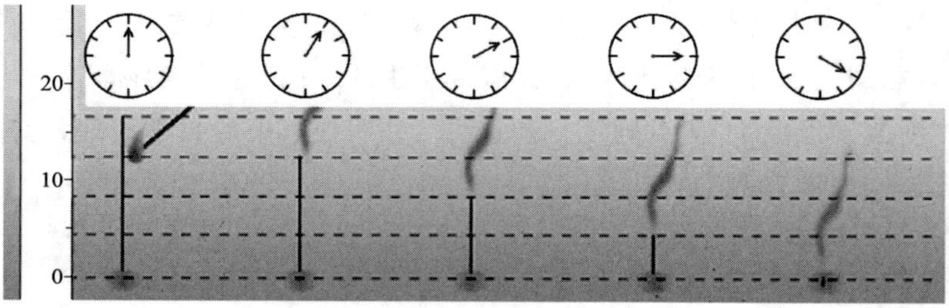

图 9-12

表 9-2

燃烧时间/min	0	5	10	15	20
香的长度/cm					

2. 函数表达式法

问题：设香的长度为 y(cm)，燃烧时间为 x(min)，你能写出 y 与 x 之间的函数表达式吗？

追问：依次连接香的顶端，你有什么发现？

3. 图像法

生本活动：以 x 轴表示点燃时间，y 轴表示香的长度，建立直角坐标系如图 9-13 所示，分别描出点(0,16)，(5,12)，(10,8)，(15,4)，(20,0).

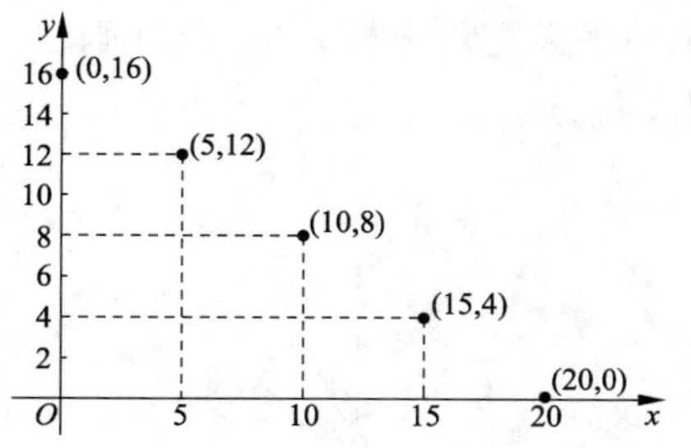

图 9-13

变式思考：点 $A(0,16)$，$B(5,12)$，$C(10,8)$，$D(15,4)$，$E(20,0)$ 在一次函数 $y=-0.8x+16$ 的图像上，你能画出该一次函数的图像吗(图 9-14)？

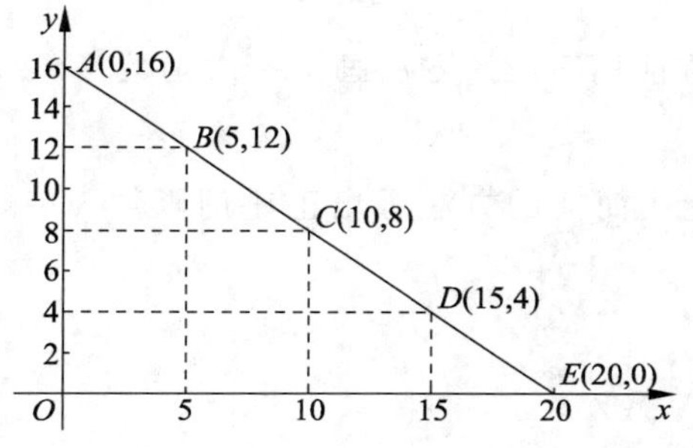

图 9-14

[设计意图]　回归实验搜集的相关数据，从数据处理的视角展开探索，引领学生从函数的三种表现形式入手，对数据进行处理并尝试建构模型，初步感受列表、描点、连线的作图过程，为理解一次函数图像的本质打基础.

（五）建构模型，探寻本质

1. 学思融通，经验化归

画一次函数图像的一般步骤：① 列表；② 描点；③ 连线.

结论：一次函数 $y=kx+b$(k，b 为常数，且 $k\neq0$)的图像是一条直线.

2. 学本活动一：请同学们根据刚才获得的经验，在平面直角坐标系中尝试画一画函数 $y=x$ 的图像(图 9-15).

3. 学本活动二：在同一平面直角坐标系中，分别画出函数 $y=x$，$y=2x$，$y=2x+1$ 的图像(图 9-16).

变式训练一：你能说明点 $A(-1,3)$，$B(1,3)$，$C(-2,-3)$ 中有哪些点在一次函数 $y=2x+1$ 的图像上吗？

变式训练二:请在同一平面直角坐标系中,分别画出函数 $y=-x$,$y=-3x$,$y=-3x+3$ 的图像(图 9-17).

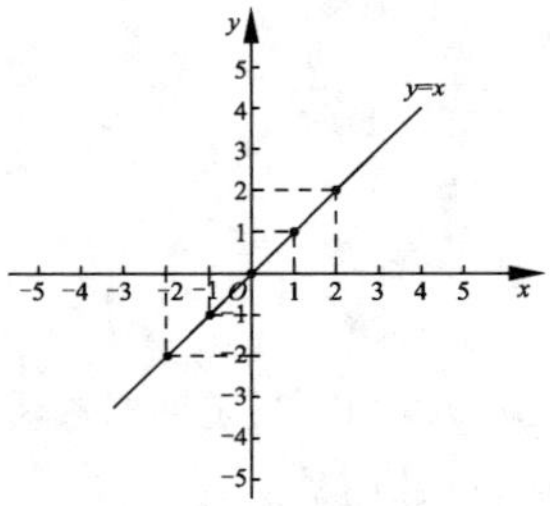

图 9-15

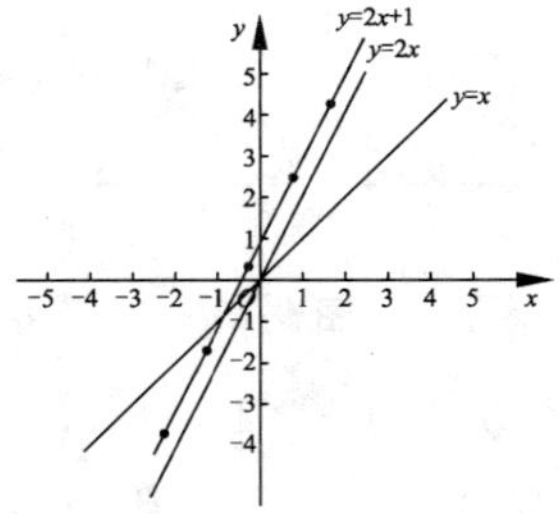

图 9-16

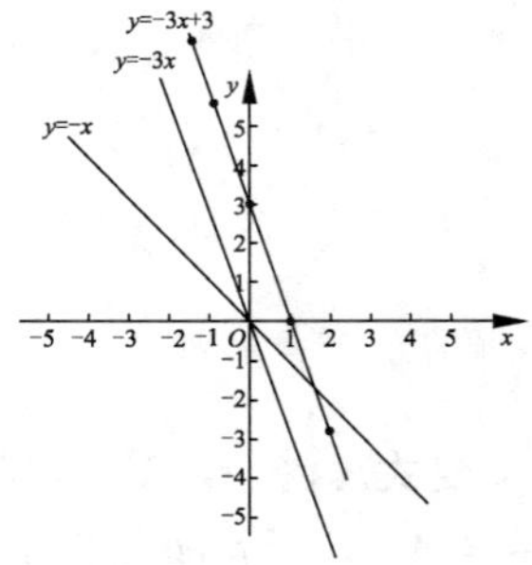

图 9-17

4. 学本活动三:你能用简捷的方法画出一次函数 $y=2x+1$,$y=-3x+3$ 的图像吗?(图 9-18)

变式训练三:你能用简捷的方法画出正比例函数 $y=x$,$y=-x$ 的图像吗?(图 9-19)

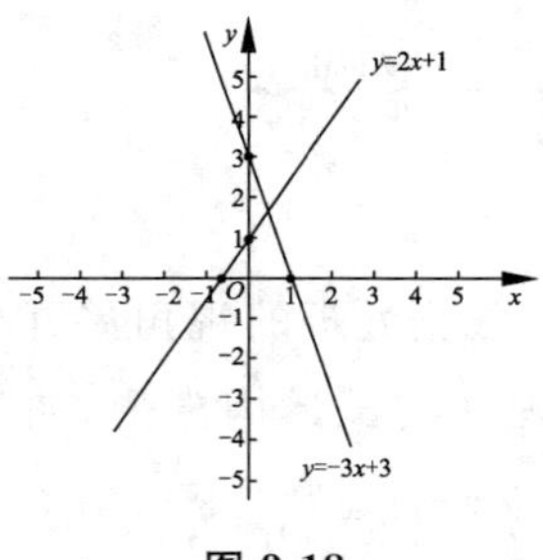

图 9-18

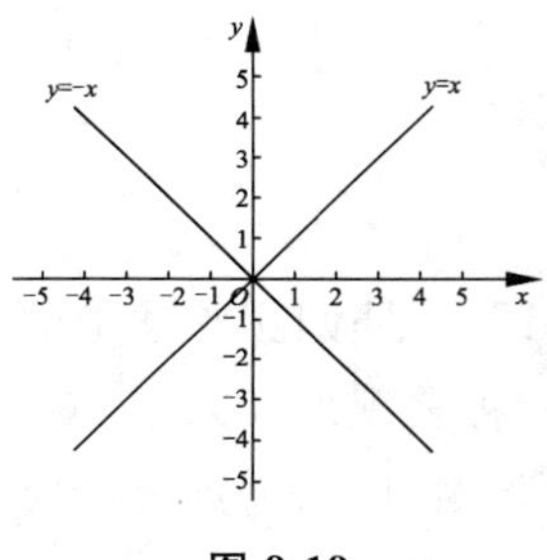

图 9-19

让学引思:你能用数学语言总结你发现的活动经验吗?(两点法画图像)

[设计意图] 经历三次操作活动和三次变式训练,让学生在画一次函数图像的亲身经历中体验本质,在对一次函数模型“$y=x$,$y=2x$,$y=2x+1$”和“$y=-x$,$y=-3x$,$y=-3x+3$”的探究中生成体悟,从“数”到“形”,从一般到特殊,对变量关系进行直观呈现,发现本质、总结方法,体认其价值旨归.

(六) 学力反思,体验章首

1. 学思活动,体味知识. 这节课你学到了哪些新的数学知识、思想和方法呢?

2. 生思活动,体悟史话. 著名数学家华罗庚说过:“数缺形时少直观,形少数时难入微. 数形结合百般好,隔离分家万事休.”

3. 学思融通，体验章首．生活中处处有常量和变量．

［设计意图］　回归生活、回归章首、回归课堂．学习一个数学模型，需要掌握模型的本质属性及内在关联，再经历它的运用．简单地说，就是要从名称、定义、属性、应用、反思五个要素上理解概念．学生经过思考后发言，教师帮助梳理：一条直线（一次函数的图像），两种思想（数形结合、特殊到一般），三种形式（列表法、函数表达式法、图像法）．

九、作业评价

1. 自主评价

教材第 153 页习题 6.3：第 1 题、第 2 题．

2. 同级评价

见课时日日清试卷．

3. 创新评价

请同学们课后继续思考一次函数的图像在平移、旋转过程中常数 k，b 有什么变化，并将想法及发现写成一篇数学创作小论文，老师期待你们的创新思考，加油，同学们！

［设计意图］　通过自主、同级、创新评价，进一步加深对一次函数图像的理解和运用，既能考查一次函数图像的本质属性，又能加强对数、量、形关系的深度理解、思辨、迁移，并依托一次函数图像模型建构实际问题的数学化，积累变量之间关系的经验，从数感到量感、形感、空间感，提升能力，发展素养．

十、板书设计

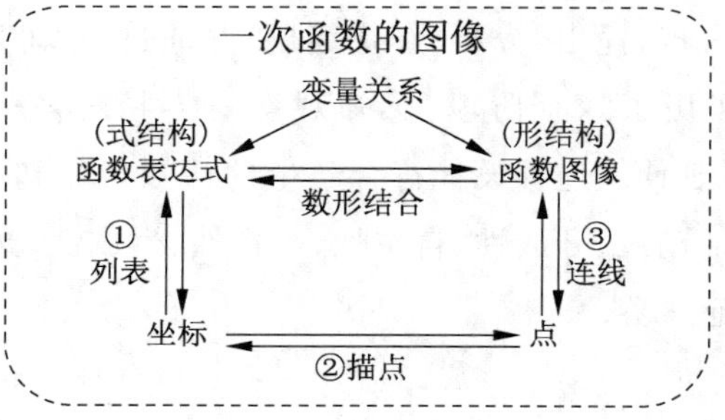

案例二 科学记数法

一、教学背景

习近平总书记曾经在抗击新型冠状病毒疫情时强调:“要鼓励运用大数据、人工智能、云计算等数字技术,在疫情监测分析、病毒溯源、防控救治、资源调配等方面更好发挥支撑作用.”为践行立德树人根本任务,砥砺初心使命,促进学生全面发展,一线数学教师可以从人工智能和大数据出发寻求突破,从科学记数法这一核心概念入手,诠释时代话题,传递数字信息,总结抗疫成果,释放正能量.

二、教材分析

本节课讲授的是苏科版数学七年级上册第 2 章 2.7 节的内容.科学记数法是一种记数的方法,从大数据化归的角度拓展了乘方的宽度,揭示了数与乘方之间的转化关系,是统计数据的重要方法,在现实生活中也有广泛的应用. 科学记数法的探究从特殊的大数据出发,到生活中的数据应用,体现了从特殊到一般的探究过程和研究方法. 科学记数法将大数据“数”的特征转化成“$a \times 10^n$”的形式,有效地培养了学生的数感素养,提升了学生的关键能力和必备品格.

三、学情分析

由于七年级学生已具备一定的分析与归纳能力,初步掌握了探索大数据表达的基本方法,因此,提炼核心概念时应引导学生将“情境化”转为“数学化”. 本节课采用大数据、云平台辅助教学,整个过程都在学生的自主思考、动手实践和合作交流中进行,学生主动发现、提出、分析、解决问题,并通过“学思融通”将课堂彻底还给学生. 教学过程经历了六个阶段:感知观察—自主先学—操作感悟—提炼归纳—验证巩固—反思延伸. 这种设计符合学生的认知规律和心理特点,既能体现课堂教学的针对性、活动性、开放性、自主性、合作性、生成性,又能培养学生的归纳能力、创新思维和数感素养.

四、教学目标

通过对大数据的初识、再识、深识,从导学、导疑、导练、导悟中进行探究活动,学生自主尝试、探究、归纳，掌握科学记数法的本质、内涵及方法，培养大数据化归的创新技能，培养学生的数据分析能力和数感素养.

五、教学重、难点

1. 重点：会用科学记数法表示数.
2. 难点：理解 $a\times10^{n}$ 的特征以及 n 与数的位数关系.

六、设计思路与理念

1. 教学活动流程

教学活动流程如图 9-20 所示.

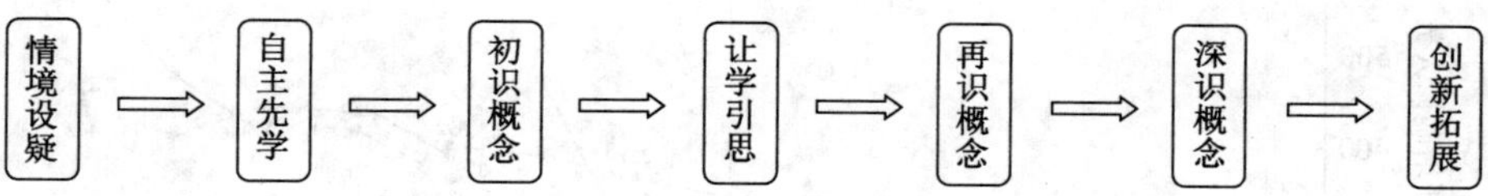

图 9-20

2. 数感培养流程

数感培养流程如图 9-21 所示.

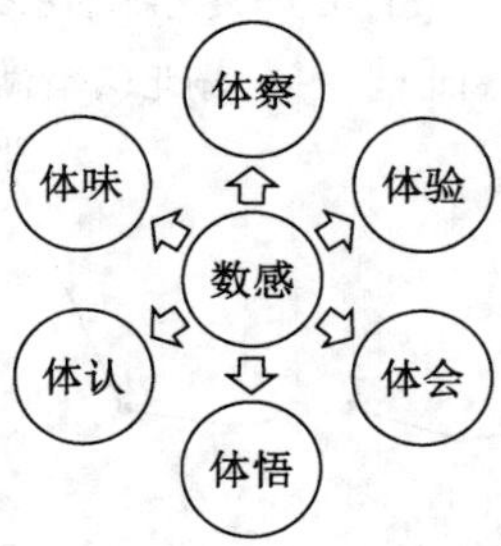

图 9-21

七、教学过程

(一) 情境设疑，体察数感

情境 1：展示抗击新型冠状病毒疫情中的大数据(图 9-22).

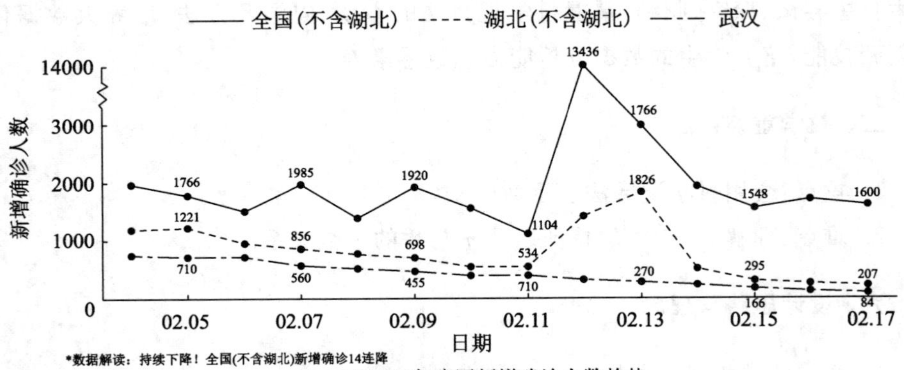

(a) 2020年疫区新增确诊人数趋势

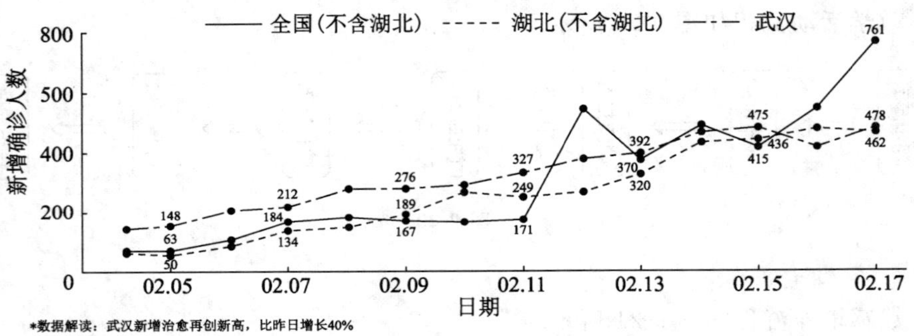

(b) 2020年疫区新增确诊人数趋势

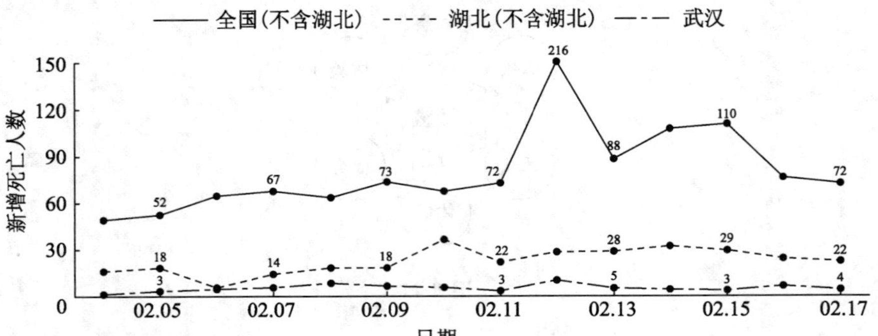

(c) 2020年疫区新增死亡人数趋势

图 9-22

情境 2:观察第二张和第四张图中数据,你有哪些发现?(展示图片)

情境 3:号称“世界屋脊”的珠穆朗玛峰,海拔 8844.43 米,是世界第一高峰,而一张报纸的厚度只有$\frac{1}{100}$厘米．但如果把一张报纸连续对折 30 次后，它的厚度将远远超过珠穆朗玛峰，这是真的吗？

师生活动：教师和学生一起进行折纸实验，当报纸折到很小时，启发学生提出解决方案，从而自然引入新课学习．

［教学说明］ 情境预设是在遵从教材编写意图进行的设计，从“生活现实”到“现实生活”，引发了学生的共鸣，诱发了学生的源动力，激发了学生的好奇心和求知欲．

（二）自主先学，体验数感

1．自学指导：

（1）学一学：独立自学教材第 52～53 页练习前面的内容．边体会、边思考科学记数法的概念及运用．

（2）比一比：6 分钟后，谁能说出“先见闪电，后闻雷声”的缘由？怎样通过计算器显示大数据？

师生活动：教师请各小组代表上讲台讲解缘由，投屏展示计算器显示大数据，指导学生讲解操作．其他同学在座位上自学，教师巡视，准确了解学生的自学情况，及时表扬做得又对又快的学生．

［教学说明］ 先学后教，教会学生学，尊重主体，面向全体，真正实现“让学引思”，把课堂彻底还给学生．

2．通过自主学习和思考，教师引导学生进行如下活动：

（1）追问一：10 的 n 次幂在 1 后面有（　　）个 0？如 10^2，10^3，10^n．

追问二：把下列各数写成 10 的幂的形式：100，1000，$1\underbrace{0\cdots\cdots0}_{n个0}$．

（2）让学生尝试讲解光的传播速度大约为 300000000 m/s 可以怎么表示．

（3）让学生尝试讲解声音的传播速度大约为 340 m/s 可以怎么表示．

（4）让学生观察上面两题的表示形式，说出自己的发现．

师生活动：引导学生尝试、讨论、归纳较大的数的表示方法，以及科学记数法的特点和内涵；尝试用适当的方法快速地读写大数据．

3．让学生试着归纳科学记数法的一般形式．

一般形式：$a\times10^n$（$1\leqslant a<10$，n 是正整数）．

［教学说明］ 给学生充分的自主探索、合作交流的时间与空间，鼓励学生尝试

用不同的方式解决问题，总结出科学记数法．整个探究过程让学生体会“从特殊到一般”研究问题的方法，领悟化难为易的“化归”思想．

（三）深识概念，体会数感

板书如下：

1．科学记数法：一般地，一个大于 10 的数可以写成 $a\times10^n$ 的形式，其中 $1\leqslant a<10$，n 是正整数，这种记数法称为科学记数法．

2．小组讨论：

（1）表示形式为 $a\times10^n$ 中的 a 是如何确定的？

（2）表示形式为 $a\times10^n$ 中的 n 是如何确定的？

3．归纳总结：

（1）根据科学记数法的规定，a 是一个整数位只有一位的数，a 要满足 $1\leqslant a<10$．

（2）方法一：根据原数的整数位数来确定，n 等于原数的整数位数减 1；

方法二：根据小数点移动位数来确定，小数点向左移动几位，n 就等于几．

4．再思考、再理解：

（1）用科学记数法表示的数能还原吗？

（2）用科学记数法可以表示负数吗？

［教学说明］ 给学生交流空间，让他们深度感知和理解科学记数法，通过教师适时追问的方式鼓励学生用不同的方法归纳科学记数法，使“让学”和“引思”的课堂教学方法得到充分体现，从而达到将课堂还给学生的最终目的．

（四）学思融通，体悟数感

例 1 下列记数方式是科学记数法吗？请说明理由．

（1）12×10^3；（2）0.03×10^{-5}；（3）10×10^7；（4）-0.3×10^5．

［教学说明］ 基于大数辨识的情况下，对科学记数法进行概念辨析，促进学生理清内涵本质，掌握科学记数法，梳理学生思维．

例 2 用科学记数法表示下列各数：

（1）2020；（2）686000000 km；（3）-2019.03；（4）1 亿 8 千万．

［教学说明］ 依托核心概念，深挖例题功能，不同视角变式，激活学生的思维．

例 3 不用科学记数法写出下列各数：

（1）1.6×10^3；（2）-4.25×10^6；（3）3.0×10^8；（4）-1×10^{10}．

[教学说明]　依托数感，逆向思维，感悟内涵，经历过程，揭示本质，让学生在自主、合作、思考中延伸思维.

例 4　2007 年 10 月 24 日我国成功发射“嫦娥 1 号”探月卫星. 经绕地调相轨道、地月转移轨道飞行后，“嫦娥 1 号”于 11 月 7 日顺利进入绕月工作轨道(图 9-23)，共飞行 326 h，行程约 1800000 km，其中在地月转移轨道飞行了 436600 km. 试用科学记数法表示这两个行程.

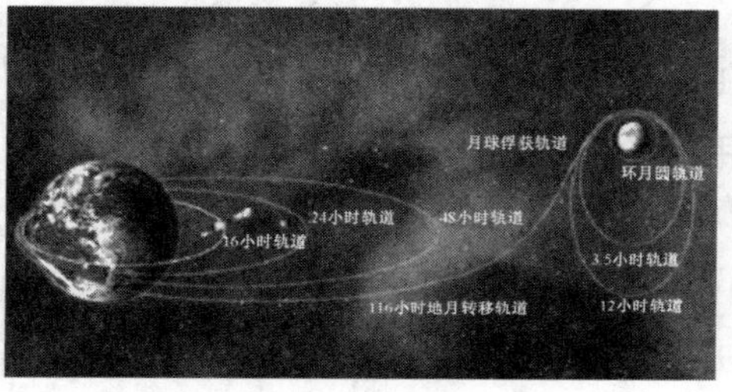

图 9-23

变式拓展：光年是天文学中使用的距离单位，主要用于度量太阳系外天体的距离，1 光年$\approx 9.46\times 10^{12}$ 千米. 纳米是表示微小距离的单位，1 纳米相当于 1 毫米的一百万分之一，换句话说，1 米$=10^{9}$ 纳米. 试解答下列问题(结果用科学记数法表示)：

(1) 你知道 1 千米是多少纳米吗?

(2) 你知道 1 光年约是多少纳米吗?

[教学说明]　回归学材，收中有放，变式例题，深度思维. 本例设“悬”立“疑”，将天文问题转化为数学问题，让学生深度研学，思向远方.

(五) 情境回归，体认数感

1. 上文提到的情境问题你会解决了吗?

2. 上完本节课你有哪些重要收获? 请和同桌或者全班同学交流.

[教学说明]　依托情境，提高能力，升华数感，让学生从不同角度回顾本节课所学的内容，反思其中的数学思想方法，引发学生更深层次的思考，促进学生认知结构与思维品质的优化.

(六) 评价反馈，体味数感

1. 自主评价

课本第 54 页 2.7 习题：第 4 题、第 7 题.

2. 同级评价

(1) 下列等式不正确的是(　　).

A. $2.65\times10^{5}=265000$　　B. $-3.78\times10^{6}=-3780000$

C. $1\times10^{3}=1000$　　D. $2.0\times10^{4}=2000$

(2) 填空：

① 1304000000 用科学记数法表示为________，2.06×10^{100} 的整数位数是________.

② 已知 3.708×10^{n} 是一个八位整数，则 $n=$________.

③ 已知 6350 万用科学记数法表示为 $a\times10^{n}$，则 $a=$________，$n=$________.

(3) 把下列数按从小到大顺序排列：

$$9.91\times10^{9}，0.98\times10^{10}，9.9\times10^{9}，1.0\times10^{11}$$

(4) 请你利用今天所学的知识，探讨一个小于 10 的数能不能用科学记数法表示.

[教学说明] 通过自主巩固训练，进一步加深对科学记数法的理解和运用，既能考查学生是否会运用科学记数法，又能检验学生能否会对科学记数法进行拓展探究，优化创新，升华数感.

第四节　“三生一创”课堂实践成果

实践成果一　慢教学：初中生数感培养的课堂新样态

——以“二次函数”单元起始课教学为例[①]

随着新课改、新高考、新中考的逐步深入，为落实立德树人根本任务，落地“双减”行动计划，践行数学学科育人价值，凸显从学科逻辑到生活逻辑的实践创新，针对初中数学课堂教学中普遍存在的教师课堂影响力不够强大、学生的投入和活力不够彰显、难以获得终身受益的价值等问题，笔者尝试从“慢教学”的视角进行课堂教学创新，旨在解决一个长期存在的根本性问题，即“以生为本”的问题．同时，解

① 王国强，华云锋．慢教学：初中生数感培养的课堂新样态：以“二次函数”单元起始课教学为例[J]．中学数学，2022(10)：7－10.

决如何将“立德树人”这一教育的根本任务在初中生数学学习中得到有效落实，进而提升学生的数学学科素养．“慢教学”是指通过教师在课堂教学中的慢节奏、慢设计、慢引导，学生真体验、真感悟、真思考，形成解决问题方法的双边课堂行动．“慢教学”和大容量、快节奏的“快教学”是相对的，是基于“学慢生”慢学习的一种课堂关怀，符合学生的年龄特点和认知规律，是对“学慢生”量身定制的一种学习方式．“慢教学”基于生活，指向生成，突出学思，注重体验，坚持生本，展现素养，彰显关怀．为改变“学慢生”慢学习的现状，笔者尝试从“慢教学”的课堂实践中寻求突破，力求提高“学慢生”的数感．现以一节市级示范课为例谈一谈对初中生数感培养的“慢教学”思考．

一、教学简述

（一）教材分析

本节课内容来自苏科版数学九年级下册第5章5.1节，“二次函数”是第5章二次函数单元的教学起始课，也是“函数与方程”的教学基础，更是基于八年级学生已经认识正比例、反比例、一次函数的前提，在初步理解函数概念基本知识的基础上，通过二次函数概念内涵和本质的抽象思考，对函数知识学习的深化和提高，为学生今后进一步学习函数与方程、函数与图形、函数与运动等重要知识做准备．函数知识在小学教材中已有所涉及，学习这节课有助于学生对二次函数概念中的“数量与变化”有更本质的理解；有助于学生从生活情境中抽象问题，体会函数思想、建模思想、数形结合思想；有助于学生在数学抽象中渗透“一般—特殊——般”的思想方法，透过现象看本质，盘活知识脉络，创生思维张力．

（二）学情分析

九年级学生已经学习了一次函数、反比例函数等知识，积累了一些初等函数学习的经验，他们能从生活现实中抽象提炼常量、变量、自变量、因变量等函数中的量，数形结合和函数思想得到初步发展．基于此，本节课引领学生利用类比思想进一步在数学抽象中研究二次函数，依托生活实际，通过理性辨析，理解函数本质，构建函数模型，体悟数学思想，为在操作体验中进一步学习二次函数的图像和性质做准备，也为高中阶段深入学习函数打基础．

（三）教学目标

1．知识目标：理解掌握二次函数的概念及意义，会用数学符号描述函数中的数量关系和变化规律.

2. 能力目标:让学生对以二次函数为背景的生活现实,经历"观察—猜想—实验—发现—验证"的抽象思考,体会分类讨论、数形结合、类比思想、建模思想等解决问题的策略.

3. 素养目标:让学生从多角度、多方位、多层次提出问题、分析问题、解决问题,通过数学学会思维,在发现、发明、发展中生长数学,提升关键能力和学科素养.

(四) 教学重、难点

1. 重点:从生活情境及实例中抽象提炼二次函数的概念.

2. 难点:构建二次函数模型,理解并确定自变量的取值范围.

二、教学过程

(一) 情境引入,体察新知

情境1:多媒体显示第5章章首图等图片.

情境2:水滴激起的波纹不断向外扩展,所形成的圆的面积 S 与半径 r 之间的函数关系是什么?(视频演示水滴波纹)

情境3:我们曾讨论过"用长16 m的篱笆围成长方形的生物园饲养小兔,怎样围可使小兔的活动范围较大?"的问题. 如果设长方形的长为 x m,则面积 y 与长 x 之间的函数关系式是什么? 它是什么函数?

情境4:一面长与宽之比为2∶1的矩形镜子,四周镶有边框. 已知镜面的价格是每平方米120元,边框的价格是每米30元,加工费为45元. 设镜面宽为 x 米,总费用为 y 元,则 y 与 x 之间的函数关系式是什么?

师生活动:学生经历"观察—猜想—交流—思考"的体验感知,自主学习章引言. 教师依托生活现实中的常见实例,启发学生深入思考,引入课题——二次函数.

[设计意图] 回归生活、回归教材,体验生活情境问题,既可在设疑引思中引出课题——二次函数,又可对学习二次函数的必要性做合理解释,激发学生的兴趣点和源动力,唤醒知识储备,为类比化归二次函数概念做准备.

(二) 活动探究,体验新知

依托情境问题的学习和思考,师生可进行如下对话:

师:请观察刚才得出的6个关系式,它们都是函数吗?

(1) $S=\pi r^2$；　(2) $y=8-x$；　(3) $y=-x^2+8x$；

(4) $y=\sqrt{x^2+16}$；　(5) $y=\frac{5}{x}$；　(6) $y=240x^2+180x+45$.

生:(全体)是的.

师:哪些是已经学过的函数？

生:(2)是一次函数,(5)是反比例函数.

师:我们一起来看余下的 4 个函数,它们有什么共同特点？

生 1:自变量 x 的次数都是二次.

生 2:(4)不是二次函数.

生 3:我觉得(4)是根式函数.

……

师生活动:学生独立思考并交流发现,(1)(3)(6)这三个函数都是用自变量的二次整式表示的. 师生共同总结出二次函数的概念:形如 $y=ax^2+bx+c$(a,b,c 是常数,且 $a\neq 0$)的函数叫作二次函数. 其中,x 是自变量,a,b,c 分别是二次项系数、一次项系数和常数项.

如果有学生提出:形如 $y=ax^2+bx+c$ 的函数叫作二次函数,可追问:a,b,c 是否有限制？a,b,c 可否为 0？学生独立思考,然后小组交流,最后达成共识:二次函数中的 $a\neq 0$,b,c 可以为 0. 当 $a=0,b\neq 0$ 时,上式表示一次函数.

[设计意图]　学生通过自主发现、合作交流、解读探究,在看、想、说、思、悟中体会学习二次函数的必要性,并针对“二次项系数不为 0”的问题思考,依托启问、质问、追问、思问进行本质理解,再通过类比形式进行思维训练,加深对“二次函数”概念及意义的深度理解.

(三) 生成概念,体认新知

板书如下：

1. 定义:一般地,形如 $y=ax^2+bx+c$(a,b,c 是常数,且 $a\neq 0$)的函数叫作二次函数. 其中,x 是自变量,y 是 x 的函数.

2. 特殊形式：

(1) 当 $b=0$ 时,二次函数表达式为 $y=ax^2+c$；

(2) 当 $c=0$ 时,二次函数表达式为 $y=ax^2+bx$；

(3) 当 $b=0,c=0$ 时,二次函数表达式为 $y=ax^2$.

3. 再追问、再思考：

(1) 为什么规定"二次项系数不为0"?

(2) 如何判断一个函数是不是二次函数?

(3) 我们能总结出二次函数的基本特征吗?

(学生通过合作交流完成思考后,教师板书)

4. 再探究、再生成:二次函数 $y=ax^2+bx+c$(a,b,c 是常数,且 $a\neq0$)的自变量 x 可以是任意实数.

5. 再追问、再质疑:如果二次函数的自变量表示实际问题中的某个数量,那么它的自变量取值范围还是不是任意实数?

[设计意图] 依托二次函数概念本质特征的体验感悟,让学生在问题驱动、学思驱动中体认二次函数中常量和变量之间的数量及变化关系,通过对二次函数自变量取值范围的确定,深思问题背后的数学道理,引导学生在"发现—生发—发展"中生长思维.

(四) 让学引思,体会新知

例1 若 $y=(a-b)x^3+2x^2+2+\dfrac{2a+b-3}{x}$ 是 y 关于 x 的二次函数,求 a 和 b 的值.

例2 在学习完二次函数的定义后,老师要求同学们各举一个二次函数的例子.

王刚:$y=2x^2-1$ 是一个二次函数.

李红:$y=(x+2)^2-x^2$ 是一个二次函数.

赵华:$y=ax^2+bx+c$(a,b,c 为常数)是一个二次函数.

刘佳:$y=x^2+\dfrac{1}{x}-1$ 是一个二次函数.

张敏:$y=ax^2-2bx+5$ 是一个二次函数.

评一评:上面五位同学所举的例子对吗?若不对,错在哪里?

想一想:写一个二次函数的表达式时应注意哪些问题?

例3 某小区要修建一块矩形绿地,设矩形的长为 x m,宽为 y m,面积为 S m^2($x>y$).

(1) 如果用18 m的建筑材料来修建绿地边缘(即周长),求 S 与 x 的函数关系式,并写出 x 的取值范围.

(2) 根据小区的规划要求,所修建的绿地面积必须是18 m^2,在满足(1)的条件下，求矩形的长和宽.

例 4 如图 9-24 所示，已知等腰直角三角形 ABC 的直角边长与正方形 $DEFG$ 的边长均为 20 cm，AC 与 DE 在同一条直线上. 开始时点 A 与点 E 重合，让 $\triangle ABC$ 以 2 cm/s 的速度向左运动，最终点 A 与点 D 重合，求重叠部分的面积 $y(\text{cm}^2)$ 与运动时间 t(s)之间的函数表达式，并写出自变量 t 的取值范围.

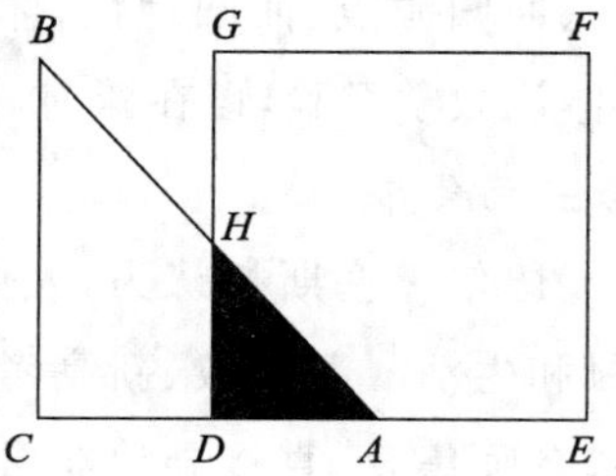

图 9-24

[设计意图] 例 1 从概念辨析的视角，让学生在运用新知中深入理解二次函数概念的内涵本质. 例 2 从举反例的视角，让学生在纠错中理解二次函数的表达形式及注意点. 例 3 从面积问题的视角，让学生在实际运用中渗透二次函数的基本概念. 例 4 从动态的视角，让学生在自主思考、小组合作、学思共生中深度理解二次函数的概念本质.

(五) 总结反思，体悟新知

1. 你会解决情境问题了吗？

2. 上完本节课你有哪些重要收获和困惑？请和全班同学交流.

[设计意图] 回归情境，畅谈收获，提升新知理解的广度和深度，引导学生多角度回顾二次函数相关知识，反思其中隐含的数学道理，让学生在思维共振中拓展提升，进而优化知识结构和思维创新.

三、教学反思

(一) 慢在课前——体悟生活现实

教育家卢梭认为，自然教育的核心是“归于自然”，即教育必须遵循自然，顺应人的自然本性. 新时期数学课堂教学落地的关键是“以生为本”，回归质朴的生活源点，探寻自然的生长本性，这也是数学课堂教学的核心要义，更是数学课堂教学的价值旨归. 课前预设、准备、备课是上好一节课的关键，考虑的因素也是方方面面的，比如课改需求、课标要求、现状学情、生活情景等，同时还要兼顾思考课中的生成、突变、异议等现象的应对策略，更要关联改变教案牵着教师、教师牵着学生的现象. 为使生活现实能更好地与教学融合呈现，针对当前后疫情时代的学生现状，慢在课前是应然选择，尤其是要慢思考学生的个性化差异、个性化思维、个性化心理、个性化习惯. 本节课通过课前章首图示、水滴波纹、篱笆问题、镜子问题等生活现实问题，引领学生回归生活、回归源点、回归理性，体悟二次函数的生活本质，体验数学思考、体会数学思想、体认数学经验，慢在课前，回归自然、回归本真.

(二) 慢在课中——动态生成素养

美国著名心理学家迪安·德尔·塞斯托认为，人们需要一种慢而深的思考方式，以应付越来越忙碌的学习和生活. 新课改、新高考、新中考带来了教育的根本性转变，家长焦虑、学生焦躁、老师焦急，直接导致非常态教学的逆生长，各地纷纷出现竞赛班、提优班、创新班，高效率、快节奏、高分生是当前教育的共生乱象. 作为学生成长的主阵地到底应该怎么坚守是每一位数学人深思的新课题，彰显理性教学、理性成长、理性生活的慢教学，能克服传统教学整体推进的弊端，逆转教师满堂灌的独角戏现象，避免快节奏、低效率的课堂教学. 本节课在二次函数教学中通过分类辨析、抽象共性、化归概念、类比特征、应用拓展，对二次函数一般式 $y=ax^2+bx+c$(a,b,c 是常数，且 $a\neq0$)进行变式理解，当 b 或 c 取 0 时，让学生在慢学习中思辨它与一次函数、正比例函数的关联与融通，对知识做到前后纵横贯通，再依托图形运动问题，让学生又一次在慢学习中思维拔节生长，动态生成素养. 课中“慢教学”让学生真思考、真问题、真理解，有效实现了把学生“后觉”转变为“先知”，把老师“前引”改变为“后助”.

(三) 慢在课后——反思生长数学

“慢教学”是一种教学理解、教学态度、教学主张，其本质就是基于学生立场，以学生为中心，践行学思融通. 课堂教学没有最好，只有更好，课堂精彩和遗憾总是相辅相成的. 慢教学是平衡“学全”与“学漏”的杠杆和尺度，课后慢思考、慢拓展、慢延伸是“慢教学”的后续助力，也是学生全面、可持续发展的动力. 特级教师邱广东说过：教学要把握“慢”要义、追求课后“真”效益. 这正说明了课堂教学要延续课后慢节奏、慢细化、慢思考，在“慢”中体验教学思维的精巧、领悟教学思想的精深. 本节课课后要求学生画二次函数的图像，进一步提高学生对二次函数的概念及本质属性的理解，有助于学生在课后反思中加深对二次函数的理解，有助于学生学习节奏慢下来、思维跟上去，更有助于教师遵循教育常理、人性自然、教学常态，融入学生成长共同体中导学助学、领学促学．课后慢学能助力学生基于生活、高于生活、超越生活，用数学之眼在慢学思的驱动下激活思维、绽放张力、生长数学．

综上，“慢教学”是突破初中生数感培养的课堂教学新样态，是基于数学本质、学生认知、素养生成，创新学科价值、学材价值、学程价值的育人实践行动，有助于当前“双减”背景下的教与学，有助于学生数感素养的发展提升，有助于课堂教学质量的增容、增联、增质、增能、增效．

实践成果二　三层结构：初中生数感培养的新路径①

随着5G时代的到来，智能化正引领我们的新生活，大数据、云平台、人工智能已渗透生活，逐步改变各行各业．为践行立德树人根本任务，砥砺初心使命，促进学生全面发展，教师应该着力培养学生的关键能力和必备品格，让学生的数感思维通过5G智能新视点，从“四基”指向、问题指向、思维指向等方面寻求突破，体悟、体验、体认数感，在媒介融合中探寻初中生数感培养的新思路．

新时代教育变革从“五育并举”到“五育融合”的逐步推进，使立德树人、学科育人、创新育人真正落地．在个体终身发展过程中，每个人都需要诸多素养来生活和工作．在众多素养中，最关键、最重要、最核心的就是“数感素养”．作为数学教师，我们要以全面提升学生的数感素养为目标，围绕“三层结构”模型，创设贴合中小学生数感培养与媒介融合的教学新范式，促进学生身心的健康发展，树立终身学习意识，培养学生的创新智慧、创新数感、创新思维．

一、“三层结构”内涵本质

基础教育界所称“数感素养”的内涵可以从三个层次上来把握：最底层的“四基指向”，以基础知识、基本技能、基本思想、基本活动经验为核心．“四基”是学生成人成才必备的重要基础，对学生生长数学、生长品格、生长素养起决定性作用，是学生可持续发展的“基石”．中间层的“问题指向”，以发现、分析、解决问题过程中所获得的基本方法为核心．问题是学生思维拔节生长的重要支架，通过数学学会思问、学会思想、学会思悟，是学生创新发展的“基点”．最上层的“思维指向”，指在系统的学习中通过体验、认识及内化等过程逐步形成的相对稳定的思考问题、解决问

---

① 王成刚，王国强．三层结构：初中生数感培养的新路径[J]．数学教学通讯，2021(5)：3－4．

题的思维方法和价值观，实质上是初步得到认识世界和改造世界的世界观和方法论. 思维是学生认知世界的重要载体，有助于学生从“生活线—活动线—数学线”的视角审视生活体验，达成认知经验的符号化、结构化、数学化，进而发展数感、理解旨归、形成经验. 上述四基指向、问题指向、思维指向的“三层结构”深度诠释了“数感素养”的本质内涵. 依托问题驱动、操作驱动、学思驱动可有效培养学生的数感，进而生长量感、形感、空间感，创新建构学生数感素养稳妥落地的“三层结构”教学范式，彰显初中数学分层教学的目标主旨，力促学生学力形成、能力生成.

二、“四基指向”体悟数感

《课程标准》提出：“建立数感、符号意识和空间观念，初步形成几何直观和运算能力”，“发展数据分析观念，感受随机现象”. 自新课改以来，基于“四基指向”的数感培养主要体现为三个方面：数与数量、数量关系、运算结果估计. 数感既然是对数的一种感悟，就不会像知识、技能的习得那样立竿见影，而需要在教学中潜移默化、具身体验、积累经验，经历一个逐步建立、发展、融合、共生的过程. 让学生通过数学学会思维，培养学生对数感的兴趣和意识，让学生了解和掌握数感基本知识和技能，进而体悟数感，形成数感.

随着大数据时代的到来，初中生从七年级开始接触媒介信息. 由于学生自我约束力不强，注意力不集中，容易被其他事物吸引，因此，在一节课内，要让学生对所要学习的基础知识、基本技能完全掌握并不容易. 作为一线教师，我们应该从吸引学生注意、唤醒学生知识储备、导引学生兴趣入手，将课堂分为四大模块来教学，并将模块环环相扣，充分调动学生的数感，提高学生的课堂效率. 例如，教学七年级“绘制图画”内容时，第一模块向学生展示使用“奇奕画王”软件做出来的图画，引起学生的学习兴趣，充分调动学生的积极性. 第二模块主要为新授内容，向学生介绍一些绘画工具、文字工具，让学生跃跃欲试. 第三模块利用任务驱动法，既能提高学生的学习主动性，又能在实践操作中促进学生对基本知识、基本技能的掌握. 第四模块是评价赏析，利用五分钟的时间对学生的作品进行评价，一方面提升学生对学好绘图技术的自信心，另一方面让他们通过其中的数据感悟认识到自己的不足及努力方向. 通过信息技术与数感培养的跨界融合，让学生对数、数量、数量关系深度体悟.

三、“问题指向”体验数感

“问题”指个体面临的、不能直接用已有知识加以处理,必须重组已有知识或认知结构才能使之得到解决的疑难情境. 问题解决则指以问题为目标的认知操作过程. “问题指向”作为“四基指向”和“思维指向”之间的过渡层,有着举足轻重的作用. 在数感培养的课堂上,每节课都有力求解决的问题. 在教学过程中,要引导学生围绕任务主题进行深入的探究活动,通过引领让学生大胆展示自己对问题解决方法的理解,阐释自己的思路,保证学生有充足的时间和机会就不同的方法展开讨论,突出学生在课堂中的主动性和主体性. 另外,在数感培养过程中,要多采用任务驱动模式,在每个任务的衔接中,采用问题情境进行转换,引导学生进行思维对话,借助问题让思维可视化、灵动化、数学化,有效参与解决核心问题,加深学生对基本知识的理解,积累更多基本经验,提高基本能力,促进学生数感素养的形成与发展.

教师在融合媒介设计教学时要尽量考虑到每一位学生,基于学生的差异性、可塑性、向师性,以及容易对知识产生深层探究的好奇心,在“问题指向”层面实行分层教学法. 分层教学法就是根据学生现有的知识储备、能力水平和潜力倾向,把学生科学地分成几个组,对每个组提出不同的要求,让每个组在合作融合中共生问题的优化策略. 例如,在教授八年级学生使用 WPS 制作表格时,教师先示范如何编辑表格,再要求学生美化表格线. 对操作技能差一些的学生,只要求他们做表格;对于操作技能好一些的学生,不但要求他们做表格,还要求他们美化表格线甚至美化整个页面. 在进行评价时,展示做得比较美观的表格作品,其他没有做好的学生就会产生好奇和尝试的冲动,从而激发学生学习的主动性和积极性. 这时,做好的学生可以与未做好的学生形成合作模式,主动帮助操作差一点的同学. 在这种互助的学习氛围之中,教师提出一个拓展性问题,要求学生编辑一个美观的课程表,给课程表加上装饰,让每个小组进行比赛,看哪个小组速度最快,设计得最美观. 通过媒体设备,学生评选出最佳作品. 这种将问题分层的方法,既能提高学生的学习能力,又能提高他们的合作意识,从而让每名学生都能在课堂上体验数感,学习的积极性得以提升.

四、“思维指向”体认数感

思维指向具有较高层次的抽象性. “四基指向”和“问题指向”是学生数感思维

形成的基础. 反过来，一个获得数感思维的人无疑具备了必备品格和关键能力. 数感思维的获得过程具有长期性，不可能一蹴而就，必须经历长期、系统而复杂的学习活动和心理过程才能获得. 数感思维所要求的学习形式与过程，需要依赖体验性活动、反思性实践、创新性拓展，让学生经历乐学、学会、会学的思维认知过程，通过体验和抽象概括将所学知识内化为学习者的内在品质，使学生既不停留在四基层面的掌握上，也不止步于问题解决式学习活动的层面上. 目前，初中生数感培养最常见的问题是没有将培养学生良好的数感思维落到实处. 为此，我们应努力做好以下几个方面.

(一) 在媒介融合信息教学中培养数感意识

具备较强数感意识的学生能够根据解决问题的需要，自觉、主动地寻求恰当的方式获取与处理信息. 例如，七年级在教学遨游网络世界时，要求学生使用“导航浏览信息”. 浏览器导航页面里有很多网站可供选择，教师抛出问题：同学们能够在导航网站中找到哪些有趣的网站，都是些什么内容？对于学生来说这是一个简单的问题，随意点开一个网站即可查阅. 随后，教师再提问：同学们可以尝试找一找并打开一个视频网站吗？有的学生会思考自己平时接触的视频网站有哪些，例如老师之前在“初识网络世界”中介绍的爱奇艺、优酷等，然后会在导航网站里寻找这些网站，立刻打开它. 这就是现有信息与媒介信息的联系与整合，在无形中培养了学生的信息素养. 有的学生还发现导航网站中有视频的推荐，直接点击就可以进入网站，这便是信息的获取与处理.

(二) 在媒介融合图形教学中培养数感思维

具备数感思维的学生在媒介活动中能够采用多种方式界定问题、抽象特征、简历模型、筛选数据. 例如，八年级教学的 SCRATCH 软件有画正多边形的功能，教师画图说明画正三角形的基本方法. 教师提问学生：同学们可以思考正四边形重复执行几次，每次旋转多少度呢？再提问：正五边形、正六边形呢？让学生带着问题尝试探究. 学生根据教师的问题推导出公式，画正 n 边形需要重复执行 n 次，每次移动的步数为边长值，每次旋转的角度为 $360°/n$，通过实践，再次验证推导的公式是正确的. 这种跨界式的拓展思维训练，奠定了坚实的数感思维基础. 教学并不是将知识和技能的掌握作为终极目标，而是将重点放在培养学生主动探究问题的动机、解决问题的思路和创新思维的积极性上. 讲一个数感问题的算法、形式与结果并不重要，重要的是让学生明白这个数据是针对什么问题提出的，解决问题的过程是如何展开的. 学生在问题的思考与展开过程中,体会到了成就感与快乐. 通过数感思维能力的培养,明白要解决什么问题,如何解决问题,以及解决问题后的思考,让抽象的数感思维落实到具体的问题解决之中.

(三) 在媒介融合生活教学中培养数感创新

具备数感创新能力的学生能够认识到数字化学习环境的优势和局限,能适应新时代数字中国信息智能化发展的新思路,能适应数字化学习环境带来的文化、社会、生态变化,掌握数字化学习系统、学习资源和学习工具的功能和用法,并能够用来开展自主学习、协同工作、知识分享与创新改变. 例如,在七年级感知生活课中,我们利用“感知生活”网站上的各项功能,组织学生以分组的形式对感兴趣的“感知生活”项目进行研究,从而根据网站提供的数据,分析生活环境对生命成长的影响. 结合近年新型冠状病毒疫情的情况进行深度探究,让学生逐步熟悉物联网技术在疫情抗击中的具体作用以及工作流程,并充分利用“感知生活”网站对新型冠状病毒研究项目进行研究性学习,让学生在实践与研究中感受互联网技术给我们实际生产和生活带来的便利. 学生通过数感创新实践,创设了在“玩中做”的探究情景,激发了科学探究的兴趣,创生了智慧学习的场域,凝练了媒介融合的价值,有效提升了学生的数字理解、数据分析、数感创新等素养.

数感素养是未来基础教育的灵魂,培养和提高学生的数感素养是 5G 智能时代的发展需求、五育融合的育人需求、大数据时代的社会需求. “三层结构”教学范式为培养学生提升数感素养奠定了基础,开阔了思路,凝练了方法. 作为一线数学教师,我们应该明确今后的教学方向和价值旨归,变通教学方式,优化创新设计,深度融合媒介,创新数感思维.

实践成果三　构建单元整体教学　凸显“三何”目标结构①

单元是指整体中自成段落、系统,自为一组的单位,其关键要素是整体性、系统性和结构化. 《课程标准》指出:数学知识的教学,要把每堂课教学的知识置于整体知识体系中. 因而,构建单元整体教学是学科思想、学科素养、学科育人的价值体现. 单元整体教学有助于学生对生活现实、数学现实、学科现实进行结构关联和整体建构,有助于学生克服对知识的碎片化认知、浅层化理解和机械化训练,有助于学生对数学知识进行整体认知、整体迁移和整体理解. 2021 年 5 月,笔者有幸参

① 王国强. 构建单元整体教学　凸显“三何”目标结构[J]. 中学数学教学参考,2022(11):21—23.

加了盐城市中学数学优质课观摩与评比活动，现场开设了题为“一元一次不等式”（苏科版数学教材七年级下册第11章）单元整体教学章前课，现将本节课的设计思想、教学实施及思考与读者共飨.

一、设计思想

“一元一次不等式”是在第4章“一元一次方程”和第10章“二元一次方程组”学习基础上的类比和延续，又是对数与量、量与量、数与式关系进一步学习的认知需求，更是后续学习方程和函数的必备基础. 不等式是刻画现实世界中量与量之间不等关系有效数学模型，而一元一次不等式则是表示不等关系的最基本的工具，是学生学习其他相关数学知识的基础，是联系生活与数学的桥梁和纽带. 一元一次不等式的数学本质、类比化归、模型价值有助于学生深度体会生活中的不等关系，对不等式进行全方位、立体化、多维度的整体结构化理解，有助于学生从“为何学—有何学—如何学”（以下简称“三何”）中整体建构知识脉络，有助于学生在“生活线—知识线—数学线”的融合共生中形成数学学科素养.

二、教学目标

（1）通过对生活中不等关系的感觉、感受、感悟，了解不等式的意义、内涵、价值，初步体会一元一次不等式是刻画生活中不等关系的有效数学模型.

（2）经历“生活—调查—类比—抽象—推理—建模”的过程，对一元一次不等式单元整体进行数学化、结构化和模型化认识.

（3）引导学生从多角度、多方位、多层面提出问题、分析问题、解决问题，在发现、生发、发展中生长数学，提升数学抽象、逻辑推理、数学建模等学科素养.

三、教学实施

（一）实践调查，体悟生活

问题1：组织学生开展有关一元一次不等式问题的数学综合实践调查活动，到工厂、商场、农贸市场、银行等场所，观察和收集日常生活、生产实践中的一些数据和不等关系.

追问1：兴趣小组的学生在写调查报告时不知道如何处理调查收集到的数据，你愿意帮助他们吗？

追问 2:仿照综合实践调查的方法,分组调查教室内存在的不等现象.

[教学说明]　课前组织班级数学兴趣小组的学生开展数学综合实践调查活动,引领学生亲身体验生活中的不等现象,积极实践,积累经验. 教学中,借助综合实践调查视频、分享感受、问题质疑等引发学生思考,唤醒知识储备,激发探究兴趣. 上课伊始,再次组织学生在调查经验的驱动下开展教室内调查,让学生在“做”中体验学习一元一次不等式的必要性,丰富学生的生活经验、调查经验和认知经验.

(二) 洞察生活,体验表达

问题 2:

(1) 比一比:同类量之间的不等关系,如长度、面积、体积等.

(2) 想一想:如图 9-25 所示,从甲地去乙地走第________条线路最短,依据的数学事实是____________________.

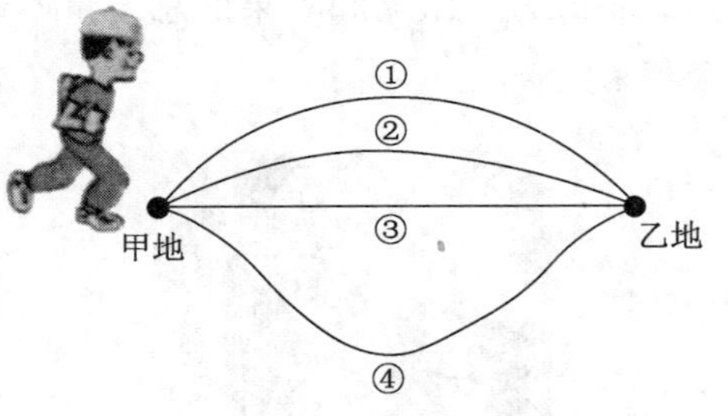

图 9-25

(3) 说一说:如图 9-26 所示,你能用数学式子表示图中的数量关系吗?

乘客a(人)　　车速v(km/h)　　车高h(m)　　车重x(t)

图 9-26

[教学说明]　回归生活问题,教师可引导学生通过比身高、体重、臂力,比粉笔与写字笔的长度、桌面与黑板面的面积、乒乓球与玻璃球的质量与体积等,引领学

生在“比”中体验不等现象，体会同类量之间的不等关系，体悟不等式的本质内涵，为类比方程模型建构不等式模型打基础，进而回归数学事实——两点之间，线段最短. 从生活现实与数学现实两个视角探析不等式的意义，明确为何要学习不等式.

（三）理解教材，构建体系

问题 3: 你已经学过等式、方程、方程组的哪些知识?

师生活动: 梳理建构前面所学等式、方程、方程组的单元整体知识脉络.

[教学说明] 回顾已学等式、方程、方程组的相关知识经验，并从单元的视角进行脉络建构，为类比关联方程(组)单元整体学习经验，建构不等式(组)单元整体学习脉络做准备. 这样有助于学生在“回归—建构—生成”中明确一元一次不等式主要学什么，逐步学会用数学思维建构知识.

（四）回归章首，体会关联

问题 4:（教材章首内容）如图 9-27 所示，一只纸箱质量为 1 kg，当放入一些苹果（每个苹果的质量为 0.25 kg）后，纸箱和苹果的总质量不超过 10 kg. 估计这只纸箱内最多能装多少个苹果?

图 9-27

问题 5:（章首变式 1）一只纸箱质量为 1 kg，当放入一些苹果（每个苹果的质量为 0.25 kg）后，纸箱和苹果的总质量恰好是 10 kg. 请问纸箱里装了多少个苹果?

[教学说明] 回归章首问题，从算式、方程、不等式的视角展开探索，依托章首变式问题的多种解法，融通数量之间的相等与不等关系，并尝试建构模型，为抽象提炼不等式概念的本质提供支撑，同时灵活运用天平、年龄、跷跷板等学生熟悉的生活情境，加深其对不等式的本质理解，培养学生的数学建模能力.

（五）融通学材，类比化归

问题 6: 观察刚才列出的式子，类比方程概念化归不等式概念.

问题 7:（章首变式 2）一只纸箱质量为 1 kg，当放入一些苹果（每个苹果的质量为 0.25 kg)后，纸箱和苹果的总质量不超过 10 kg. 计算并交流讨论：表 9-3 中 x 的值能使不等式 $0.25x+1\leqslant 10$ 成立吗？

表 9-3

苹果数 x/个	20	25	30	35	36
总质量/kg					

追问 1：类比方程的解化归不等式的解及不等式的解集.

追问 2：类比等式的基本性质化归不等式的基本性质.

问题 8：(章首变式 3)一只纸箱质量为 1 kg，当放入一些苹果(每个苹果的质量为 0.25 kg)后，纸箱和苹果的总质量：(1) 不少于 6 kg；(2) 不超过 10 kg. 请问纸箱里可以装多少个苹果？

追问：类比方程组及其解化归不等式组及其解集.

[**教学说明**]　经历三次章首变式和三次学思融通，基于前面积累的“为何学”“有何学”的经验，从生活到数学，从相等到不相等，从方程到不等式，让学生在类比化归中体会如何对生活中的不等关系进行数学抽象、化归、建模，进而发现本质、领悟方法.

(六) 省思教学，生成脉络

问题 9：这节课你学到了哪些新的数学知识、思想和方法？

师生活动：仿照方程单元整体知识脉络，梳理建构一元一次不等式单元整体知识脉络(图 9-28).

图 9-28

［**教学说明**］ 学习一个数学模型，需要掌握模型的本质属性及结构关联，要从单元整体的视角去建构知识脉络，达成“三何”目标结构的同构共生、同生共长.

四、教学思考

（一）关联“为何学”，用数学眼光洞察生活

系统观指导下的单元教学具有整体性、层次性，其核心要义是内容整体、系统思维、单元结构. 关联“为何学”是学生认知发展的根本任务，是学生对知识的发生、发展和化归的关键环节，是学生明白知识本质的重要方法. 一元一次不等式作为一种刻画现实世界中量与量之间不等关系的最基本工具，需要学生在感觉、感知、感悟“数”“量”“式”的基础上，用数学的眼光洞察体验数量结构、数量特征和数量关系. 本节课依托综合实践调查活动视频的观感驱动，让学生体验、体会、体悟生活中数量之间的不等关系，并由室外调查转入室内调查，用数学的眼光观察生活，拓宽学生思维的宽度、广度和深度. 教师进一步追问学生“如何处理调查收集到的数据”，在知识关联中激发了学生的学习动力源、思维场、生长点，使其深刻体会学习一元一次不等式的必要性，促进学生在理解数学中学会思维，在理解关联中提升能力，在理解结构中发展素养.

（二）关联“有何学”，用数学思维建构生长

教学的根本任务就是发展认知结构，让学生理解学科结构，基本概念和原理是学科结构最基本的要素. 关联“有何学”是学生主动形成认知结构的关键要素，是理解学科知识的重要环节，是融通显性与隐性知识结构的思维主体. 一元一次不等式单元整体认知结构的形成，有助于学生对数与量、量与量、数与式关系的深度理解，有助于学生对知识结构、思想结构、素养结构的整体把握，为此，一元一次不等式单元整体教学需要在以“类比”为明线的思想方法、以“转化”为暗线的思维策略的交替融合中共生学科认知结构体系. 本节课在学生明确了为何学习一元一次不等式的前提下，借助章首“纸箱装苹果”问题的三次变式拓展，梳理建构前面所学等式、方程、方程组的单元整体知识脉络，进而依托方程学习经验，从类比中转化生成一元一次不等式的基本概念和原理，使学生在证实与证伪中有效实现了知识的迁移和创新，从本质上深入理解了一元一次不等式究竟应该“学什么”. 这一过程高效培养了学生在知识建构中的单元统整能力、结构迁移能力、整体生长能力，生

成了学生在知识应用中的单元意识、思维结构、整体关联.

（三）关联“如何学”，用数学语言类比生成

新高考、新课标背景下的新教学，其中重要的一点就是基于素养本位的单元整体教学. 关联“如何学”是学生活化教材、突出整体、聚焦单元的思维优化，是学生从“学会”到“会学”的思维突破，是学生用数学文字、图形、符号语言进行精准表达的思维创新. 本节课在学生理解了一元一次不等式“为何学”“有何学”的基础上，通过布点把控、分类讨论、类比化归一元一次方程单元整体学习的经验，从“式结构”和“形结构”两个视角建构一元一次不等式单元整体知识结构. 学生在动脑、动口、动手中体验学科育人的价值旨归，在以“学为中心”的整合驱动中加工信息、理性认知、生成结构，进而逐步学会用数学的语言关联知识、类比经验、生成表达. 特级教师卜以楼提出：“要教给学生有生长力的数学，让学生在发现、发明、发展中生长数学.”本节课学生的生长力在明线和暗线的融合共生中同生共长，经历“知识点—知识链—知识网—知识树”的整体建构，梯次拔节，类比生长. 学生在“引悟—感悟—顿悟—慧悟”中高效达成“三何”目标结构，在学思融通中共生学本、生本课堂，学生的关键能力和学科素养也在单元整体教学的优化关联中得到自觉提升、自然培养和自主发展.

参考文献

[1] BERCH D B. Making Sense of Number Sense: Implications for Children With Mathematical Disabilities[J]. Journal of Learning Disabilities, 2005, 38(4): 333－339.

[2] 全美数学教师理事会. 美国学校数学教育的原则和标准[M]. 蔡金法，等译. 北京：人民教育出版社，2004：20－32.

[3] 朱莉娅·安吉莱瑞. 如何培养学生的数感[M]. 徐文彬，译. 北京：北京师范大学出版社，2007.

[4] 小平邦彦. 惰者集：数感与数学[M]. 尤斌斌，译. 北京：人民邮电出版社，2017.

[5] 马云鹏，史炳星. 认识数感与发展数感[J]. 数学教育学报，2002，11(2)：46－49.

[6] 郑毓信. "数感""符号感"与其它：《课程标准》大家谈[J]. 数学教育学报，2002，11(3)：30－32.

[7] 何小亚. 全日制义务教育阶段数学课程标准(实验稿)刍议[J]. 数学教育学报，2003，12(1)：45－49.

[8] 汤服成，郭海燕. "数感"与"数感"的习得：学习《课程标准》的一点体会[J]. 广西右江民族师专学报，2003，16(3)：1－4.

[9] 王林全. 发展学生计算能力的途径：美国高中数学教学的一些思考[J]. 数学通报，2003，42(11)：2－4.

[10] 郭思乐. 人之悟感发展与教育的生本化改革[J]. 教育研究，2004，25(3)：44－49.

[11] 叶蓓蓓. 涠洲岛民俗文化与学生数感的形成和发展[D]. 桂林：广西师范

大学，2004.

[12] 叶蓓蓓. 对数感的再认识与思考[J]. 数学教育学报，2004，13(2)：34－36.

[13] 腾发祥. 数感及其教育价值[J]. 课程・教材・教法，2004，24(12)：47－50.

[14] 詹国樑. 数感的内涵[J]. 苏州教育学院学报，2005，22(1)：69－71.

[15] 詹国樑. 数感的特性[J]. 苏州教育学院学报，2005，22(4)：74－78.

[16] 熊丙章，刘丽颖，毛君顺. 估算能力对儿童数感发展的影响研究[J]. 成都教育学院学报，2006，20(2)：73－74.

[17] 章里程，成伟君. 对"数感"的一次测量研究[J]. 无锡教育学院学报，2006，26(Z1)：74－77.

[18] 熊丙章，刘丽颖. 心算对数感发展的影响研究[J]. 重庆第二师范院学报，2013，26(3)：16－19.

[19] 史宁中，吕世虎. 对数感及其教学的思考[J]. 数学教育学报，2006，15(2)：9－11.

[20] 汤服成，廖克顺，叶蓓蓓. 广西巴马县壮、瑶族学生数感的比较分析[J]. 数学教育学报，2006，15(3)：46－50.

[21] 黄晓学. 从惑到识：数学教学中学生认识的发生原理[M]. 徐州：中国矿业大学出版社，2007.

[22] 谢茜. 对我国5、6、7年级学生数感现状的调查研究[D]. 上海：华东师范大学，2006.

[23] 孔璐璐. 关于数感及初中生数感培养的研究[D]. 长沙：湖南师范大学，2006.

[24] 徐文彬，喻平. "数感"及其形成与发展[J]. 数学教育学报，2007，16(2)：8－11.

[25] 陈亚萍，付茁. 数感的含义、价值及其对课程改革的启示[J]. 教学与管理(理论版)，2007(11)：70－71.

[26] 吴松. 新课程理念下关于数感及其培养的研究[J]. 辽宁教育行政学院学报，2008(1)：147－148.

[27] 罗玉华. 数学课程改革中的"数感"[J]. 教育探索，2008(9)：47－48.

[28] 夏小刚，曾小平. 七年级学生"数感"的调查与分析：兼谈与国际比较[J]. 数学教育学报，2008，17(5)：44－47.

[29] 郭民. 小学生数感的发展与特征研究[D]. 长春:东北师范大学,2009.

[30] 张力维. 小学高年级学生数感特点及差异性研究[D]. 长春:东北师范大学,2009.

[31] 陆珺. 国内数感研究综述[J]. 课程·教材·教法,2009(6):46—50.

[32] 李彦峰,曾建国,余宏仁. 初中生数感的培养策略[J]. 数学教育学报,2010,19(4):81—84.

[33] 郭民,史宁中. 小学生数感发展规律与特征的实证研究及其启示[J]. 数学教育学报,2011,20(1):23—25.

[34] 俞正强. 数感,是如何丰满起来的[J]. 人民教育,2012(8):45—46.

[35] 黄翔. 数学课程标准中的十个核心概念[J]. 数学教育学报,2012,21(4):16—19.

[36] 黄杰,李清. 数感与元认知关系的调查研究[J]. 数学教育学报,2012,21(6):66—69.

[37] 叶蓓蓓,罗荔龄,梁鑫. 共生视野下初中进城务工人员子女与城市当地学生的数感差异性研究[J]. 数学教育学报,2013,22(3):28—32.

[38] 高飞. 数感在"追问"中生成[J]. 教学与管理,2013(9):57—59.

[39] SOUSA D A. 心智、脑与教育:教育神经科学对课堂教学的启示[M]. 周加仙,等译. 上海:华东师范大学出版社,2013.

[40] 陈炳建. 数感教学的实践研究与思考[J]. 教育评论,2014(10):133—135.

[41] 陈艳. 创设数学活动 培养学生数感[J]. 福建教育学院学报,2015(2):89—91.

[42] 霍雨佳,郭成,杨新荣. 国外数感研究评析及启示[J]. 课程·教材·教法,2015,35(2):117—121.

[43] 霍雨佳,郭成. 儿童数感量表的编制[J]. 西南大学学报(自然科学版),2015(4):88—92.

[44] 刘玮. 数感,不仅仅是"感觉"[J]. 江苏教育,2015(7):52—53.

[45] 孙晓燕. 数感的认识及其培养策略[J]. 教育探索,2017(4):20—22.

[46] 黄志强. 数感的含义、构成和发展规律[J]. 教育评论,2018(8):150—153.

[47] 陈齐荣,骆雯琦,陈修兰,等. 脑科学视野下数感的概念、生成及教学[J]. 高师理科学刊,2018,38(10):51—54.

[48] 王强国. 数感的界定、误区与培养对策[J]. 中小学教师培训,2019(3):60—64.

[49] 任樟辉. 数学思维论[M]. 南宁:广西教育出版社,1996.

[50] 任樟辉. 数学思维理论[M]. 南宁:广西教育出版社,2001.

[51] 张乃达. 数学思维教育学[M]. 南京:江苏教育出版社,1990.

[52] 潘巧明,张维忠. 计算机技术与数学创造性思维培养[J]. 数学教育学报,2002,11(4):59—62.

[53] 胡香兰. 培养数学思维能力的理论与实践研究[D]. 南昌:江西师范大学,2003.

[54] 贾凤梅. 中学数学教学要注重培养学生的数学思维能力[J]. 教育理论与实践,2009,29(A1):114—115.

[55] 陈振宣. 培养数学思维能力的探索[M]. 上海:上海教育出版社,2008.

[56] 章建跃. 以课本为本才是好数学教学[J]. 中小学数学(高中版),2011(10):50.

[57] 张仁贤,刘忠权. 教育要培养情商[M]. 北京:世界知识出版社,2015.

[58] 余裕玲,吴跃忠. 我国数感研究进展[J]. 数学通讯,2020(6):40—43.

[59] 胡利群. 数感培养:可遇,更可求[J]. 教育研究与评论:小学教育教学,2020(8):75—77.

[60] 王凌. "认数"教学要注重发展学生的数感:"教学失误及其改进"系列研究之十五[J]. 教育研究与评论:课堂观察,2021(2):54—58.

[61] 温建红,梁佳田. 近二十年我国数感研究综述:基于 CiteSpace 知识图谱分析[J]. 西北成人教育学院学报,2021(2):53—56.

[62] 朱德江. "深度学习"的内涵意蕴与学导策略[J]. 教育视界·智慧教学,2018(20):36—39.

[63] 彭誉慧. 体验式学习:让数学学习真正发生[J]. 江苏教育研究,2019(35):49—51.

[64] 刘华为. 基于深度学习的初中数学课堂教学[M]. 上海:华东师范大学出版社,2020.

[65] 殷艳. 数学体验到底体验了什么[J]. 中学数学杂志,2020(10):4—8.

[66] 郭华. 深度学习及其意义[J]. 课程·教材·教法,2016,36(11):25—32.

[67] 王克亮. 在问中悟 在问中探 在问中明:以问促学的做法点滴[J]. 数学通报,2013,52(9):38—40.

[68] 刘飚,王克亮. 还原数学概念自然性的教学策略初探[J]. 数学通报,2016,55(10):4—8.

[69] 王亮亮. 中考数学改革对初中数学教学的反拨作用[J]. 数学通报,2016,55(5):10—14.

[70] 张长贵,钱军先. 让知识在问题解决中深化 使能力在探究活动中提升:全国评优课"函数 $f(x)=ax^3+bx^2+cx+d$ 的性质"的教学案例与评析[J]. 数学通报,2016,55(2):20—24.

[71] 王成刚,王克亮. 数学课堂教学中问题驱动的实施策略[J]. 教学与管理,2019(28):60—62.

[72] 王成刚,王克亮. 基于问题驱动的单元复习课的实践:以"反比例函数的小结与思考"为例[J]. 数学通报,2018,57(9):50—52.

[73] 人民教育出版社课程教材研究所,中学数学课程教材研究开发中心. 初中数学核心内容教学设计案例集[M]. 北京:人民教育出版社,2014.

[74] 卜以楼. 生长数学:卜以楼初中数学教学主张[M]. 西安:陕西师范大学出版社,2018.

[75] 曹培英. 跨越断层,走出误区:数学课程标准"核心词的解读与实践研究"[M]. 上海:上海教育出版社,2017.

[76] 梁培斌. 让量感拾级而上[M]. 南京:河海大学出版社,2017.

[77] 吴增生. 用数学发展智慧:基于脑、适于脑、发展脑的数学教学策略[M]. 南昌:江西教育出版社,2016.

[78] 章建跃. 章建跃数学教育随想录[M]. 杭州:浙江教育出版社,2017.

[79] 韦丽云. 初中数学"一·二·四"思维课堂的建构[M]. 江苏:江苏大学出版社,2021.

[80] 中华人民共和国教育部. 义务教育数学课程标准(2011 年版)[M]. 北京:北京师范大学出版社,2012.

[81] 中华人民共和国教育部. 义务教育数学课程标准(2022 年版)[M]. 北京:北京师范大学出版社,2022.

后　记

回首25个春秋的教学之路，我的成长轨迹、心路历程历历在目．一路走来，磕磕绊绊，有成功的喜悦，有失落的悲伤，也有努力的印记，所有这些让我逐渐明白作为一名教师的职责与使命：德高为师，身正为范，育德育人，砥砺初心．

“贡艺必精苦，用心必公平．”只要我们做有“心”之人，就一定会奔向自己的诗和远方．随着基础教育课程改革的不断深入，立德树人已经成为新时期课堂教学的主要目标，成为育德育人的根本任务．学生在立德树人的过程中获得终身发展的必备品格和关键能力，以适应日益变化的智能时代的需求．通过领航名师工作室、创新型教育家学员培训的研修、研学、研悟，我认为作为一线数学教师的我们应该牢记初心使命，努力寻求适应学生的突破点、领悟点、创新点，让学生成人、成才、成功．同时面对智能时代的挑战，改变自我、审视自我、完善自我．通过专家引领、同伴互助、内驱提升，在用“心”学习中不断反思、完善、悦纳自我，悟道与学术并重，创新思想观点，行动成就自我．

“创新改变生活，知识成就梦想．”只要我们做有“知”之人，就一定会让自己的人生更加精彩．随着信息技术、互联网技术、智能时代的快速发展，为了适应社会发展的变化趋势，更好地投身于教育教学实践，我们一定要认真学知、灵活用知、感悟新知，开放自己的学习空间和领域，且思且行且悟，乐教乐学乐钻，不断拓宽视野，丰富理论内涵，注入新鲜血液，焕发灵动生成，促进专业发展，让新的教育理念在心中生根、开花、结果，只有这样才能更好地提升自己各方面的素质和能力，适应学生需求和社会发展需求．用教育人的正能量最大限度地发挥知识的内化与践行功能，有效实现从研修内化道与术的关系中悟道析理，从感性中体验理性，用真“知”在境中锁脉，活化创新．

“凡事预则立，不预则废．”只要我们做有“备”之人，就一定会实现自己的价值追求．创新、创造、创未来，未来教育正在呼唤新一代有“备”之师，我们要顺应时代的发展需求，立德树人，实践育人，立志做“四有”好教师．创新人格、创新思维、创新技能、创新眼界，适应信息科技时代带来的生活变革、生态变迁、生命成长，立志改革、立志改变、立志改进，争做新课程改革的“代言人”．新时代、新形势、新征程迫切要求我们必须做有“备”之人，唯有这样才能适应社会发展的需要，承载育人使命，用自己的研学促成学生的发展，用“大数据、云平台、人工智能”秀出学生成长轨迹，用“互联网＋”思维推动课程改革向纵深发展，用绘制“工笔画”的精神让教育使命完美优化，用“数学梦”来助力我们早日实现中华民族伟大复兴的“中国梦”．

“胸有凌云志，无高不可攀．”只要我们做有“志”之人，就一定会逐步登上自己的人生巅峰．历百年而不老，一世纪正青春．习近平总书记说：“未来属于青年，希望寄予青年．”新时代的中国青年要以实现中华民族伟大复兴为己任，增强做中国人的志气、底气、骨气，不负时代、不负韶华、不负期望．我们一定要做有“志”之人，用新青年的激情豪迈奉献青春、奉献人生，用“一生学做教师”的初心，“让每个学生成才”的信念，“寻求实践突破”的行动，“成就他人发展”的境界，来成就自己的教育情怀与使命担当．

“梦在前方，路在脚下．”我们都是追梦人，在生活现实、生成素养、生长数学的育人背景驱动下，创新意识、创新教学、创新标尺，用“身体经验”培养出会感受、会行动、会思考的人，用“线上线下”融合教学实践出智能未来的精准教学，用“核心素养”创生出教学的科学观、科学的教学观，用“数学情怀”的时代建构与实践创新走向学科育人的未来教育．

《初中生数感培养的探索与实践》一书的成稿，让我看到了自己的数学情怀，看到了自己的数学思想，看到了自己的数学未来．在此由衷感谢卜以楼教授、赵维坤教授、段志贵教授、戴风明教授、王成刚教授、华云锋老师、陆丽萍老师对我的帮助、支持与鼓励，感谢参考文献的所有作者，他们的研究成果给我提供了坚实的基础，正是有了他们的启发、指导和建议，才让我鼓足勇气，多次修改，执笔完稿．

由于本人对初中生数感培养的研究还不够深入，疏漏之处在所难免，恳请各位专家、读者多提宝贵意见，让我在初中生数感培养的探索之路上越走越远……

王国强

2022 年 6 月